本教材得到教育部"十二五"专业综合改革试点项目
和江苏省"十二五"高校重点专业类建设项目的资助

逻辑学教程

王跃平 编著

图书在版编目(CIP)数据

逻辑学教程／王跃平编著. —北京：北京大学出版社，2015.8
ISBN 978-7-301-26126-2

Ⅰ.①逻… Ⅱ.①王 Ⅲ.①逻辑学—教材 Ⅳ.①B81

中国版本图书馆 CIP 数据核字(2015)第 166821 号

书 名	逻辑学教程
著作责任者	王跃平 编著
责任编辑	唐知涵
标准书号	ISBN 978-7-301-26126-2
出版发行	北京大学出版社
地 址	北京市海淀区成府路 205 号 100871
网 址	http://www.pup.cn 新浪微博：@北京大学出版社
电子信箱	zyl@pup.pku.edu.cn
电 话	邮购部 62752015 发行部 62750672 编辑部 62767857
印 刷 者	北京富生印刷厂
经 销 者	新华书店
	787 毫米×1092 毫米 16 开本 17.25 印张 330 千字
	2015 年 8 月第 1 版 2016 年 9 月第 2 次印刷
定 价	39.00 元

未经许可，不得以任何方式复制或抄袭本书之部分或全部内容。
版权所有，侵权必究
举报电话：010-62752024 电子信箱：fd@pup.pku.edu.cn
图书如有印装质量问题，请与出版部联系，电话：010-62756370

前　言

本书的基本定位是：普通高校文科（非哲学）专业通识课教材。它初版于2000年，2012年推出修订版，在内容上有较大变动；这次再版，除了文字上的补苴罅漏外，还增加了两个附录——"图形推理常识""针对词语关系的类比推理常识"。本书可作为普通高校文科专业（中文、新闻、秘书、法律、教育、政治、经济、管理等非哲学专业）通识课程——逻辑学的教材使用，也可供硕士专业学位（如MPA、MBA、GCT等）入学、公务员及事业行政岗位入职的考试辅导机构作为教材使用，还可供高校逻辑学和语言学教师以及中学（中师）语文教师、政治教师作为教学参考资料使用。

本着科学性、基础性、适用性、实用性的编写原则，该书在以下几个方面作了努力：

一、该书关注一般社会实践、日常语言与思维实践对逻辑课的需求，重视对可切实作用于这两个实践的逻辑基础知识点、技能点的全面覆盖，并尽可能地汲取逻辑科学的最新研究成果，深化对部分内容的阐述。该书着眼于文科（非哲学）专业大学生的逻辑思维素质、日常逻辑思维技能的训练和提升，力求使所选择的内容更有助于培养非哲学专业的文科大学生在思维和语言实践中的逻辑意识、逻辑观念，能为他们的日常思维和语言实践服务，更能有效地提高他们的思维和语言能力（表述思维成果的能力），提高他们发现问题、分析问题、解决问题的能力，提高他们的创新能力和综合实践素质。无论是例证材料、例题材料还是练习材料，都力求选取来自思维和语言实践中的活生生的典型案例，以增强大学生（读者）的真实感、亲切感、实用感，从而达到提高学习本课程的积极性之目的。该书并不刻意追求"逻辑教材的现代化"，意在避免使选材脱离该书宗旨和编写原则。

二、在内容的编排顺序和体例安排上，该书力求吸取国内外先进教材的优点和编写经验，吸取前贤时俊的逻辑学的教改经验，使之更符合认知规律、教与学的规律，更便于教师的施教和学生（读者）的自学，更有助于知识向能力的转化。在"思考与练习"的设计方面，力求使内容覆盖到教材所论及的各个知识点、技能点，使之富于代表性、启发性、趣味性。

三、在表述上，该书主要以自然语言为工具语言，借以描述人类思维的形式结构、规律及逻辑方法，阐释逻辑的基本知识、原理，以便于没有学过高数的文科学生（读者）

的自学;力求使表述层次清晰,结构缜密,遣词准确,语言通俗易懂而不失凝炼。

四、我们认为,本科教育的基本任务有两个:一是夯实学生的专业基础,使学生获得服务于经济和社会发展的技能,获得就业本领和就业竞争能力;二是为研究生教育输送人才。考虑到文科大学生的就业需要(如参加公务员录用考试、事业单位入职考试)、升学需要(如 MBA、MPA、GCT 等的入学考试),本书在各章末的"思考与练习"部分有针对性地设计出一定量的逻辑试题,并给出答案;书末的三个附录"图形推理常识""针对词语关系的类比推理常识""综合测试题",力求尽可能地涉猎与"国考""公考""硕考"相关的题类、题型,同时给出了较为具体的知识讲解、解析。

该书是笔者多年逻辑教学经验和教研心得的归结,在一定程度上可折射出本人关于文科(非哲学)专业逻辑课程的教学观、教材观,也可视为对普通高校逻辑教材改革的一种尝试。囿于水平,书中可能还存在诸多疏漏之处,敬请学界才俊、同行老师、使用本教材的同学以及其他逻辑爱好者对本书提出宝贵意见。

该书所参考的主要书目已列于书末。笔者从这些教材、著作中汲取了许多成果,在此对它们的作者深表谢意!

该书的付梓,得到教育部"十二五"专业综合改革试点项目和江苏省"十二五"高校重点专业类建设项目的资助;得到江苏师范大学文学院领导、教务处领导的鼓励和支持,得到北京大学出版社领导的热情帮助,得到北京大学出版社编辑李淑方老师以及唐知涵老师等的热情帮助。在此,一并致谢!

王跃平

2015 年 2 月 19 日

目　　录

第一章　绪论 ……………………………………………………………… 1
　　第一节　"逻辑"的词义和逻辑的源流 ………………………………… 1
　　第二节　逻辑学的研究对象 ……………………………………………… 4
　　第三节　逻辑学的性质和作用 …………………………………………… 7
　　第四节　怎样学习逻辑学 ………………………………………………… 9
　　思考与练习 ………………………………………………………………… 10

第二章　概念 ……………………………………………………………… 12
　　第一节　概念的逻辑特征 ………………………………………………… 12
　　第二节　概念的种类 ……………………………………………………… 15
　　第三节　概念外延间的关系 ……………………………………………… 18
　　第四节　概念的限制和概括 ……………………………………………… 24
　　第五节　定义 ……………………………………………………………… 26
　　第六节　划分 ……………………………………………………………… 30
　　思考与练习 ………………………………………………………………… 34

第三章　命题逻辑 ………………………………………………………… 37
　　第一节　命题和推理概述 ………………………………………………… 37
　　第二节　联言命题及其推理 ……………………………………………… 43
　　第三节　选言命题及其推理 ……………………………………………… 46
　　第四节　假言命题及其推理 ……………………………………………… 51
　　第五节　负命题及其推理 ………………………………………………… 71
　　第六节　复合命题推理形式有效性的判定 ……………………………… 74
　　第七节　复合命题推理的技术或技巧 …………………………………… 79
　　思考与练习 ………………………………………………………………… 82

第四章　词项逻辑 ………………………………………………………… 90
　　第一节　性质命题和关系命题 …………………………………………… 90

第二节	性质命题的直接推理	101
第三节	性质命题的间接推理——三段论	107
第四节	关系推理	115
思考与练习		119

第五章 模态逻辑

第一节	模态命题	123
第二节	模态推理	127
思考与练习		133

第六章 归纳逻辑

第一节	归纳推理概述	136
第二节	完全归纳推理	137
第三节	不完全归纳推理	139
第四节	探求因果联系的方法	143
第五节	收集和整理经验材料的方法	153
第六节	类比推理和假说	157
思考与练习		171

第七章 逻辑基本规律

第一节	逻辑基本规律概述	176
第二节	同一律	177
第三节	矛盾律	181
第四节	排中律	185
思考与练习		189

第八章 论 辩

第一节	论辩概述	194
第二节	论证	195
第三节	反驳	206
第四节	论辩的原则与规则	213
第五节	谬误	218
思考与练习		223

附录

Ⅰ	图形推理常识	228
Ⅱ	针对词语关系的类比推理常识	244
Ⅲ	综合测试题	258

主要参考文献 269

第一章 绪 论

第一节 "逻辑"的词义和逻辑的源流

一、"逻辑"的词义

"逻辑"一词源于希腊文 λóros——音译"逻各斯",其复数形式是 λóroi。λóros 是一个多义词,原意指"理性""推理""推理能力""思维""秩序""规则""规律""言辞""命题""议论""说明""论证""原理"等,其基本词义是"秩序""规律""言辞""理性"。但亚里士多德(前384—前322)并未用它来指称今天所讲的"逻辑",他在"议论""论证"的意义上使用过 λóros 一词。古希腊逍遥学派(或称"亚里士多德派",即由亚氏的门人所组成的学派)、古罗马的大学者西塞罗较正式地使用 logica 一词来表示"逻辑";但古罗马人更多地用 dialectica("论辩术")表示"逻辑和修辞"的科学。中世纪,有时用 logica,有时用 dialectica 来表示"逻辑"。近代西方才用 logic(英)、logik(德)、logique(法)等表示"逻辑"。

中国古代无"逻辑"之名,也难以找到与之相对应的汉语词语。

西方逻辑引进本土开始于明代末年,中国译者按先秦传统先后将 logic 译为"名学"(孔丘主张"正名")、"辩学"(墨家的"辩"较接近"逻辑",但内涵多有不同,如鲁迅《论沪上创兴女学堂事》)、"名辩学""理则学"(孙中山把 logic 翻译为"理则学",指出:"理则",即"思想之门径""诸学之规则"。——孙中山《建国方略·以作文为证》)、"论理学"(属于汉语借词,日本人把 logic 意译为"论理学","论理"即议论、论证的条理。——梁启超《论中国学术思想变迁之大势》)、"形名之学"(庄子《天道篇》有"形名"之语)、"名理"等。1905 年,我国现代翻译家严复(1854—1921)在《穆勒名学》中首次将英文 logic 音译为"逻辑"。此名一时未得以推广,到 20 世纪 30 至 40 年代"逻辑"的译名才慢慢得以流行。不过,台湾省在 20 世纪后半期还通用"理则学"等名称。

"逻辑"一词,在现代汉语中,也有着许多不同的含义。其主要有以下四种:(1)事物的规律或规律性。如:"从自然经济走向商品经济,从商品经济走向产品经济,这是经济发展的逻辑。"其中的"逻辑"即此义。(2)思维的规律、规则。如:"只有感觉的材料十分丰富和合于实际,人们才能根据这样的材料造出正确的概念,作出合乎逻辑的结论来。"其中的"逻辑"即此义。(3) 某种特殊的理论、观点或看问题的方法。如:"只许你打,不许我说,这是什么逻辑?"其中的"逻辑"即此义。(4) 一门学问,即逻辑学。如:"要写好文章,就得学点语法和逻辑。"其中的"逻辑"即此义。

二、逻辑的发展轨迹

逻辑是一门既古老又年轻的学科。说它古老,它历史悠久,源远流长;说它年轻,它在近一百年发展迅猛,目前已成为一个极其庞大的学科群。

(一)逻辑学的三大发源地

一般认为,古希腊的逻辑学、古印度的因明和中国先秦时期的名辩思想是逻辑学的三大发源地。

在西方,逻辑学与哲学一起,发源于公元前6—5世纪的古希腊。公元前4世纪,古希腊伟大的哲学家、思想家亚里士多德,在继承德谟克里特、苏格拉底、柏拉图等人的研究成果的基础上,全面系统地探讨了逻辑学的各种主要问题,研究和解决了作为认识真理工具的推理、论证有效性的思维问题,首创了完整的逻辑学体系。在亚氏留给后世的数以百计的著作中有大量的逻辑论文,它们大多被他的弟子编入《工具论》(包括《范畴篇》《解释篇》《前分析篇》《后分析篇》《论辩篇》和《辨谬篇》)一书。此外,其重要哲学著作《形而上学》,也论及一些逻辑问题。虽然,亚氏在其著作中并没有直接使用"逻辑"这一术语,但在客观上,他使逻辑学从哲学认识论中分离出来,形成了一门以推理为中心的独立的科学。因此,他被尊称为"逻辑学之父"。

亚里士多德之后,古希腊的逍遥学派和斯多亚学派也对逻辑的发展作出了贡献。逍遥学派在不同程度上发展了亚氏的传统逻辑理论。逍遥学派的领导人(学长)德奥弗拉斯特(约前371—前286)等给亚氏词项逻辑的推理形式增补了一些新的内容,提出了(古典)命题逻辑理论。斯多亚学派(公元前4世纪—公元6世纪),活动时间长达千年。它因常在画廊(stoa)聚集讲学而被称为"画廊学派"("斯多亚"为stoa一词的音译)。在历史上,该学派几乎与柏拉图的雅典学院、逍遥学派齐名,其骨干克里西普斯(约前281—前208)等研究了联言、选言、假言等复合命题及其推理问题,从而构建了一个与亚里士多德词项逻辑不同的(古典)命题逻辑理论。

古印度的因明,萌芽于公元前5世纪,盛行于公元后4—6世纪。其核心内容是正理论,它起源于古代印度的辩论术。正理论包括古正理和新正理,古正理又发展为古因明和新因明。"因明"是佛家逻辑的专称,其中"因"指推理的根据、理由;"明"指知识、智慧。因明就是关于推理、论证的学问。主要代表著作有相传为公元2—3世纪的乔达摩所著的《正理经》、陈那(约440—约520)的《因明正理门论》、商羯罗主(约6世纪人,系陈那弟子)的《因明入正理论》等。此外,印度的逻辑思想中还有"过论"(谬误论),其内容也十分丰富。

中国先秦时期的名辩思想,也可视为逻辑学的源头之一。中国在先秦时期哲人辈出,关注名辩问题的主要有邓析、孔子、墨翟(及其门人)、惠施、公孙龙、荀子、韩非子等,其中墨翟(约公元前480—前420)及其门人形成的墨家学派研究名辩问题最有影响。名辩问题研究的代表性著作有《墨子》和《荀子·正名》等。

(二)西方逻辑发展的轨迹

逻辑的正宗源头和主流在西方,虽然其发展一度也中断过。

到了中世纪,逻辑虽然沦为"论证上帝存在的工具",但逻辑学家们仍然冲破神学的严重束缚,研究了一些特定的逻辑问题,如元逻辑理论问题;发展了斯多亚学派的(古典)命题逻辑,创立了推演学说;研究了语义悖论及解决方法。在这一时期出现过一批流传甚广、影响甚大的逻辑读本、教材,其代表作有西班牙逻辑学家彼得的《逻辑大全》,该书出了150版,使用了近300年,同期销量仅次于《圣经》。

进入近代,随着实验科学的发展和科学方法论的变革,作为实验科学方法论的归纳逻辑得到了重视和发展。英国唯物主义哲学家弗兰西斯·培根(1561—1626)在总结前人归纳理论研究成果的基础上,提出并研究了科学归纳法问题,奠定了古典归纳逻辑的基础。其成果反映在他的《新工具》一书中。该书开拓了逻辑研究的新领域,提出了科学归纳的"三表法"。按照"三表法"(并通过对排斥法的运用),可以找到事物之间的因果联系,发现事物的规律。培根的归纳法是逻辑发展史上的一块极其重要的里程碑。之后,近代哲学家、数学家笛卡儿(1596—1650)等分别对科学归纳逻辑进行了更深入的探讨。到了19世纪,英国哲学家约翰·穆勒(John Stuart Mill,1806—1873)继承并发展了培根等人的归纳逻辑研究成果,在其所著的《逻辑体系:归纳和演绎》一书中,将探求因果联系的归纳方法系统化,提出了著名的"求因果五法"(史称"穆勒五法"),即"契合法""差异法""契合差异并用法""共变法""剩余法"。穆勒首次十分明确地把归纳引入逻辑体系,使之成为传统逻辑系统的重要组成部分。

穆勒之后,随着现代逻辑的大发展,产生了现代归纳逻辑。其主要发展趋势是归纳方法与概率统计方法相结合。20世纪的20至40年代里,赖辛巴赫(H. Reichenbach,1891—1953)、卡尔纳普(R. Carnap,1891—1970)等人在现代归纳逻辑的创立方面作出了杰出的贡献。

17世纪,"思维与计算同一"的思想迅速成长,从而拉开了现代逻辑的创建序幕。

现代逻辑的思想先驱是德国哲学家、数学家莱布尼茨(G. W. Leibniz,1646—1716)。他主张通过建立"表意的、普遍的语言"来研究思维问题,首先提出了在逻辑中应用数学方法(或"把逻辑加以数学化")的设想,即构造形式语言和建立演算的设想,并且为实现这一设想作出了一些有益的探索。虽然,莱氏的设想至今在许多方面并未实现,但其本身对逻辑学发展的贡献却是意义深远的,它使亚里士多德逻辑开始了"新生"。莱氏之后,英国逻辑学家、数学家汉密尔顿(W. Hamilton,1788—1856);英国数学家、哲学家、逻辑学家德·摩根(A. de Morgan,1806—1876);英国数学家、逻辑学家乔治·布尔(G. Boole,1815—1864);美国数学家、逻辑学家皮尔斯(1839—1914),康托尔(G, Cantor,1845—1918),希尔伯特(1862—1943);意大利逻辑学家、数学家、语言学家皮亚诺(G. Peano,1858—1932)等为现代逻辑的诞生做了许多有益的工作。

特别是德国数学家、逻辑学家弗雷格(G. Frege,1848—1925),他的《概念文字——一种模仿算术语言构造的纯思维的形式语言》(近80页的名著)于1879年问世。在此书中,他引入数学方法,成功地构造了一种形式语言,并且用这种语言建立了一个一阶谓词演算系统。由于这个系统包含了现代逻辑的所有基本要素,因此,此书的出版,标志着现代逻辑的诞生。——弗雷格被称为"现代逻辑的创始人"。弗雷格之后,又经由英国哲学家、逻辑学家罗素(B. Russell,1872—1970),怀特海(A. Whitehead,1861—1947);德国数学家、逻辑学家哥德尔(K. Godel,1906—1978)等人的努力,使现代逻辑逐渐发展和完善起来。

目前,逻辑学已经发展为一个极其庞大的学科群。

三、我国对逻辑的引进

我国对逻辑理论的引进,开始于唐代高僧玄奘。他首次引进了古印度的因明(学),翻译了陈那的《因明正理门论》和商羯罗主的《因明入正理论》。

从西方输入逻辑理论,大约始于明代末年。明末学者李之藻(1564—1630)首次翻译了西方逻辑学著作,取名为《名理探》。原著系17世纪初葡萄牙传教士(耶稣会会员)的逻辑讲义,原名为《亚里士多德辩证法概论》。此外,李之藻还翻译了《寰有诠》一书。之后,还有《名学类通》《辩学启蒙》《名理学》(无名氏译)等逻辑学译著。到了清代末年民国初年,开始了大规模引进西方逻辑的热潮,其代表性译著有严复的《穆勒名学》《名学浅说》,王国维的《辩学》,胡茂如的《论理学》,林可培的《论理学通义》等。

第二节 逻辑学的研究对象

逻辑学是研究思维形式的结构及其规律和逻辑方法的科学。

一、逻辑学是一门以思维为研究对象的科学

逻辑学既不属于自然科学,也不属于社会科学,逻辑学属于思维科学。

然而，研究思维的学科不只是逻辑学，其他学科，如脑神经生理学、心理学、哲学认识论、人工智能、语言学等，都涉及对思维问题的研究。不过，它们研究思维的角度、范围、内容又各不相同。那么，逻辑学对思维的研究有什么特点呢？其研究的具体对象（即内容）是什么呢？我们的回答是：逻辑学以思维形式的结构及其规律和逻辑方法为具体研究对象。

二、逻辑学以思维形式的结构及其规律和逻辑方法为具体研究对象

（一）思维形式的结构

"思维形式"，是指人类反映对象及其属性的理性方式。它有三种：(1) 抽象概括出对象的特有属性，叫"概念"；(2) 以既成的概念为基础对对象的属性进行断定，叫"判断"；(3) 由已知判断推出新的判断，叫"推理"。在人类的思维活动中，三者不可分割，浑然一体。

思维形式的结构，又称为"思维的逻辑形式""思维的逻辑结构形式"，或简称"逻辑形式"，是指思维形式各组成要素之间的联系方式，或者说是思维形式各组分的联结格式。

由于概念（这里特指简单概念）是思维的最小单位和基本要素，它不具有自己的结构。因此，逻辑学中所谓的"思维形式的结构"，主要是对判断（即命题，本书不区分"判断"与"命题"）和推理而言的。下面举例说明什么是"思维形式的结构"。

① 所有的桃花都是美丽的。
② 凡牛都是哺乳动物。
③ 一切商品都是有价值的。

这三个判断，其思维内容是完全不同的，分别涉及植物、动物、劳动产品等方面的知识，但它们却有着共同的思维形式的结构，即"所有……是……"。若用 S 表示判断中"对象"概念（即词项，本书不区分"概念"与"词项"），用 P 表示判断中"对象的属性"概念，则这三个判断所共有的思维形式的结构为：

所有 S 是 P（甲）

① 如果天下雨，则地湿，所以，如果地不湿，则天未下雨。
② 如果 X 是偶数，则 X 能被 2 整除，所以，如果 X 不能被 2 整除，则 X 不是偶数。
③ 如果他是凶手，那么他必有作案时间，所以，如果他没有作案时间，那么他就不是凶手。

这三个推理，其具体思维内容也完全不同，但其思维的形式结构都是相同的。它

们都由两个不同的判断组成,两个判断(前提和结论)的思维框架都是"如果……那么……"。若以 p 和 q 分别表示前提的前一部分和后一部分,则上述三个推理可归结为同一种思维形式的结构:

如果 p,那么 q;所以,如果非 q,那么非 p。(乙)

分析上述甲、乙两个思维的形式结构(它们分别为判断的思维形式结构和推理的思维形式结构),我们可以看到,任何一种思维形式的结构都包含两个成分:逻辑变项和逻辑常项。

<u>逻辑变项</u>(简称"变项"),是指其含义不确定、可以用不同的具体概念或判断进行替换的部分。如,上列甲、乙两个思维形式的结构中用大写字母 S、P 和小写字母 p、q 表示的部分,都是逻辑变项。逻辑变项,分概念变项(又称"词项变项",如甲式中的 S 和 P)和判断变项(又称"命题变项",如乙式中的 p 和 q)两种。<u>逻辑常项(简称"常项")</u>,是指其含义确定并始终保持不变的部分。如,上列甲、乙两个思维形式的结构中的"所有……是……""如果……那么……""所以"这三组(个)语词都是逻辑常项。在思维形式的结构中起决定作用的,不是逻辑变项,而是逻辑常项。逻辑常项是区别和判定不同类型的思维形式的结构的根据和标志。准确地把握逻辑常项的含义,是正确理解和运用思维形式的结构的关键。

(二)思维形式结构的规律和逻辑方法

1. 思维形式结构的规律

思维形式结构的规律,简称"逻辑规律",是指人们在运用思维形式进行思维时必须遵循的各种法则。它包括逻辑基本规律和逻辑特殊规律两种。逻辑基本规律包括同一律、(不)矛盾律和排中律三大规律。狭义上的"逻辑规律",特指逻辑基本规律,本书将辟专章介绍。逻辑特殊规律,就是只能对某种思维形式有制约作用的规律。例如,定义规则、划分规则、换位法推理的规则、三段论推理规则、提高不完全归纳推理应注意的事项等,都属于逻辑特殊规律。逻辑特殊规律的介绍分散于本书的各个章节。

注意:"思维形式结构的规律",有时候是指下面这种情况:对某一个思维形式结构而言,如果在任意解释(即对其中的变项任意代入一个具体的词项或命题)下该形式结构所表达的思想内容都是真的,那么该形式结构就叫"逻辑规律"(又叫"逻辑真理")。例如,"所有 S 都是 S"、"或者 p,或者非 p"等。反之,对某一个思维形式结构而言,如果在任意解释下该形式结构所表达的思想内容都是假的,那么该形式结构就叫"逻辑矛盾"。例如,"所有 S 都不是 S"、"p 并且非 p"等。

2. 逻辑方法

逻辑学除了研究思维形式的结构及其规律外,还要研究一些逻辑方法。逻辑方法是指研究对象时主体形成有关概念和判断的方法。逻辑方法的使用是以思维的确定性为前提,不涉及辩证分析,相对于辩证思维方法而言比较简单,故又称为"简单的逻辑方法"。本书中介绍的定义法、划分法、欧拉图法、真值表法和探求因果联系的方法,以及假说和各种论证的方法等,都是逻辑方法。

第三节 逻辑学的性质和作用

一、逻辑学的性质

逻辑学具有基础性、工具性、全人类性、人文性。

(一)逻辑学是一门基础性学科

人类的一切思维活动和知识体系的构建,都必须应用逻辑,离不开逻辑。因此,逻辑科学是一门基础性科学。正因为这样,在世界教育史上,历来就有把逻辑列为学校的文化基础课之传统;1974年联合国教科文组织编制的学科分类,把逻辑学列为相对于科学技术的七大基础学科的第二位。

(二)逻辑学是一门工具性学科

逻辑是一门发现的科学(不是发明的科学),逻辑学家发现了人类进行正确思维的规律,然后加以阐述。这能够为人们进行正确思维、获取新知、表述思维成果提供必要的和卓有成效的逻辑手段及方法。事实上,逻辑学家历来都是把逻辑看成工具性学科,亚里士多德的逻辑论文集被他的弟子命名为《工具论》、培根的逻辑著作取名为《新工具》就足以说明这一点。

(三)逻辑学是一门全人类性学科

逻辑是撇开思维的具体内容来研究思维的形式结构及其规律的,思维的形式结构及其规律本身是没有民族性和阶级性的。因此,逻辑学同数学、物理学等一样,是没有民族性、阶级性的;它具有全人类性,它所研究的成果为全人类所共同拥有,为全人类服务。

(四)逻辑学是一门人文性学科

逻辑学的人文性表现在:第一,逻辑学具有人文内容。从源头上看,西方古代的"三艺"(文法、修辞和逻辑)之一的"逻辑",本来就是作为"一门认识人类自身的学问"而被后世学者归入人文学科的。从近半个世纪以来逻辑发展的动态来看,随着逻辑语用学的诞生和崛起、符号学致力于人文层面研究的发展,人文内容已在逻辑学研究中实现了回归。① 第二,逻辑精神具有人文性。因为逻辑精神就是理性精神,而理性精神则是人文精神与科学精神的统一。人类的行为既要合目的性,又要合规律性,人文为其合目的性提供基础,科学为其合规律性提供基础,二者的统一才是行为符合理性的保证。唯其如此,逻辑学家才说,"逻辑学是'社会理性化的支柱性学科',逻辑的缺位意味着理性的缺位,这是逻辑学最根本的人文性质。"②

二、逻辑学的作用

逻辑学所研究的思维形式的结构及其规律、逻辑方法,来自于对人类思维实践的概括,反过来又对人们的思维实践起指导作用。具体地说,逻辑学的作用有以下几点。

(一)可为人们探求新知识提供必要的逻辑工具

人们要获得对客观世界的正确认识,必须具备两个条件:一是思维内容真实;二是思维形式要符合逻辑规则(规律)。要确保思维内容真实,必须参加一定的实践活动,依靠辩证唯物主义作指导,并依赖于各门具体科学的帮助;而要确保思维形式符合逻辑规则(规律),则需要借助逻辑学的成果。

(二)有助于人们准确、严密地表述和论证思想

一般地,人们要表达和论证思想不外乎口头和书面两种形式,但不管是何种形式都离不开对概念、判断和推理的运用,离不开对思维形式的结构及其规律的运用,否则,就不能保证表述和论证的准确、严密。

(三)有助于人们反驳谬误、揭露诡辩

有时,人们在表述和论证思想的过程中,会出现一些谬误和诡辩。就谬误而言,它们有的源于立场和世界观的不正确,有的源于认识上的错误,有的源于违反逻辑规律、规则等;就诡辩而言,则往往表现为有意违反逻辑规律、规则。对于这些谬误和诡辩,除了可以借助马克思主义理论和各种具体科学知识以及实践的结果,从其思维内容有错之角度进行批判外,还可以从其思维形式之违反逻辑规律、规则角度进行反驳。而后者必须借助逻辑知识。

(四)有助于人们更有效地学习其他学科的知识

不论哪一门科学,它都是严格按照逻辑规律、规则构建起来的知识体系,这个知识体系由一系列的概念、判断、推理组成。我们在学习某一学科的知识时,可以自觉地借助逻辑知识,把握这门学科由概念、判断和推理所构成的逻辑系统,从而可大大提高学习效率。

---

① 张建军.真正重视"逻先生"——简论逻辑学的三重学科性质[N].人民日报,2002-1-12(6).
② 张建军.真正重视"逻先生"——简论逻辑学的三重学科性质[N].人民日报,2002-1-12(6).

第四节 怎样学习逻辑学

一、认识学习意义,充满学习热情

逻辑学比较抽象、艰深,掌握它需要花大气力,下大工夫。这就要求我们首先要充分认识逻辑学的作用,明确学习这门学科之于提高思维素质的意义;其次要在学习过程中始终保持满腔的热情和持之以恒的毅力。

二、强化"形式"意识,掌握形式化方法

逻辑学是撇开思维的具体内容来研究思维形式的结构及其规律的。我们必须首先深刻认识到此课程的这一学科特点,强化"形式"意识,掌握形式化方法,养成形式化习惯。对反映某个思维过程的具体语言材料,一要使其不规范的语言形式规范化;二要概括并确认其逻辑常项,并用约定的逻辑符号表示;三要对思维的具体内容用相应的逻辑变项符号加以替换;四要把各种已被抽象出来的思维形式的结构综合起来,从而完成形式化过程。实践证明,如果不掌握形式化方法,养成形式化习惯,就不可能学好逻辑学。

三、勤于思考记忆,掌握基础知识

学习哪一门科学,都应重视在基础知识上下工夫,全面掌握其基本概念、基本理论。基本概念、基本理论掌握好了,万变不离其宗,在学科范围内遇到一些比较复杂的综合性问题,就容易对付。学习逻辑学也不例外。每一章的每一个"思考题"都得弄懂,其中包含着本学科的基本概念、基本理论。这就需要勤于思考,不仅要对某一知识的"所以然"进行思考,而且要对各个知识点的相互关系进行分析,以达到理解上的融会贯通境界。从宏观上看,逻辑学旨在探讨思维(论辩、论证)的有效性,而思维(论辩、论证)的内核是推理,因而逻辑学的中心任务是研究推理的有效性;而推理是由判断组成的,所以又要研究判断;而判断又是由概念组成的,所以还要研究概念。——在深入理解的基础上要作必要的记忆。

四、勤于实践训练,掌握基本技能

逻辑学是一种工具,学会使用工具是一种技能,而任何技能的获得都离不开实践训练。为了掌握逻辑的基本技能,我们应该重视以下三点:第一,要明确逻辑的基本技能究竟有哪些,其中哪些是重点;第二,严格按要求,认真、及时地完成各章后面所列

的练习题;第三,在学习、生活中,要时时处处做有心人,善于从现实的思维材料(其主要载体是言语作品)中,广泛收集有关逻辑问题的实例,加以分析,用以印证逻辑知识。特别是,要注意在自己的听、说、读、写实践中,自觉地应用逻辑知识进行一些"揭其短,彰其长"的训练。只有勤于实践训练,才能真正获得熟练运用逻辑知识解决实际问题的本领。

思考与练习

一、思考题

1. 在现代汉语中,"逻辑"一词的含义主要有哪些?
2. 逻辑学的研究对象是什么?
3. 什么是思维形式的结构?什么是逻辑常项、逻辑变项?
4. 逻辑学具有怎样的学科性质?为什么要学习逻辑学?怎样学好这门课?

二、练习题

(一)分析下列逻辑形式,指出其逻辑常项和逻辑变项。

1. 所有 S 都不是 P。
2. p 并且 q。
3. 或者 p,或者 q,或者 r。
4. 只有 p,才 q;非 p,所以非 q。

(二)选择题(在每小题的四个或五个备选答案中,选出一个正确答案)

1. "只有 q 才 p"与"如果 q 则 p"这两个命题的逻辑形式,它们含有:(B)

   A. 相同的常项,相同的变项
   B. 不同的常项,相同的变项
   C. 相同的常项,不同的变项
   D. 不同的常项,不同的变项

2. "所有聪明人都是近视眼,我近视得很厉害,所以,我很聪明。"以下哪项揭示了上述推理是明显错误的?(E)

   A. 我是个笨人,因为所有的聪明人都是近视眼,而我的视力那么好。
   B. 所有的猪都有四条腿,但这种动物有八条腿,所以它不是猪。
   C. 小李十分高兴,所以小李一定长得很胖;因为高兴的人都长得很胖。
   D. 所有的天才都高度近视,我一定高度近视,因为我是天才。

E. 所有的鸡都是尖嘴的,这种总在树上待着的鸟是尖嘴的,因此它是鸡。

3. "语言不能生产物质财富,如果语言能够生产物质财富,那么夸夸其谈的人就会成为世界上的富翁了。"以下哪项论证在方式上与上述论证最为类似?（ D ）

A. 人在自己的生活中不能不尊重规律,如果违背规律,就会受到规律的无情惩罚。

B. 加强税法宣传十分重要,这样做可以普及税法知识,增强人们的纳税意识,增加国家财政收入。

C. 有些近体诗是要求对仗的,因为有些近体诗是律诗,而所有律诗都要求对仗。

D. 风水先生惯说空,指南指北指西东,倘若真有龙虎地,何不当年葬乃翁。

E. 金属都具有导电的性质,因为,我们研究了金、银、铜、铁、铅这些金属,发现它们都能导电。

第二章 概　念

逻辑学的根本任务是研究推理,而推理由判断构成,判断由概念构成,因此,逻辑学首先要研究概念。

第一节　概念的逻辑特征

要讨论概念的逻辑特征,首先要考察"概念""语词"和"词项"三者之间的关系。

一、概念、语词和词项

(一)"概念"的含义和概念的形成

"概念"有狭义和广义之分。狭义上的"概念"是逻辑学的范畴,是严格意义上的"概念",广义上的"概念"是日常生活中的用语,是宽泛意义上的"概念"。

<u>狭义上的"概念"是指反映思维对象及其特有属性的思维形式</u>;广义上的"概念"是指反映思维对象及其某种(些)属性的思维形式。本质上,概念就是观念,是能够用语词标示的观念;不能用语词标示的观念不能称为"概念"。

1. 对象的属性

"对象"即认识对象。凡是能够被我们思考的东西都是对象。有看得见摸得着的(如花鸟虫鱼等),也有看不见摸不着的(如情感、意志、表象等);有物质的(如日月星辰等),也有精神的(如上帝等);有实体性的(如长江、张三鼻涕中的那个病毒)、依附性的(如鱼这个类、3这个数、坐这一动作等),也有观念性的(如"点"这个数学概念、"爱"这个词在汉语系统中的意义等)。

对象的性质及这个对象与其他对象的关系,统称为"对象的属性"。对象和属性是不可分离的,属性是属于一定对象的属性,对象都是具有某些属性的对象。对象的属性是无限多的。对象由于属性的不同而形成了各种不同的类,具有相同属性的对象组成一类。

对象的属性也是可以分类的。首先,按照是否为对象所固有,属性可分为固有属性和偶有(非固有)属性。固有属性,就是一类对象的绝大多数(接近100%)个体都必然具有的属性。如,"鸡蛋壳内有蛋清和一个蛋黄",这是绝大多数鸡蛋都必然具有的属性,即"鸡蛋"这类对象的固有属性。偶有属性,就是仅仅为一类对象中的极个别的个体所偶然具有的属性。如,"鸡蛋壳内有两个蛋黄",此属性仅仅偶然地为极少数鸡蛋所具有,它是"鸡蛋"这类对象的偶有属性。其次,按照是否为对象所特有,固有属性又可分为特有属性和非特有属性。特有属性,是指为某类对象共同具有而且仅仅为该类对象所具有,而其他类对象不具有的属性。非特有属性,是指虽然为某类对象共同具有但其他类对象也具有的属性。如,人的固有属性有很多,诸如①"无毛两足直立行走"、②"能运用语言进行交际"、③"能制造和使用高级生产工具"、④"有性别能繁殖后代"、⑤"体形有胖瘦高矮"、⑥"需要吃喝拉撒"等。其中属性①②③是人的特有属性,属性④⑤⑥是人的非特有属性(因其他动物也具有)。

2. 概念的形成

概念形成于主体对对象的某些(个)特有属性的认识。一个儿童,如果在他的思想中有了"人是能够用话语进行交流的动物"这一认识,那么就可以说在他的思想中已经形成了"人"的概念。

必须注意:

(1) 概念所反映的往往不是对象的各个方面的全部特有属性,而是对象的某一或某些方面的特有属性。

(2) 不同时代的人或同一时代的不同人群(或个人)对同一对象形成的概念可能是很不相同的,有的只认识到对象的这几个方面的特有属性,有的只认识对象的那几个方面的特有属性。

(3) 人们对同一对象的认识总是不断深化的,因而关于同一对象的概念也在不断深化,即概念是不断发展的,初级概念终将过渡到高级概念和科学概念。

(二) 概念与语词

本节所谓的"语词",通常指语词形式,包括词的形式和短语的形式。

1. 概念和语词的联系

概念是语词的思想内容,语词是概念的表征形式。首先,概念只有依赖于语词才能成其为直接现实。概念在头脑中的形成和存在必须借助语词,概念在口头或书面上的表达必须借助语词。语词是概念的物质外壳和载体;脱离语词的赤裸裸的概念是不存在的。其次,语词只有依赖于概念才能获得确定的意义和存在的价值。处于物理世界的语词本来只是一些没有意义的笔画或声音,这些笔画和声音之所以能为人们所理解,就是因为它们表达了某种概念。概念是语词的灵魂,语词不负载概念就会失去存在的价值。

2. 概念和语词的区别

概念和语词既有统一的一面,也有对立的一面。具体地说:

(1) 同一概念可以用不同的语词来表达。首先，同一概念，不同的民族用不同的语词表达。如："人的两脚不能同时离开地面的自主性位移"这一概念，汉语用"走"表达；英语用 walk 表达；法语用 aller 表达。其次，同一概念在同一民族中往往可以用不同的语词表达。如"tomato"（茄科，一年生草本。全株具软毛，叶为羽状深裂，花黄色，浆果呈扁圆、圆或樱桃形等；种子扁平，有毛茸，灰黄色。性喜温暖，原产南美洲，我国普遍栽培。果实营养丰富）这个概念，在汉语中既可写成"番茄"，又可写成"西红柿"。

(2) 同一语词可以在不同的语境中表达几个不同的概念。如："深"这个词在"这口井很深""这本书很深""我们的友谊很深""夜已经很深了"和"这种布颜色太深"五个语句中就分别表达了"深度""深奥""深厚""时间久""浓重"这五个不同概念。

(3) 任何概念都必须通过语词来表达，但不是所有的语词都能单独表达概念。例如，汉语中，词可分为实词和虚词两大类，实词通常能够表达概念；而虚词一般不能单独表达概念，如"的""啊""吗""呢""对于"等。

（三）词项与概念

在传统逻辑中，充当了直言命题的主项或谓项的语词（词或词组），被称为"词项"。如：

① 鲁迅是伟大的文学家。

② 花都是香的。

句①中的"鲁迅""伟大的文学家"和句②中的"花""香的"，都是词项。

在今天，"词项"的外延被扩大了。一般地，词项是指含有认知意义（或"理性意义"）的语词。不严格地说，概念就是词项所表达的认知意义。在自然语言中，并非所有的语词都含有认知意义。实词都含有认知意义，虚词不含有认知意义。也就是说，只有实词具有转化为词项的资格。

由于词项都是表达概念的，所以，人们为省事起见，有时就干脆把一个词项与该词项所表达的概念视为同一个东西，即对"词项"和"概念"不再加以区分。

二、概念的基本逻辑特征

内涵和外延是概念的两个基本的逻辑特征。

（一）概念的内涵

概念的内涵，即"词项的含义"，简单地说，<u>是指被反映在词项中的对象的特有属性</u>。从语言形式上看，关于某个词项的定义，其中的定义项所指就是该词项的内涵。如："人是能够运用语言思维的动物"。其中的"能够运用语言思维的动物"就是"人"这个概念的内涵。

从发生学的角度说,概念的内涵是主观的,因为它本质上是语言社团的集体观念。但是,从语言系统本身来说,概念的内涵又是客观的,它是约定俗成的,具有主体间性,即对于所有社会成员都是相同的。如,"裙"在汉语中表示"围在下身的服装"。这一内涵是汉族人所共同约定的,具有客观性。

(二)概念的外延

概念的外延,即"词项的意指",它是词项所反映的具有某种特有属性的观念性对象。观念性对象,可以是对象的子类,也可以是类中的个体。如,上例中"人"的概念的外延可以是"黄种人""白种人""黑种人"等子类,也可以是"孔丘""朱熹"等人类个体。

同概念的内涵一样,概念的外延,从发生学的角度说,它是主观的;从语言系统本身来说,它又是客观的,是约定俗成的。

人们运用语言交际时,其实际使用的语义往往是词项的外延。

第二节 概念的种类

对出现于百科的无数概念,从逻辑学的角度进行分类,有助于人们准确地理解和运用。逻辑学为概念分类的依据是概念的内涵和外延的一般特征。逻辑学家一般对概念进行如下分类:

首先,按照其外延所指是否存在于现实世界,把概念分为实概念和虚概念(又叫"空概念")。其外延所指只存在于观念世界而不存在于现实世界的概念,就是虚概念。如"独角兽""飞马""金山""大于3小于4的自然数"等。其外延所指存在于现实世界的概念,就是实概念。如"树""情感"等。

在传统逻辑学家那里,逻辑是为追求真理服务的,是为科学研究服务的,所以他们主张逻辑学不要研究虚概念。本书从之。

实概念分类系统一般是:概念分为集合概念和非集合概念,非集合概念又可分为单独概念和普遍概念,普遍概念再分为正概念和负概念。由于单独概念可视为特殊的集合概念,而集合概念又可以从某种意义上视为单独概念,所以下面的介绍是采取两分法的。

一、集合概念和非集合概念

根据所反映的对象是否为集合体,概念可分为集合概念和非集合概念。

一定数量的同类或异类个体组成的一个统一整体,叫"集合体"。集合体所具有的属性并不必然地为组成它的个体所具有。如,民众之于洪秀全,民众具有推翻一个封建王朝的能力,而洪秀全则不具有推翻一个封建王朝的能力。集合概念就是反映集合体及其属性的概念。请看下面三个判断：

① 雪飘万里。
② 鸟是从鱼进化而来的。
③ 本校学生在市比赛中拿了许多第一名。

由于一朵雪不可飘万里，并非每只鸟都是从鱼进化而来的，在市比赛中拿了许多第一名的不是某一个学生；所以判断①②③中的"雪""鸟""本校学生"，都是集合概念。

非集合概念是反映非集合体及其属性的概念。请看下面两个判断：

④ 张三是中国人。
⑤ 鲁迅的小说最长不超过3万字。

显然，判断④是对"张三具有中国人的性质"的一个断定；判断⑤中的"鲁迅的小说"是对鲁迅的任意一篇小说讲的；所以判断④⑤中的"中国人"和"鲁迅的小说"都是非集合概念。

必须注意：同一语词，有时可在集合意义下使用，表达集合概念，有时可在非集合意义下使用，表达非集合概念。如，判断：

⑥ 世界上的树都是木本植物。
⑦ 世界上的树不是一个人能砍完的。

"世界上的树"这一语词，在⑥、⑦中分别表达非集合概念和集合概念。

通常可采取下面方法区分集合概念与非集合概念：(1) 某语词如果揭示的是集合体的属性，那么它表达的是集合概念；否则，表达的是非集合概念。(2) 某个在句中处于主语位置的语词，如果在其前（即句首）加"所有的"一词后，就改变了整个句义（或变得读不通），那么该语词表达了集合概念；反之，表达了非集合概念。(3) 表达集合概念的语词是不能与数量短语连用的，如"三艘船只""五群羊群"等的说法是不合汉语习惯的，因而其中的"船只""羊群"都是表达集合概念的语词。(4) 表达集合概念的语词是不适用于谓述个体的。譬如，如果发现"张三是民众"的说法不合汉语习惯，就可判定"民众"是表达集合概念的。

弄清集合概念和非集合概念的区别，对于思维实践具有非常重要的意义。如，"群众是真正的英雄，刘慧芳是群众，所以刘慧芳是真正的英雄"。这一推理之所以错误，就是因为混淆了概念，把第一句中的"群众"之集合概念与第二句中的"群众"之非集合概念等同起来了。

二、单独概念和普遍概念

根据其意指的观念性对象（即外延）是一个还是两个以上，概念可分为单独概念和普遍概念。其外延的数量只有一个,这种概念叫"单独概念"。如"地中海""巴尔扎克""那个人""世界最高的山峰""中国第一条铁路"等概念,它们意指的观念性对象都只有一个,因而都是单独概念。单独概念通常由专有名词和(限定)摹状词表达。其外延的数量是两个或两个以上,这种概念叫"普遍概念"。如,"工人""民族""商店""分子""点""时刻"等概念。普遍概念的外延数量,有的是有限的(即所意指的观念性对象的数量是可以计算出来的),如"工人""民族""商店"等概念,叫"有限普遍概念";有的是无限的(即所意指的观念性对象的数量是不可以计算出来的),如"分子""点""时刻"等概念,叫"无限普遍概念"。表达普遍概念的,通常有普通名词、名词性词组以及在句法功能上具有名词性的某些结构体。

必须注意:同一语词,有时表达的是单独概念,有时表达的是普遍概念。这也需要根据语境加以确认。例如:

⑧ 水生笑了一下,女人看出他笑得不像平常。

⑨ 绿水青山枉自多,华佗无奈小虫何。

"女人"通常表达普遍概念,但在⑧中表达的则是单独概念,即指水生妻子;"华佗"本来是单独概念,但在句⑨中是普遍概念,是指具有华佗那样高超医术的人。

三、正概念和负概念

根据所反映的对象是否具有某种属性,概念可分为正概念和负概念。

正概念也叫"肯定概念",是反映对象具有某种属性的概念。如,"工作人员""有轨电车""健康""承认"等都是正概念。负概念也叫"否定概念",是反映对象不具有某种属性的概念。如,"非工作人员""无轨电车""不健康""否认"等。

关于负概念应注意以下几点。

(1) 负概念有单层的和双层的,但没有多层的。单层负概念中的否定词是对全类的否定,其逻辑形式为"非 A"。如"非党员"中的"非"是对"党员"整个类的否定。双层负概念中的否定词是对大类中的子类的否定,其逻辑形式为"非(A_1)A"。如"非老党员"中的"非"是对"老党员"这个子类(大类是"党员")的否定。概念"不红的苹果的价钱""非少数民族老党员的情况"都不是负概念,只有"不红的苹果""非少数民族老党员"才是负概念。

(2) 凡负概念都在首端带有"非""无""不""没""否"等字样(否定词),否则,就不是负概念。

(3) 一个带"非""不"等字样的概念[即"非 A"或"非(A_1)A"],若概念 A 或(A_1)A 与它不具有矛盾关系,则它不是负概念,如"非对称关系"这个概念,由于概念"对称关系"((A_1)A)与它不是矛盾关系(因为还有一个与它们并列的概念"反对称关系"存在),所以"非对称关系"不是"负概念"。

(4) 负概念是相对于相应的正概念而言的。一个带"非""不"等字样的概念,如果不存在与之对应的正概念,那么它就不是负概念。如"不倒翁",由于它没有相对的正概念"倒翁",所以它不是负概念。又如"非洲""无锡""不丹"等,都不是负概念。

(5) 有些首端带有"非""无"等字样的语词,要依据语境来判定它们表达的是正概念,还是负概念。例如:

⑩ 从那以后,我不再是"有产阶级",而是成了彻头彻尾的"无产阶级"了。

⑪ 这块阵地,无产阶级不去占领,资产阶级或其他阶级就会去占领。

"无产阶级"一词,在例⑩中表达了负概念,而在例⑪中表达了正概念。

另外,还有一个"负概念的论域"问题。"论域"是指讨论问题所涉及的一个确定的范围。一个负概念的论域就是这个负概念和相对应的正概念的外延之和,即相对应的正概念的邻近属概念。设某一负概念为"$-A$",其相对应的正概念为"A",其论域为"U",则 $U=A+(-A)$。例如,负概念"非工作人员"的论域就是"人员"。因为,与"非工作人员"相对应的正概念是"工作人员",而"工作人员"的邻近属概念是"人员"。弄清负概念的论域,有助于正确思维。

第三节 概念外延间的关系

客观对象之间的关系是多种多样的,因而作为反映客观对象特有属性的思维形式——概念之间的关系也是多种多样的。存在于特定概念之间的具体关系是各门具体科学的研究内容,逻辑学不研究也无力研究这些具体关系。逻辑学仅仅从外延方面来考察概念之间的关系。其结论是:任何两个概念的外延之间所可能具有的关系必须是而且只能是以下五种之一,即全同关系、真包含关系、真包含于关系、交叉关系和全异关系。下面以字母 S、P 分别表示两个概念,采用欧拉图法来加以介绍。

一、全同关系

全同关系,也叫"同一关系",是指两个概念的外延完全重合的关系。即,S 和 P 两个概念,如果所有的 S 都是 P,并且所有的 P 都是 S,那么 S 与 P 具有全同关系。如:

① 等边三角形(S)与等角三角形(P)。

② 天宝元年(S)与公元 742 年(P)。

在①②中,S与P之间的关系就是全同关系,其外延是完全重合的。全同关系可用欧拉图表示,如图 2-1 所示。

图 2-1　全同关系的欧拉图

必须注意:具有全同关系的两个概念,虽然其外延完全重合,但内涵不完全相同。尽管"等边三角形"和"等角三角形"的外延完全重合,但前者是从边的方面反映的,后者是从角的方面反映对象的。"两个概念",如果它们之间不仅外延完全重合,而且内涵也完全相同,那么它们就不是具有全同关系的两个概念,而是用不同语词表达的同一概念,如,"悲哀—悲伤""匆促—仓促""暗—黯""黑压压—黑沉沉"等。

二、真包含关系

真包含关系,又叫"属种关系",是指一个概念的部分外延与另一概念的全部外延重合的关系。即,S和P两个概念,如果所有的P都是S,但有的S不是P,那么S与P之间的关系就是真包含关系。例如:

③ 工厂(S)与化工厂(P)。

④ 规律(S)与思维规律(P)

在①②中,S与P之间的关系就是真包含关系。真包含关系可用欧拉图表示,如图 2-2 所示。

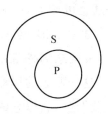

图 2-2　真包含关系的欧拉图

三、真包含于关系

真包含于关系,又叫"种属关系",是指一个概念的全部外延与另一概念的部分外延重合的关系。即,S与P两个概念,如果所有的S都是P,但有的P不是S,那么S与P之间的关系就是真包含于关系。例如:

⑤ 商品(S)与产品(P)。

⑥ 高等植物(S)与植物(P)。

在⑤⑥中,S 与 P 之间的关系就是真包含于关系。真包含于关系可用欧拉图表示,如图 2-3 所示。

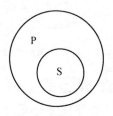

图 2-3 真包含于关系的欧拉图

在汉语中常用"S 是 P""S 是一种 P""S 是 P 之一"等句式表达两个概念间的真包含于关系。如,"电视机是工业产品""玉米是一种高等植物"。

关于真包含关系与真包含于关系还需要作以下几点说明。

(1) 此两种关系是可逆的,即:如果 S 真包含 P,那么 P 就真包含于 S;如果 S 真包含于 P,那么 P 就真包含 S。

(2) 此两种关系都涉及一个外延较大的概念和一个外延较小的概念。外延较大的那个概念,叫"属概念"(或"上位概念");外延较小的那个概念,叫"种概念"(或"下位概念")。如:"产品"的外延大于"商品"的外延,因而"产品"是"商品"的属概念,"商品"是"产品"的种概念。

(3) 属概念与种概念是相对而言的。例如,"商品"相对于"产品"而言,是种概念,而相对于"家电商品"而言,又是属概念。

(4) 对某一概念而言,它的属概念可能有许多个,其中有一个属概念,其外延最小,这个属概念叫做"邻近属概念"。如果已知"玉米"这一概念的属概念有"植物""生物""物质"等,且知其中"植物"这一属概念的外延最小,那么,就可认定"植物"是"玉米"的邻近属概念。如果已知"玉米"这一概念的属概念有"旱田高等植物""高等植物""植物"等,且知其中的"旱田高等植物"这一属概念的外延最小,那么就可以认定"旱田高等植物"是"玉米"的邻近属概念。显然,"邻近属概念"也是相对而言的,它涉及百科知识,涉及认知成果。

(5) 此两种关系反映在语用中,应注意:具有这两种关系的几个概念一般不得并列使用。除非为了表示强调,以听读者已懂得这两种关系、以不影响听读者理解为前提,才可并列使用。

四、交叉关系

交叉关系是指一个概念的部分外延与另一概念的部分外延重合的关系。即,S 与 P 两个概念,如果有的 S 是 P,有的 S 不是 P,而且有的 P 不是 S,那么 S 与 P 之间的关系就是交叉关系。例如:

⑦ 共青团员(S)与中学生(P)。

⑧ 水田作物(S)与粮食作物(P)。

在⑦⑧中,S 与 P 之间的关系就是交叉关系。交叉关系可用欧拉图表示,如图 2-4 所示。

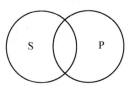

图 2-4 交叉关系的欧拉图

必须指出:

(1) 如果两个概念之间具有交叉关系,那么在它们之间必然存在一个交集概念。例如,在具有交叉关系的概念"党员"与"妇女"之间就存在一个交集概念,即"妇女党员"。事实上,修辞学所谓的"炼字"(选择用词)过程常常表现为寻找交集概念的过程。

(2) 具有交叉关系的几个概念一般不得并列使用,除非为了表示强调,以听读者已懂得这种关系、以不影响听读者理解为前提,才可并列使用。

五、全异关系

全异关系是指两个概念的外延没有任何一部分重合的关系。即,S 与 P 两个概念,如果所有的 S 都不是 P,那么 S 与 P 之间的关系就是全异关系。例如:

⑨ 农业户口(S)与非农业户口(P)。

⑩ 封建社会(S)与原始社会(P)。

⑪ 动物(S)与火车(P)。

⑫ 牛(S)与牛头(P)。

在⑨⑩⑪⑫中,S 与 P 之间的关系就是全异关系,它们之间的外延各不相同,毫无重合之处。全异关系可用欧拉图表示,如图 2-5 所示。

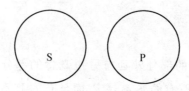

图 2-5　全异关系的欧拉图

全异关系可分为同论域全异关系和不同论域全异关系两类,前者如⑨⑩,后者如⑪⑫。逻辑学通常不研究不同论域全异关系,下面讲的"全异关系"特指同论域全异关系。

同论域全异关系,又可细分为矛盾关系和反对关系。如果两个具有全异关系的概念(S,P)同时真包含于其共同的一个邻近属概念(U),并且它们(S,P)的外延之和等于这个邻近属概念(U)的外延,那么这两个概念(S,P)之间的关系就是矛盾关系。例如:

⑬ 敌我矛盾(S)与非敌我矛盾(P)。

⑭ 生(S)与死(P)。

在⑬⑭中,S与P两个概念之间的关系就是矛盾关系。就⑬来说,"敌我矛盾"和"非敌我矛盾"都真包含于其共同的邻近属概念"人际矛盾"(U),并且"敌我矛盾"与"非敌我矛盾"的外延之和等于"人际矛盾"的全部外延。矛盾关系可用欧拉图表示,如图 2-6 所示。

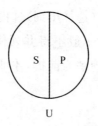

图 2-6　矛盾关系的欧拉图

具有矛盾关系的两个概念,可能是"一正一负"(一个是正概念,另一个是该正概念相对应的负概念),如⑨⑬;也可能是"两正"(两个都是正概念),如⑭。

如果两个具有全异关系的概念(S,P)同时真包含于其共同的一个邻近属概念(U),并且它们(S,P)的外延之和小于这个邻近属概念(U)的外延,那么这两个概念(S,P)之间的关系就是反对关系。例如:

⑮ 诗歌(S)与散文(P)。

⑯ 晴(S)与雨(P)。

在⑩⑮⑯中,S与P之间的关系就是反对关系。就⑮来说,"诗歌"和"散文"都真包含于其共同的邻近属概念"文学作品",并且"诗歌"和"散文"的外延之和小于"文学作品"的外延。反对关系可用欧拉图表示,如图2-7所示。

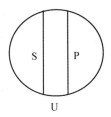

图 2-7　反对关系的欧拉图

具有反对关系的两个概念,肯定都是正概念。

必须注意:

(1)两个语词表达了具有全异关系的两个概念,这两个概念之间是矛盾关系还是反对关系,有时是需要根据语境来判定的。例如:

⑰ 今天下午的象棋赛,小张或许输(于)小李,或许赢小李,或许与小李和局。

⑱ 今天下午的兵兵球赛,小张要么输(于)小李,要么赢小李。

"输"和"赢"这两个概念,在⑰中所具有的关系是反对关系,而在⑱中所具有的关系则是矛盾关系。

(2)语用中,对于两个具有全异关系的概念,要认准它们到底是矛盾关系还是反对关系。

六、小结

(1)上述五种关系中,全同关系、真包含关系、真包含于关系、交叉关系这四种关系,有一个共同点,即S,P两个概念至少有一部分外延是重合的,因而可把这四种关系统称为"相容关系"(或"不排斥关系");全异关系的特点是,S与P两个概念的外延没有任何一部分是重合的,因而可把它称作"不相容关系"(或"排斥关系")。

(2)"全同关系""真包含关系"又合称作"包含关系";"全同关系""真包含于关系"又合称作"包含于关系"。

(3)任何两个概念外延间的关系都不外是而且只能是上述五种关系之一。

(4)以上讨论的是两个概念之间的关系,而在思维实践中往往要涉及三个或三个以上概念之间的关系。当需研究三个或三个以上的概念间的关系时,我们仍按上述方法,两个两个地加以分析,直到把所有概念的单个与单个之间的关系考察完毕为止。

第四节 概念的限制和概括

一、概念的内涵与外延的反变关系

具有真包含关系或真包含于关系的两个概念,它们的内涵和外延之间具有反变关系。即:一个概念的内涵愈多,则它的外延愈小;一个概念的内涵愈少,则它的外延愈大。或者说,一个概念的外延愈大,则它的内涵愈少;一个概念的外延愈小,则它的内涵愈多。例如,"鞋""皮鞋""牛皮鞋"这三个概念彼此之间具有真包含关系或真包含于关系,其内涵与外延之间就存在着这种反变关系。"鞋"的内涵是"穿在人们脚上直接接触地面的用品"。这个内涵当然也为"皮鞋"和"牛皮鞋"所共有,而"皮鞋"还比"鞋"多一个内涵——"用皮革制成的"。"皮鞋"的这一内涵,当然也为"牛皮鞋"所具有,而后者又比前者多一个内涵——"牛的(皮革)"。这就是说,这三个概念中,"鞋"的内涵最少,而"牛皮鞋"的内涵最多;可它们的外延数量正好相反,"鞋"的外延最大,它包括皮鞋、布鞋、塑料鞋、草鞋、木鞋等所有用各种材料制成的鞋,"皮鞋"的外延次之,它只包括用各种动物皮革制成的鞋,"牛皮鞋"的外延最小,仅指用牛皮制成的鞋。内涵和外延间的这种反变关系,只存在于具有真包含关系或真包含于关系的两个概念之间,而不存在于具有其他关系的两个概念之间。这种反变关系是对概念进行限制和概括的逻辑依据。

二、概念的限制

概念的限制,就是通过增加概念的内涵,缩小概念的外延,使一个属概念过渡到它的种概念的一种逻辑方法。例如,陶铸在《崇高的理想》一文中,从"理想"(A)说到"崇高的理想"(B),再说到"最崇高最伟大的理想"(C),其思维正是运用了概念的限制这种逻辑方法。可用欧拉图表示,如图 2-8 所示。

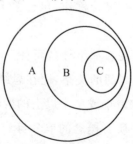

图 2-8 概念的限制

体现在语用中,概念限制的方法有二:(1)变换语词的方法,如把"植物"限制为"槐树",把"物质"限制为"生物"等;(2)在原语词前增加新语词(此"新语词"必须是增加了概念新内涵的)的方法,如把"植物"限制为"高等植物",把"物质"限制为"有害物质"等。

对一个概念,可以按属种层次逐级限制,也可以越级限制;可以限制一次,也可以连续限制多次,直到满足实际思维需要(往往体现为语用需要)为止。限制的极限是单独概念,单独概念是外延最小的概念,至此就不能再限制了。

必须指出:

(1)凡限制,其结果必须是属概念过渡到它的种概念;否则就不能算作逻辑意义上的限制。例如,"全国大学生运动会⇒江苏省大学生运动会""规律⇒不以个人的意志为转移的客观规律""月⇒水中月""马克思主义者⇒假马克思主义者"等,都不是概念的限制,因后者不是前者的种概念,前者与后者之间不具有属种关系(真包含关系)。

(2)语用中,应自觉避免以下情况:(A)缺乏必要的限制;(B)多余的限制或不当的限制。

三、概念的概括

概念的概括,就是通过减少概念的内涵,扩大概念的外延,使一个种概念过渡到它的属概念的一种逻辑方法。如,把"具有中国特色的社会主义现代化"(A)概括为"社会主义现代化"(B);再概括为"现代化"(C)。可用欧拉图表示,如图2-9所示。

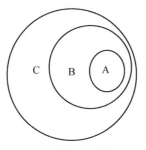

图2-9 概念的概括

体现在语用中,概括的方法也有两种:(1)变换语词的方法,如把"槐树"概括为"植物",把"生物"概括为"物质"等;(2)在原语词上删除部分语词(该语词必须是表达了原概念内涵的)的方法,如把"槐树"概括为"树",把"生物科学"概括为"科学"等。

对一个概念,可以按属种层次逐级概括,也可以越级概括;可以概括一次,也可以连续概括多次,直到满足实际思维需要(往往体现为语用需要)为止。概括的极限是哲学范畴(如"物质""意识""内容""形式"等),哲学范畴是外延最大的概念,至此就不能再概括了。

必须指出：

（1）凡概括，其结果必须是种概念过渡到它的属概念；否则就不能算作逻辑意义上的概括。例如，"江苏省大学生运动会"⇒"全国大学生运动会""不以个人的意志为转移的客观规律⇒规律""水中月⇒月""假马克思主义者⇒马克思主义者"等，都不是概念的概括，因后者不是前者的属概念，前者与后者之间不具有种属关系（真包含于关系）。

（2）语用中，应自觉避免以下情况：(A) 缺乏必要的概括；(B) 多余的概括或不当的概括。

第五节　定　义

一、定义的含义及其构成

定义有广义的、狭义的和特义的之分。广义的"定义"是指确定一个语言表达式的外延、内涵或变式的逻辑方法，它包括外延定义、内涵定义和变式定义。这里所谓的"语言表达式"可以是词、短语或抽象语句。外延定义即从外延方面来给一个语言表达式定义。它又包括穷举的、列举的和实指的三种。穷举定义，就是穷尽地列出一个语言表达式所意指的全部个体对象。如："十三经"，就是《尔雅》《公羊传》《谷梁传》《左传》《周礼》《仪礼》《礼记》《诗经》《书经》《易经》《孝经》《论语》《孟子》。列举定义，就是列出一个语言表达式所意指的部分个体对象或子类。前者，如："中国现代作家是指鲁迅、郭沫若、茅盾等"。后者，如："刑事犯罪是指杀人、放火、抢劫等罪行。"实指定义，就是出示一个语言表达式所指的真实个体（实体）。如，父亲把不知道火车为何物的儿子带到火车站，用手指着火车说："这是火车。"

狭义的"定义"是指确定一个语言表达式的内涵或变式的逻辑方法，它包括内涵定义和变式定义。特义的"定义"是指确定一个语言表达式的内涵的逻辑方法，即内涵定义。本书所谓的"定义"取狭义。先看下面语例：

① 数学是研究现实世界的空间形式和数量关系的科学。

② 平白就是凭空；就是无缘无故。

此二例都是定义。①揭示了"数学"这一语言表达式的内涵（即"研究现实世界的空间形式和数量关系的科学"）；②揭示了"平白"这一语言表达式的变式，即"凭空""无缘无故"。

定义由三个要素构成，即由被定义项（用"Ds"表示）、定义项（用"Dp"表示）和定义联项(用"＝df"表示)三部分构成。被定义项,就是需要揭示其内涵或变式的语言表达式。①中的"数学"、②中的"平白"都是被定义项。定义项,就是揭示被定义项内涵或变式的语言表达式。①中的"研究现实世界的空间形式和数量关系的科学"、②中的"凭空"和"无缘无故",都是定义项。定义联项,就是联结被定义项和定义项的语言表达式。汉语表达中,通常有三种,即:(A)"是"(或"就是"),①、②分别是"是""就是";(B)"如果……那么……";(C)"……当且仅当……"。(B)和(C)两种主要用于给述谓结构、抽象语句下定义。

二、定义的种类

根据定义所揭示的是语言表达式的内涵还是变式,可把它分为内涵定义和变式定义两类。

(一)内涵定义

内涵定义,又叫"属加种差定义""真实定义",就是揭示语言表达式所反映对象的特有属性的定义。如①就是内涵定义,它揭示了"数学"这一语言表达式所反映对象的特有属性——"研究现实世界的空间形式和数量关系的科学"。

如前所述,对象所具有的特有属性往往是多方面的,人们可以根据不同的目的,从不同的方面来研究同一对象,从而获得关于该对象的不同的概念。这一点是人们给内涵定义进行分类的客观基础。于是,内涵定义可细分为性质定义、关系定义、发生定义和功用定义等。

揭示语言表达式所反映的对象的特有性质的定义,叫"性质定义"。如①,其定义揭示的是语言表达式"数学"所反映的对象的特有性质。揭示语言表达式所反映的对象与其他对象之间的特有关系的定义,叫"关系定义"。如,"零是介于正数和负数之间的一个特殊的数"。其定义揭示的是语言表达式"零"所反映的对象与正数、负数之间的特有关系。揭示语言表达式所反映的对象在产生或形成过程方面具有的特征的定义,叫"发生定义"。如,"虹是天空中的小水珠经日光照射发生折射和反射作用而形成的弧形彩带"。其定义揭示的是语言表达式"虹"所反映的对象在产生过程方面具有的特征。揭示语言表达式所反映的对象在功用方面具有的特征的定义,叫"功用定义"。如,"气压计是用以测量大气压力的物理仪器"。其定义揭示的是语言表达式"气压计"所反映的对象在作用方面具有的特征。

从上述几个方面同时来揭示语言表达式所反映的对象的特有属性,叫"综合定义"。例如:

③ 战争,就是从有私有财产和有阶级以来就开始了的,用以解决阶级与阶级、民

族与民族、国家与国家、政治集团与政治集团之间在一定发展阶段上的矛盾的一种最高的斗争形式。

这个定义,既揭示战争的起源,又揭示了战争的作用,还揭示了战争区别于其他斗争形式的特有性质,因而它是一种综合性定义——发生定义、功用定义、性质定义的综合。

内涵定义的基本方法是属加种差法(又称"种差加属法")。"属",是指被定义概念(即被定义的语言表达式所表达的概念)的邻近属概念;"种差",是指被定义概念与其邻近属概念下其他同级的种概念之间在反映属性方面的差别。此定义法的一般形式是:

被定义概念＝种差＋被定义概念的邻近属概念

具体操作分三步进行:第一步,找出被定义概念的邻近属概念;第二步,找出"种差";第三步,选用某种定义联项,把被定义概念、种差、被定义概念的邻近属概念三者联结起来。譬如,要给"文学"下定义,第一步找出"文学"的邻近属概念"艺术"(即确定文学是艺术的一种)。第二步把文学同其他各种艺术加以比较,找出它与其他各种艺术(如绘画、雕塑、音乐、舞蹈等)在属性方面的差别,即"以语言来塑造形象,反映社会生活"。第三步选用"是"作为定义联项,完成定义,即:"文学是以语言来塑造形象,反映社会生活的艺术"。

要给一个语言表达式下一个科学的内涵定义,不但要具有有关对象的具体科学知识(逻辑学对此无能为力),掌握下定义的方法,而且要严格遵循内涵定义的规则。其规则具体有以下几点。

1. **定义必须揭示被定义项所指对象的区别性特征**

这是最根本的规则。违反其他规则,通常都会违反这一规则。如:"词是能够独立运用的语言单位。"这一定义,就没有揭示出词的区别性特征,据此定义人们无法把词与短语、句子等语言单位区分开来。

2. **定义项的外延与被定义项的外延之间必须具有全同关系**

在定义"Ds＝df Dp"中,"Ds"与"Dp"的外延之间必须具有全同关系。否则,"Dp"肯定没有准确地揭示"Ds"所反映的对象的区别性特征。违反这一规则所犯的逻辑错误有以下四种可能:(1)"定义项过宽"(简称"定义过宽"),就是定义项的外延大于被定义项的外延。如:"人是哺乳动物"。(2)"定义项过窄"(简称"定义过窄"),就是定义项的外延小于被定义项的外延。如:"人是熟食动物"。——通常原始人不吃熟食,但属于人。(3)"定义项交叉于被定义项",就是定义项的外延与被定义项的外延之间存在着交叉关系。如:"人是黑眼睛的动物"。(4)"定义项全异于被定义项",就是定义项的外延与被定义项的外延之间存在着全异关系。如:"人是卵生动物"。——在语言与思维实践中,也有同时犯上述几种错误的。

3. 定义项中不能直接或间接地包含被定义项

下定义的目的就是要明确被定义项的内涵。如果定义项中包含有被定义项,那么就等于用被定义项来说明它自身,最终还是什么也没有得到说明。违反这条规则的逻辑错误有两种可能:(1)"同语反复",就是在定义项中直接包含有被定义项。如,"'形式主义者'就是形式主义地观察和处理问题的人"。(2)"循环定义",就是在定义项中间接地包含有被定义项。如,"生命是有机体的新陈代谢"。这是一个循环定义,因为"有机体"正是被定义为"有生命的个体的"。

4. 定义一般不要使用负概念或采用否定的语句形式

负概念是不直接反映对象固有属性的概念,因而一般不能用它来揭示另一概念的内涵。如,"商品是不供生产者本人消费的产品",就是一个不规范的定义。同样,定义采用否定的语句形式,也不能直接揭示被定义概念的特有内涵。如,"故意犯罪不是过失犯罪",此定义只是说明"故意犯罪"不是什么,而没有说明它是什么。——当然,所谓"定义不要使用负概念",也不是绝对的。碰到下列两种情况,可以例外:一是给负概念下定义,如"无脊椎动物是体内没有脊椎骨的动物",其定义项中就使用了负概念;二是如果不用负概念,就无法下定义。如,"平行线"这一概念,若不使用负概念就无法下定义。

5. 定义项中不得使用含混的概念,不得用比喻

所谓"含混的概念",就是其内涵和外延尚未明确的概念。定义旨在揭示被定义概念的特有内涵,如果定义项中出现了含混的概念,就无法使人明确被定义概念的特有内涵。如,"理念就是绝对精神的模式化之凝结"。这一定义中的"绝对精神""绝对精神的模式化"是两个含混的概念,令人不知所云。

定义也不得采用比喻方式。因为,比喻只能用其他事物的某些属性来形象生动地描述所反映对象的某些属性,并不能准确而直接地揭示被定义概念的特有内涵。如,"作家是人类灵魂的工程师",这一语句,就不能视为定义。

(二) 变式定义

变式定义,又叫"语词定义",就是通过变换语言表达式的方式来揭示被定义项的含义。与内涵定义不同,它不是直接揭示被定义项所反映的对象的特有属性,而仅仅是对语言表达式的变换。试比较:

④ 概括就是简单扼要。
⑤ 概括就是把一类事物中部分个体的某些属性推广到全类的心理操作过程。

④是变式定义;⑤是内涵定义。在变式定义中,定义项和被定义项的关系,实际上仅仅是一种概念名称之间的替换关系。

变式定义,按其性质不同可分为说明性变式定义和规定性变式定义两种。说明性变式定义,或称"词典定义""报道定义",就是对某个语词已经确定的意义加以说明或报道。例如:

⑥ 巴结就是奉承,讨好。

⑦ 墉,城墙,高墙。

⑥⑦是分别对"巴结""墉"二词已经确定的意义所作的说明。作出说明性变式定义时,务必要注意把该语词的"确定意义"揭示得准确、完整、清楚。

规定性变式定义,就是给某个尚无确切含义的语词(或符号)规定一个明确的意义。如:

⑧ "坚持四项基本原则",是指坚持社会主义道路,坚持中国共产党的领导,坚持人民民主专政,坚持马列主义、毛泽东思想。

⑨ "近亲属"是指夫、妻、父、母、子、女、同胞兄弟姊妹。

⑧⑨是分别对"坚持四项基本原则""近亲属"这两个尚无确切含义的语词规定一个明确的意义。

人们在思维过程中,遇到下列两种情况,要作出规定性变式定义:其一,为简便和实用,要把一个较长的语词压缩为一个简短的语词,如⑧;其二,要为一个有歧义的语词规定一个确定的含义,如⑨。此外,有时为了保密,也会临时作出规定性变式定义。

规定性变式定义与说明性变式定义的区别是明显的:前者先于后者;后者具有真假性,前者没有真假性。不过,话虽这么说,有时要判定某一具体的变式定义是规定性的还是说明性的,往往是需要借助语境的。

定义对于思维和语言实践极其重要:可借以巩固认识成果;可借以弄清逻辑关系,确保思维严密;可借以确保交际顺利进行。

第六节 划 分

一、什么是划分

划分就是以对象的一定属性为依据,把一个属概念分为若干个并列的互不相容的种概念,以明确概念外延的一种逻辑方法。例如:

① 根据内角的不同,三角形分为直角三角形、锐角三角形、钝角三角形。

② 根据犯罪的主观方面,把犯罪分为故意犯罪和过失犯罪。

①把"三角形"这个属概念分成三个种概念,即"直角三角形""锐角三角形"和"钝角三角形";②把"犯罪"这个属概念分为两个种概念,即"故意犯罪"和"过失犯罪"。这样,"三角形""犯罪"两个概念的外延就得以明确。

划分由母项、子项和划分标准三部分构成。母项就是那个被划分的属概念,如①中的"三角形"、②中的"犯罪"。子项就是那些从母项中划分出来的种概念,如①中的"直角三角形""锐角三角形""钝角三角形",②中的"故意犯罪""过失犯罪"。划分标准就是把母项分为若干子项的依据,其内容就是被划分的概念所反映的对象的某个属性。如,①的划分标准是三角形内角的大小方面的属性;②的划分标准则是犯罪的主观意志方面的属性。

由于对象的属性往往是多方面的,因而对同一概念可以根据对象的不同属性进行多种不同的划分。例如:

③ 小说,按其篇幅不同可分为长篇小说、中篇小说、短篇小说和小小说;按其创作年代不同可分为古代小说、近代小说、现代小说和当代小说;按其创作方法不同可分为现实主义小说和非现实主义小说。

在语言表达上,划分标准可以表述出来(在严肃的场合,在论著、论文和教科书中,划分标准不可或缺),也可以不表述出来。但是,不管怎样,只要是划分,就一定存在划分标准。

划分不同于分解。分解是把作为整体的对象肢解为若干个组成部分。例如:

④ 桥分为桥梁、桥墩和桥基础。

这里,桥梁、桥墩和桥基础都是桥的组成部分。显然,分解也是认识事物的一种方法,是明确概念内涵的逻辑方法之一。

在语形上,划分与分解往往相同,语言形式都是"A 分为 A_1、A_2、A_3……A_n"。区分二者的方法是:如果"A_i 是 A($i=1,2,3……,n$)"这一断定成立,那么表达的是划分;否则,表达的就是分解。例如,我们可以说"直角三角形是三角形""锐角三角形是三角形""钝角三角形是三角形"(①);但不能说"桥梁是桥""桥墩是桥""桥基础是桥"(④)。

二、划分的种类

根据不同的标准,可以对"划分"作出不同的划分。

(一) 一次划分和连续划分

根据划分的层次不同,划分可分为一次划分和连续划分。划分的结果只有母项和子项两个层次,这种划分就是一次划分。如①②③的划分,都属于一次划分。划分的结果有三个或三个以上层次,这种划分就是连续划分。也就是,把母项划分为若干子项之后,再对子项继续进行划分,这样连续划分下来,直到满足思维实践需要为止。例如:

⑤ 哲学分为唯物主义和唯心主义。唯物主义又分为朴素唯物主义、机械唯物主义和辩证唯物主义;唯心主义又分为主观唯心主义和客观唯心主义。

(二)二分法划分和多分法划分

根据子项数量的不同,划分可分为二分法划分和多分法划分。二分法划分,就是把一个母项分为彼此具有矛盾关系的两个子项。例如:

⑥ 户口可分为农业户口和非农业户口。

⑦ 运动员分为男运动员和女运动员。

二分法划分所得的两个子项往往一个是正概念,另一个是相应的负概念,如⑥;但有时两个子项可能都是正概念,如⑦。

多分法划分,就是把一个母项分为三个或三个以上的子项。如⑤中的"唯物主义分为朴素唯物主义、机械唯物主义和辩证唯物主义",这个划分就是多分法划分,其子项是三个。

(三)科学划分和非科学划分

根据划分所依据的标准不同,划分可分为科学划分和非科学划分。其划分标准是对象的本质属性,这种划分就是科学划分。如,⑤关于"哲学"的第一层划分,就是科学划分。其划分标准是"承认物质第一性还是承认意识第一性",这一标准涉及唯物主义哲学和唯心主义哲学的本质属性。科学划分是为了进行科学理论的探讨和创新,为满足长期实践的需要而作出的具有相对稳定性的划分,因而具有重要的理论和实践意义,可使有关知识得以深化、优化、系统化。它总是被固定在有关学科中,并在该学科发展中长期起作用——即使出现了新的更科学的划分,它也不会马上被人们所抛弃。

其划分的标准是对象的非本质属性,这种划分就是非科学划分(也叫"一般划分")。如,③关于"小说"的第一次、第二次划分,就是非科学划分。其标准分别是"篇幅的长短属性""创作年代的属性",它们都没有涉及小说的本质属性。非科学划分往往是为满足目前某种实践需要而作出的临时性划分,它没有理论意义。

三、划分的规则

要确保划分正确,必须遵守以下划分规则。

(一)划分所得各子项的外延之和必须等于母项的外延

划分的目的,就是为了明确概念的外延。如果划分所得各子项外延之和不等于母项的外延,那么就是没有准确地揭示概念的外延。违反这条规则,就会犯"子项不穷尽"或"多出子项"的逻辑错误。<u>"子项不穷尽"(又叫"划分不全")是指划分后各子项的外延之和小于母项的外延</u>。如:"刑事诉讼强制措施有拘传、取保候审、监视居住和拘留",这个划分遗漏了"逮捕"这一子项。<u>"多出子项",是指划分后各子项的外延之和大于母项的外延</u>。如:"妨害民事诉讼的强制措施有拘传、罚款、拘留、训诫和逮捕",这个划分多出了"逮捕"这一子项。在思维实践中,也有同时犯"子项不穷尽"和"多出子项"两种错误的。

(二)每次划分必须按同一标准进行

虽然,母项概念所反映对象的属性可能是多方面的,但在一次划分中充当划分标准的只能是对象的某一方面的属性,否则就会犯"划分标准不同一"的逻辑错误。如:"三角形分为不等边三角形、二等边三角形和内角均为60°的三角形",这一划分既以三角形在边方面的属性为标准,又以三角形在角方面的属性为标准,使划分后的子项不在同一视角范围内。必须提醒的是:在连续划分中,属于不同层次的划分或属于同一层次不同子项的再次划分,其划分标准可以是不同的。

(三)划分所得各子项,其外延之间必须互不相容

划分所得各子项的外延必须互不相容,即彼此之间必须具有全异关系,否则就会出现一些对象既属于甲子项,又属于乙子项的现象。违反这条规则的逻辑错误称作"子项相容"。如:"我校申报中级技术职务的教师有27岁到40岁的,有40岁到50岁的,有50岁到59岁的"。这里,划分所得的三个子项,其外延之间存在部分重合情况:40岁的(教师)既属于子项"27岁到40岁的(教师)",又属于子项"40岁到50岁的(教师)";50岁的(教师)既属于子项"40岁到50岁的(教师)",又属于子项"50岁到59岁的(教师)"。

思维实践反复证明,划分中出现"子项相容"的逻辑错误大多系违反规则(二)引起的。也就是说,划分时如果违反了规则(二),那么就有很大可能同时违反了规则(三)。例如:"犯罪,分故意犯罪、过失犯罪和共同犯罪三种",此划分既违反规则(二),犯了"划分标准不同一"的错误;又违反规则(三),犯了"子项相容"的错误。

但有人据此主张要取消规则(三),这是不行的。

(四)划分必须按属种层次逐级进行,不得越级

此规则有两层意思:(1)划分所得各子项必须是同一层次的概念;(2)划分所得的子项概念必须是母项概念的邻近的种概念。违反这一规则所犯的逻辑错误称"越级划分"。如:"哲学分为唯物主义、客观唯心主义和主观唯心主义",其中,三个子项不在同一层次上,后两个子项"客观唯心主义"和"主观唯心主义"越级了,它们都不是母

项"哲学"的邻近种概念。又如:"哲学分为朴素唯物主义、机械唯物主义、辩证唯物主义、客观唯心主义和主观唯心主义"。在这里,五个子项概念都越级了,它们都不是母项概念"哲学"的邻近种概念。

思考与练习

一、思考题

1. 什么是概念?什么是概念的内涵和外延?
2. 概念是如何分类的?怎样区别集合概念和非集合概念?如何识别负概念?
3. 两个概念外延之间可能存在哪五种关系?如何理解这五种关系?
4. 如何理解概念的内涵与外延的反变关系?什么是概念的限制和概念的概括?
5. 如何理解"定义"的多种含义和定义的分类?
6. 内涵定义有哪些规则?违反这些规则的情况(错误类型)有哪些?
7. 什么是划分?划分有哪些规则?违反这些规则的情况(错误类型)有哪些?

二、练习题

(一)分析下列三段文字,指出其括号内的语词或语句是从内涵方面还是从外延方面来说明标有横线的概念的。

1. 艺术是(通过塑造形象,具体地反映社会生活,表现作者一定思想感情的一种社会意识形态)。由于表现的手段和方式不同,艺术通常分为(表演艺术、造型艺术、语言艺术和综合艺术)。

2. 论证由(论题、论据和论证方式)构成。

3. 思想政治素质教育包括:(政治素质教育),主要解决立场、观点、信念理想问题;(思想素质教育),主要解决思想认识和思想方法问题;(道德素质教育),主要培养社会公德、社会主义道德品质、共产主义道德品质及相应的文明行为习惯。

(二)指出下列语句中加上括号的语词表达的是单独概念还是普遍概念,是正概念还是负概念。

1. (《家》)是(巴金的作品)。
2. (非党员)不参加今天的会议。
3. 哪所大学是(位于江苏省最西北的大学)?
4. (单独概念)是反映独一无二的对象的概念。

(三)指出下列语句中加上括号的语词表达的是集合概念,还是非集合概念。

1. (中共江苏师范大学委员会)通过了《关于加强校园文化建设的决议》。

2. 王杰是(解放军)。

3. (高级知识分子)是国家的(宝贵财富)。

4. (鲁迅的著作)不是一天能读完的。

(四)指出下列各句中括号内的概念间的关系,并用欧拉图表示出来。

1. 在社会主义国家里,(马克思主义)的地位不同了。但是就是在社会主义国家里,还是有(非马克思主义)的思想存在,也有(反马克思主义)的思想存在。

2. (商品)是(用来交换的劳动产品)。

3. 我国是一个(人才)辈出的国度,自古以来就拥有世界一流的科学家、发明家、(文学家)、(思想家)、(政治家)、(军事家)……

4. (技能)有两种:(操作技能)和(心智活动技能)。

(五)下列句子中加上括号的概念,作者采用的是概括的方法还是限制的方法?请分析之。

1. (没有政绩),就是无能的表现。

2. 我们要讲("利"),但不是讲个人的"私利",而是讲"公利",讲广大人民群众之"利"。

3. (共产党员),特别是党的高级干部,要做反腐倡廉的楷模。

4. (随地吐痰)是不文明的行为,是极端自私的表现。

(六)指出下列定义的种类。

1. 痢疾是由于杆状菌或阿米巴菌在直肠内寄生而产生的疾病。

2. "大辟"是中国古代隋朝以前对死刑的通称。

3. 信息论是利用数学方法,研究信息的计量、传递、变换和储存的科学。

4. "三资"企业就是指合资经营企业、合作经营企业、独资经营企业。

(七)若把下列语句认作定义,则它们违反了下定义的哪些规则?

1. 轻工业不是生产生产资料的工业。

2. 病句是犯有语法错误的句子。

3. 教条主义者是把经典著作中的话当做教条看待的人。

4. 列宁主义是由思维和经济养成的嗅觉。

5. 新闻就是关于多数人感兴趣而带有刺激性的事件的报道。

(八)若把下列两个语句认作划分,则它们违反了划分的哪些规则?

1. 戏剧有喜剧和悲剧两大类。

2. 这次展出的100多种代表作品,一部分是原稿,一部分是复制品,还有一些是近年来的新作。

(九)运用概念知识,分析下列陈述中的逻辑错误。

1. 老年人,特别是男人最害怕孤独,他们大多希望能跟子女生活在一起。

2. 这个经验值得文教工作者和中小学教师重视。

3. 我们在充分利用电脑当中,要积极发挥录音机和录像机的作用。

(十)定义判断。每道题先给出一个概念的定义,然后分别列出四种情况,要求严格依据定义,从中选出一个最符合或最不符合该定义的答案。注意:假设这个定义是正确的,不容置疑的。

1. 虐待罪:是指对共同生活的家庭成员,经常以打骂、冻饿、禁闭、强迫过度劳动,有病不给治疗或者以其他的方法进行摧残、折磨的行为。

根据以上定义,下列陈述了某人犯有虐待罪的一项是:(C)

A. 梁某对其还在读高中的继女采取利诱的手段与之发生了性关系,致使多次堕胎,并得了妇科病。后来,她不堪病魔折磨,几次想自寻短见。

B. 张豪少时顽劣,多次受到过父母严厉训斥乃至体罚,他有点记恨他们。从去年开始,跟弟弟张杰生活在一起的年过半百的父母要求张豪支付每月100元的赡养费。张豪以收入少、负担重和父母偏心为由而拒绝支付。据邻里反映,这10多年张豪父母把责任田里的收成都给了张杰。

C. 村民赵进16岁的儿子精神失常已经半年了,动辄以砖石、刀棍袭击路人。从上周开始赵进用铁链把儿子锁在自己家的猪圈中。疯子不胜铁链之苦,常常彻夜哀号。

D. 孙某追求周姑娘多年,周姑娘始终没有表态。为了获得周的芳心,孙某每天晚上到周家的楼下唱情歌。周家不胜其烦,便纠集众本家痛打他一顿,然后把他捆绑在周家的一个黑屋子里。到第三天,在村支书的干预下,孙某才得以脱身。

2. 歧视:指由于某些人是某一群体或类属的成员,而对他们施以不公平或不平等的待遇。

根据以上定义,下列陈述最可能不属于歧视的是:(B)

A. 应届本科毕业生小刘因为相貌丑陋,用人单位都把他拒之门外。

B. 在某大型企业工作的王小姐最近心理很不平衡,原因是:她认为自己能力强、业绩大,但至今没有得到任何一个晋级、晋升的机会,而那些同资质的男性同事有不少获得过这样的机会。

C. 某年,小宋参加征兵体检,所有指标都合格,可前来带兵的首长把他给刷下了,理由是他的嗓音有点女性味。

D. 某市教育局最近要招聘教师,其招聘广告说:"这次招聘总数为200名,其中:男教师150名,女教师50名"。

第三章 命题逻辑

研究各种复合命题的逻辑性质以及相互之间的推理关系的理论,叫做"命题逻辑"。在正式展开其核心内容之前,先得概述一下有关命题和推理的基本知识。

第一节 命题和推理概述

一、命题概述

(一) 判断、语句和命题

<u>判断是对对象情况有所断定的思维形式</u>。例如:"甲说:'雪是白的。'乙说:'雪不是白的。'"这里的"雪是白的""雪不是白的",就是判断。判断有三个特征:(1) 对对象情况有所断定;(2) 必有真假;(3) 存在断定主体。"对对象情况有所断定",就是对对象情况有所肯定(如甲言)或有所否定(如乙言);"对象情况",就是对象的属性。

<u>语句是由某种语言的语词按照该种语言的语法规则所组成的、拥有特定语调的、且表达了相对完整意义的语言单位</u>。例如:

① 毛泽东是湖南人吗?
② 难道毛泽东不是湖南人吗?
③ 伟大啊,毛泽东!
④ 啊,母校!
⑤ 请让开!

判断是语句的思想内容,语句是判断的语言形式;二者是信息内容与信息载体之间的关系。二者的区别在于:

第一,所有判断都是由语句表达的,但不是所有的语句都能表达判断。只有陈述句(如,上例中的甲言、乙言)、反问句(如②)和带有谓词的感叹句(如③)能够表达判断;通常意义上的疑问句(如①)、祈使句(如⑤)和不带谓词的感叹句(如④)都不能表达判断。

第二,同一判断可以由不同语句表达。这有两种情况:
一是同一判断可用不同语言的语句形式来表达。例如,烈日当空,气温在 36℃以

上。对此,人们会作出"天气炎热"的判断:

天气炎热。(汉语)

The weather is hot.(英语)

天気がすつい。(日语)

погоЦаЖаркая。(俄语)

二是同一判断可用同一语言的不同语句形式来表达。例如,以汉语为母语的人要作出"所有的人都是要死的"这么一个判断,其表达至少还有如下几种:

每一个人都会死。

任何人都难免一死。

人总有一死。

凡人皆有死。

人统统会死。

没有人不死。

难道有不死的人吗?

只有不是人,才可能不死。

对任何 X 来说,如果 X 是人,那么 X 必有死。

第三,同一语句可以表达不同判断。语句有两种,一种是无歧义的,一种是有歧义的。无歧义语句在不同的语境中可以表达不同的判断;有歧义语句则在零语境中(即语言系统内部)也可以表达不同的判断——更不用说在不同语境中了。这里,举有歧义语句在零语境中用作判断表达的情况。

⑥ 扮演的是一个有名的演员。

⑦ The sentence was long.

句⑥既可以理解为"扮演一个有名的演员",也可理解为"扮演者是一个有名演员";⑦既可理解为"句子太长",也可理解为"刑期太长"。

<u>命题是表达了判断的陈述句</u>,具体地说,是直接地、简明地、规范地表达了判断的<u>陈述句</u>。因此,所有的命题都必然是陈述句,但不是所有的陈述句都是命题。按照逻辑学的观点,一个非直接地或非简明地或非规范地表达了判断的句子(包括陈述句),不可视为命题;一个没有真假的陈述句,也不可视为命题。例如:

⑧ 天在下雨。

⑨ 上边的一段文字是英文。

句⑧⑨都是陈述句。但是，由于说出句⑧的时间、地点不清楚，人们无从知道句⑧所断定内容的真假；由于句⑨中的"上边"是相对于哪个空间参照点讲的不清楚，因而人们也无从知道句⑨所断定内容的真假。

由于所有命题都是表达判断的，为了表述的方便，逻辑学家通常对二者不加区分。本书从之。

据此，我们说，判断所具有的前两个特征，即对对象情况有所断定和必有真假，命题也具有。命题的真、假二值，被称做"命题的真值"或"命题的逻辑值"。

(二) 命题的种类

思维对象的情况（属性）是多种多样的，作为对思维对象情况作出断定的思维形式——命题必然也是多种多样的。根据不同的标准，可以对命题作出不同的分类。

1. 按其所断定的是对象的性质还是对象间的关系，可把命题分为性质命题和关系命题

断定对象自身具有或不具有某种性质的命题，称为"性质命题"。如："牛郎很英俊。""牛郎很英俊，并且很大气。"显然，性质命题，可以是简单命题，如前例；也可以是复合命题，如后例。断定对象和对象之间具有或不具有某种关系的命题，称为"关系命题"。如："牛郎爱织女。""牛郎爱织女，并且爱阿诗玛。"显然，关系命题，可以是简单命题，如前例；也可以是复合命题，如后例。复合性质命题和复合关系命题及其推理问题将由本章讨论；简单性质命题和简单关系命题及其推理问题将由第四章"词项逻辑"去讨论。

2. 按其是否包含模态词（如，"必然""可能""必须""允许""禁止"等），可把命题分为模态命题和非模态命题

包含模态词的命题，称为"模态命题"；不包含模态词的命题，称为"非模态命题"。如："2012年中国国民经济增长10%的目标必然能达到。""2011年中国国民经济增长10%的目标已经达到。"二者分别为模态命题和非模态命题。

3. 按其本身是否还包含其他命题，可把命题分为简单命题和复合命题

(1) 简单命题。

其本身不包含其他命题的命题，称为"简单命题"。例如："雪是白的。""雪比棉花白。"二者都是。

(2) 复合命题。

其本身包含其他命题的命题，称为"复合命题"。如：

⑩ 并非有的人不必接受道德审判。

⑪ 春女思，并且秋士悲。

⑫ 如果光华集团的新产品质量好并且价格合理，那么一定能畅销，并且一定能打入国际市场。

上述三例都是复合命题。⑩是其中包含了一个简单命题（即"有的人不必接受道德审判"）的复合命题；⑪是其中包含了两个简单命题（"春女思"和"秋士悲"）的复合命题；⑫是其中包含了四个简单命题（"光华集团的新产品质量好""光华集团的新产品价格合理""光华集团的新产品能畅销""光华集团的新产品能打入国际市场"）。

复合命题是由支命题和联结词构成的。构成复合命题的命题称为"支命题"，通常用小写字母 p、q、r、s 等表示。支命题本身可以是简单命题（如⑪⑫）；也可以是复合命题，如⑫中包含两个支命题（即"光华集团的新产品质量好并且价格合理"和"光华集团的新产品能畅销并且能打入国际市场"）都是复合命题。我们把支命题本身为复合命题的复合命题称为"多重复合命题"。

联结词，又叫"真值联结词"，就是用以表达总命题与支命题或支命题与支命题之间逻辑关系的语词。如，⑩中的"并非"表达了总命题与支命题之间的逻辑关系；⑪中的"并且"和⑫中的"如果……（并且）……，那么……（并且）……"，它们都分别表达了所在复合命题的支命题之间的某种逻辑关系。自然语言中，表达某一种复合命题的联结词往往是多种多样的，传统逻辑通常是从中选取一个最有概括力的、含义比较明确、固定的语词作为代表，如联言命题的联结词，选取的汉语联结词是"并且"。现代逻辑则使用特定符号表示联结词，如联言命题的联结词，使用的符号是"∧"。本书常常兼顾两种表达法。

支命题的真假和联结词的性质决定着复合命题的真假。逻辑学常常采用表格的形式来刻画复合命题与它的支命题之间的真假制约关系，旨在揭示该类复合命题的推理依据，为建立有关推理规则提供依据。这样的表格，我们称作"真值表"。真值表列出了在支命题的每一组真值组合的情况下复合命题的真值（读者可参阅后文）。

复合命题的种类很多，根据不同的标准可以进行不同的分类。本书采用传统分法，即根据联结词的不同把它分为联言命题、选言命题、假言命题和负命题四种。某些多重复合命题，则可以根据其基本结构形式分别归入上述四种之一。

二、推理概述

（一）"推理"的含义、结构与表达

"推理"的含义有二：一是指根据逻辑规则，从一个或一些已知命题推出一个新命题的思维过程或思维活动。就这一意义而言，它与"推导""演绎""衍推"等概念相近；但"推导""演绎"往往指一系列推理步骤的复合，而"推理"仅指一个单一的步骤。二是

指上述思维过程或思维活动的语言载体。逻辑学家对这两层含义一般不予区分。

在语形上,推理由前提和结论两部分构成。前提就是已知命题;结论就是推出的新命题。

如果把推理视为思维过程或思维活动,那么就可以说它是由复句或句群表达的。识别一个复句或句群是否表达了推理,还有一个技巧问题。这就是看这个复句或句群中有无"因为……所以……""由于……因此……""……所以……""据此""由此可见"等的关联词语,有这类关联词语的,通常是表达了推理的。不过,话还得往回说,并非带有"因为""所以"等字样的复句、句群都是表达推理的。如:

⑬ 他还爱她,因为他回来了。

⑭ 因为他还爱她,所以他回来了。

句⑬表达了推理,其完整内容是:"如果他回来,那么就说明他还爱她;现在他回来了,所以他还爱她。"句⑭没有表达推理,它只是陈述了两种情况(即:他还爱她;他回来了)和一个断定(即:他回来的原因是他还爱她)。

有时,某个复句或句群虽然没有这类关联词语,但未必不表达推理。如:

⑮ 我又不想考研究生,用不着攻外语。

这个复句中没有上述关联词语,却表达了如下推理(虽然这个推理不正确):"凡想考研究生的是要攻外语的;我不是想考研究生的,所以,我不是要攻外语的。"

(二) 推理形式结构有效性的判定和推真条件

推理形式结构的有效,又简称为"推理形式有效""形式有效"。人们曾认为,<u>一个推理的形式结构是有效的,当且仅当具有此形式结构的任一解释(即任意代入一个具体的词项或命题)都不出现前提真而结论假</u>。例如:

⑯ 所有的人都是要接受道德审判的,所有的猩猩都不是人;所以,所有的猩猩都不是要接受道德审判的。

该推理的形式结构是:

所有的 M 都是 P,所有的 S 都不是 M;所以,所有的 S 都不是 P。

⑰ 所有的人都是要死的,所有的猩猩都不是人;所以,所有的猩猩都不是要死的。

推理⑰与推理⑯的形式结构相同,但推理⑰前提真而结论假。因此,虽然推理⑯前提、结论均真,但我们可以判定其推理的形式结构不是有效的。再看:

⑱ 所有的人都是要接受道德审判的,李世民是人;所以,李世民是要接受道德审判的。

⑱推理的形式结构是：所有的 M 都是 P，S 是 M；所以，S 是 P。

此推理的形式结构是有效的，因为具有此形式结构的任一解释都不出现前提真而结论假。

但是，因为对一个推理的形式结构的"解释"是无法穷尽的，所以"解释"的方法只能判定一个推理的形式结构的无效，而不能判定一个推理的形式结构的有效。判定一个推理的形式结构的有效，还需要寻找别的方法，它是逻辑学要做的中心工作。

推理的目的是获得真实的结论，为了实现此目的，仅仅拥有有效的推理形式结构还是不够的。因为，有效的推理形式结构只能保证在前提真实之条件下的结论真，不能保证在前提虚假之条件下的结论真。因此，要确保推理获得真实结论，必须同时满足以下两个条件：第一，推理的前提是真实的；第二，推理的形式结构是有效的。——逻辑学虽然不研究（实际上也无力研究）推理的前提是否真实的问题，但它仍然提出了"前提必须真实"的要求。

（三）推理的种类

关于推理的种类，目前主要有三种分法。

1. 根据其思维进程方向的不同，把推理分为演绎推理、归纳推理和类比推理三大类

演绎推理是从一般到特殊的推理；归纳推理是从特殊到一般的推理；类比推理是从特殊到特殊（或从个别到个别）的推理。

2. 根据其结论对前提来说是必然的还是或然的，把推理分为必然性推理和或然性推理两大类

必然性推理是前提与结论有必然联系的推理，即由真前提必然推得真结论的推理，演绎推理和归纳推理中的完全归纳推理都是必然性推理。或然性推理是前提与结论不具有必然联系而只具有或然联系的推理，即由真前提可能推得真结论也可能推得假结论的推理，归纳推理中的不完全归纳推理和类比推理都是或然性推理。

3. 根据其前提数目的不同，把推理分为直接推理和间接推理

以一个命题作为前提的推理，叫"直接推理"；以两个或两个以上的命题作为前提的推理，叫"间接推理"。

此外，人们还根据其前提是否为模态命题，把推理分为模态推理和非模态推理。上述几种分类是相互交叉的，因此同一个推理可以按照不同的标准作出几种不同的归类。

第二节 联言命题及其推理

一、联言命题

(一)"联言命题"的含义和构成

联言命题,又叫"合取命题",就是断定若干事物情况同时存在的命题。例如:

① 王安石是政治家,并且是文学家。
② 语言具有概念功能,并且具有人际功能,并且具有语篇功能。

例①断定"王安石是政治家""王安石是文学家"两种情况同时存在;例②断定"语言具有概念功能""语言具有人际功能""语言具有语篇功能"三种情况同时存在。

联言命题由联言支和联言联结词构成。构成联言命题的支命题,叫"联言支"。如例①的联言支是"王安石是政治家""王安石是文学家"。联言支至少两个,多则不限。联言命题是由若干联言支依据一定的逻辑关系构成的,表达这种逻辑关系的语词叫做"联言联结词"。在汉语中选取"并且"一词为代表,也可以用符号"∧"表示。汉语中可以概括为"并且"的关联词语,主要有"不是……而是……""是……不是……""一方面……另一方面……""既……又……""并且""和""也""又""于是""后来""接着""虽然……但是……""不仅……而且……""因为……所以……""……以致……"等。

汉语表达联言命题的形式(也可称"变式")是很多的。第一种,用复句表达,主要有并列关系复句、承接关系复句、递进关系复句、转折关系复句、因果关系复句等。第二种,单句表达。一个单句的各种句法成分中只要有一个是由联合词组构成的,该单句就是表达了联言命题的。例如:

③ 他全面、系统、深入地学习了这种理论。
④ 毛泽东和陈毅都是政治家和诗人。

句③中的状语成分是联合词组("全面、系统、深入"),因而句③表达了联言命题。其联言支有三个:(A)他全面地学习了这种理论;(B)他系统地学习了这种理论;(C)他深入地学习了这种理论。句④的主语成分和宾语成分都是联合词组,其联言支有四个(请读者自己分析)。

另外,汉语单句中的"除外句""只有句"也都是表达联言命题的。"除外句"即具有"除了 S 都是 P"(S、P 都是词项变项)这类格式的语句;"只有句"即具有"只有 S 不是 P"(S、P 都是词项变项)这类格式的语句。"除外句""只有句"的形式结构意义相同,都

等值于"所有非 S 都是 P,并且没有 S 是 P"。例如:

⑤ 除了教辅人员都是称职的。

⑥ 只有教辅人员不是称职的。

句⑤⑥等于说"所有非教辅人员都是称职的,并且没有教辅人员是称职的。"

(二)联言命题同它的联言支之间的真假制约关系

联言命题的逻辑形式用汉语可表示为:p 并且 q。

用数理符号可表示为:p∧q("∧"读作"合取")。

必须注意:由于含有三个或三个以上联言支的联言命题,在逻辑性质上与只含有两个联言支的联言命题相同,所以逻辑学以只含有两个联言支的联言命题为代表,来研究联言命题及其推理的形式结构(下节"选言命题及其推理"类此,不再提示)。

联言命题同它的联言支之间的真假制约关系可用表 3-1[①](T 表示"真";F 表示"假")表示。

表 3-1 联言命题同它的联言支之间的真假制约关系表

p	q	p∧q
T	T	T
T	F	F
F	T	F
F	F	F

由上表可知联言命题的逻辑特性:(1)只有当各个联言支都是真的时候,整个联言命题才是真的;若整个联言命题为真,则各个联言支都真。——看第 2 行。(2)各个联言支中只要有一个是假的,整个联言命题就是假的。——看 3 至 5 行。由此表的 3 至 5 行还可得如下等值式(暂且:"¬"理解为"假";"↔"理解为"等于";∨表示"或者"):

¬(p∧q)↔(¬p∨¬q)[②]。

例如:"并不是王安石既是政治家,又是保守派。"等于"王安石或者不是政治家,或者不是保守派。"

显然,(p∧q)↔(q∧p)。

二、联言推理

联言推理,是前提或结论为联言命题,并依据联言命题的逻辑特性而进行的推理。

---

① 此表叫"真值表"。复合命题中支命题的真假值的组合数(即行数)等于 2^n,n 是支命题的个数,表现为复合命题的逻辑形式中的变项数。

② 此式中的变项也可以是三个、四个,乃至更多。

其有效推理式有三种：分解式、组合式和否定式。

（一）分解式（∴表示"所以"。下同）

p∧q（甲）

∴q

或者

p∧q（乙）

∴p

例如：

小王既有优点，也有缺点；

所以，小王有优点。

注意：概括分解式（甲）、分解式（乙）还可得到下面的有效推理式，即：

p∧q

∴p∨q

例如：

得道多助，失道寡助。

所以，或者得道多助，或者失道寡助。

（二）组合式

p

q

∴p∧q

例如：

得道多助；

失道寡助；

所以，得道多助，并且失道寡助。

（三）否定式

¬p

∴¬(p∧q)

例如：

并非得道多助；

所以，并非得道多助并且失道寡助。

第三节 选言命题及其推理

一、选言命题

(一)选言命题概述

选言命题,又称"析取命题",就是对事物若干可能情况有所断定的命题。例如:

① 或者是她没有听清楚,或者是你没有说明白。

② 这个三角形要么是直角三角形,要么是锐角三角形,要么是钝角三角形。

例①断定"她没有听清楚""你没有说明白"两种可能情况;例②断定"这个三角形是直角三角形""这个三角形是锐角三角形""这个三角形是钝角三角形"三种可能情况。

选言命题由选言支和选言联结词构成。构成选言命题的支命题,叫"选言支"。如例①的选言支是"她没有听清楚""你没有说明白"。选言支至少两个,多则不限。选言命题是由若干选言支依据一定的逻辑关系构成的,表达这种逻辑关系的语词叫做"选言联结词"(具体见下文)。选言命题,按其联结词的逻辑特性不同,可分为相容选言命题和不相容选言命题两种。

(二)相容选言命题

相容选言命题(又叫"可兼析取命题")就是断定事物的若干可能情况中至少有一种情况存在(不排除这几种情况都存在)的命题。如,例①的断定就是:在"她没有听清楚""你没有说明白"这两种情况中至少有一种存在,不排除这两种情况同时存在。

在汉语中选取"或者"一词为代表,也可以用符号"∨"表示。可以概括为"或者"的汉语关联词语,主要有"……或……""……或者……""也许……也许……""或许……或许……""可能……也可能……"等。

汉语表达相容选言命题的形式是很多的。第一种,用复句表达,主要有并列关系复句、选择关系复句。第二种,单句也能表达。例如:

③ 甲乙丙三人中至少有一人读过这本书。

句③的实际断定是:"或者甲读过这本书,或者乙读过这本书,或者丙读过这本书。"

相容选言命题的逻辑形式用汉语可表示为:p 或者 q。

用数理符号可表示为:$p \vee q$ ("∨"读作"可兼析取")。

相容选言命题同它的选言支之间的真假制约关系可用表 3-2 表示。

表 3-2 相容选言命题同它的选言支之间的真假制约关系表

p	q	p∨q
T	T	T
T	F	T
F	T	T
F	F	F

由上表可知相容选言命题的逻辑特性：在一个相容选言命题中，只要有一个选言支为真，则整个命题必真（看 2 至 4 行）；只有当各个选言支都假，整个命题才假（看第 5 行）。由此表的第 5 行还可得如下等值式：

¬(p∨q)↔(¬p∧¬q)[①]。

例如："并非或者是她没有听清楚，或者是你没有说明白。"等于"既不是她没有听清楚，也不是你没有说明白。"

显然，(p∨q)↔(q∨p)。

(三) 不相容选言命题

<u>不相容选言命题</u>（又叫"不可兼析取命题"），就是断定事物若干可能情况中<u>有且仅有一种情况存在</u>的命题。如，例②的断定就是：在"这个三角形是直角三角形""这个三角形是锐角三角形""这个三角形是钝角三角形"这三种情况中有且仅有一种情况存在。

在汉语中选取"要么"一词为代表，也可以用符号"∨̇"表示。可以概括为"要么"的汉语关联词语，主要有"要么……要么……""要么……"等。"不是……就是……"，有时表达相容选言命题，有时表达不相容选言命题，往往需要根据语境来确定。

汉语表达不相容选言命题的形式不是很多。第一种，用复句表达，主要有选择关系复句。第二种，单句也能表达。例如：

④ 张三与李四两人中有且仅有一人能够出国。

句④的实际断定是："要么张三能够出国，要么李四能够出国。"

不相容选言命题的逻辑形式用汉语可表示为：p 要么 q。

用数理符号可表示为：p∨̇q（"∨̇"读作"不可兼析取"）。

不相容选言命题同它的选言支之间的真假制约关系可用表 3-3 表示。

[①] 此式中的变项也可以是三个、四个，乃至更多。

表 3-3 不相容选言命题同它的选言支之间的真假制约关系表

p	q	p∨̇q
T	T	F
T	F	T
F	T	T
F	F	F

由上表可知不相容选言命题的逻辑特性:一个不相容选言命题为真时,有且仅有一个选言支为真。——看 3 至 4 行。

由此表的第 2、第 5 行还可得如下等值式:¬(p∨̇q)↔(p∧q)∨(¬p∧¬q)。

例如:"并不是要么甲获奖,要么乙获奖"等于"或者甲乙二人都能获奖,或者甲乙二人都不能获奖"。

显然,(p∨̇q)↔(q∨̇p)。

(四) 理解和运用选言命题应注意的问题

1. 两种选言命题中,不相容选言命题比相容选言命题断定得多,前者蕴涵后者

实际上,不相容选言命题可以用相容选言命题来定义。"p∨̇q"的含义是"p 与 q 至少有一真,并且,非 p 与非 q 也至少有一真(即 p 与 q 至少有一个假)"。据此,可以得到:

(p∨̇q)↔(p∨q)∧(¬p∨¬q)。

由此式可知,不相容选言命题比相容选言命题断定得多,从而可以推出同素材的不相容选言命题与相容选言命题之间具有蕴涵关系(差等关系),即:

(p∨̇q)→(p∨q)。

2. 汉语表达时,要注意在语言形式上把两种选言命题区分开来

在汉语实践中,"……或者……""……或……""或者……或者……""要么……要么……""不是……就是……"等关联词语的使用往往是很灵活的,往往既可以表示"相容",又可以表示"不相容"。拿"或"来说,请看下例:

⑤ 胜者或因其强,或因其指挥无误。

⑥ 张三乘船或乘火车去大连。

句⑤中的"或"通常可以理解为表达相容选言命题的联结词,而句⑥中的"或"则通常应理解为表达不相容选言命题的联结词。

在起草法律文件、规章制度、经济合同等时,务必注意在语言形式上把两种选言命题区分开来。表达相容选言命题时,最好采用这两种形式:(A)"在 p,q……× 者中至少有

一者存在,不排除×者都存在";(B)"或者p,或者q,或者……,或×者兼而有之"。例如:

⑦ 资本家加重剥削,或是延长劳动时间,或是提高劳动强度,或是两种方式兼而有之。

这里,在第二个选言支后加上"或是两种方式兼而有之",并没有增加选言支,因为它并没有反映新的事物情况(即,加重剥削的新方式),只是表明前面两个选言支所反映的情况有可能同时存在。增加后一分句旨在告知别人"这是一个相容选言命题"。

表达不相容选言命题时,最好采用下面三种形式:(A)"在p,q……×者中有且仅有一者存在";(B)"或者p,或者q,或者……,×者不可得兼";(C)"要么p,要么q,要么……,×者不可得兼"。

3. 表达选言命题时,要注意穷尽事物的所有可能情况

如果穷尽了事物的所有可能情况,就能确保至少有一个(或有且仅有一个)选言支为真,从而确保该选言命题为真;如果没有穷尽事物的所有可能情况,就不能确保至少有一个(或有且仅有一个)选言支为真[因为那个(些)被遗漏了的可能情况可能恰好是事实],从而也就不能确保该选言命题为真。

二、选言推理

<u>选言推理</u>,是以选言命题为主要前提并依据选言命题的逻辑特性而进行的推理。根据用作主要前提的选言命题种类的不同,可以把选言推理相应地分为相容选言推理和不相容选言推理两种。

(一)相容选言推理

相容选言推理,是以相容选言命题为主要前提并依据相容选言命题的逻辑特性而进行的选言推理。其有效推理式有以下两种:

1. 否定肯定式

可表示为:

$p \vee q$

$\neg p$

$\therefore q$

或表示为($\vdash$表示"所以""推出"):$(p \vee q) \wedge \neg p \vdash q$

例如:

⑧ 我家煤气火苗小,或者是因为供气不足,或者是因为气孔被油腻堵塞;可邻居家的煤气火苗很旺;所以,我家煤气火苗小是因为气孔被油腻堵塞。

注意：本书在讨论推理式时所谓的"否定"是指"不一致"，"肯定"是指一致（对此，后文不再说明）。譬如，下式也可称"否定肯定式"：

¬p ∨ ¬q
<u>p</u>
∴ ¬q

例如：

⑨ 星期天张三或者不去逛公园，或者不去溜冰场，他星期天去逛公园了；所以，他星期天没有去溜冰场。

2. 肯定肯定式

可表示为：

<u>p</u>
∴ p ∨ q

或表示为：p ⊢ p ∨ q

例如：

⑩ 曹操是政治家，所以，曹操或者是政治家，或者是美食家。

（二）不相容选言推理

不相容选言推理，是以不相容选言命题为主要前提，并依据不相容选言命题的逻辑特性而进行的选言推理。其有效推理式有以下两种：

1. 否定肯定式

可表示为：

p ∨̇ q
<u>¬p</u>
∴ q

或表示为：(p ∨̇ q) ∧ ¬p ⊢ q

例如：

⑪ 此雕塑要么是圆雕，要么是浮雕；此雕塑不是圆雕；所以此雕塑是浮雕。

2. 肯定否定式

可表示为：

p ∨̇ q
<u>p</u>
∴ ¬q

或表示为:(p∨q)∧p⊢¬q

例如:

⑫ 此雕塑要么是圆雕,要么是浮雕;此雕塑是圆雕;所以此雕塑不是浮雕。

(三)选言推理注意事项

1. 相容选言推理过程中,不要误用"肯定否定式"

如,下面的推理不能成立:

⑬ 此奶粉畅销,或是因为物美,或是因为价廉;此奶粉畅销是因为物美;所以,此奶粉畅销不是因为价廉。

2. 选言推理在表达上,有时也采取省略形式

⑭ 滨海市地面沉降不是由于海平面上升,不是由于高层建筑的压力,不是由于地下天然气的被开采;所以,滨海市地面沉降是由于大量抽取地下水。

这里,充当了主要前提的相容选言命题(即"滨海市地面沉降或者是由于海平面上升,或者是由于高层建筑的压力,或者是由于地下天然气的被开采,或者是由于大量抽取了地下水")被省略。

第四节 假言命题及其推理

一、假言命题

(一)假言命题概述

假言命题是断定事物情况之间的条件关系的复合命题。

事物情况之间的条件关系,分为充分条件关系、必要条件关系和充分必要(简称"充要")条件关系三种。用 p、q 分别表示两种事物情况,则三种条件关系可作如下定义:

p 是 q 的充分条件,是指"有 p 必有 q,但无 p 未必无 q"。如,"骄傲自满"(p_1)、"结交坏朋友"(p_2)、"不良嗜好"(p_3)等情况,都能单独成为"受到损害"(q)之情况的充分条件。充分条件即"多因性"条件。

p 是 q 的必要条件,是指"无 p 必无 q,但有 p 未必有 q"。如,"了解学生"(p_1)、"教育者自身素质高"(p_2)、"教育方法科学"(p_3)等情况,都是"教育好学生"(q)之情况的必要条件。必要条件即"合因性"条件。

p 是 q 的充分必要条件,是指"有 p 必有 q,并且无 p 必无 q"。如,"某种理论经得

起实践检验"之情况,就是"该种理论是真理"之情况的充分必要条件。充分必要条件即"一因性"条件。

假言命题断定的正是这些事物情况之间的条件关系。例如:

① 如果骄傲自满,那么就要受到损害。

② 只有了解学生,才能教育好学生。

③ 某种理论是真理,当且仅当它经得起实践检验。

例①②③分别断定了前一事物情况的存在是后一事物情况存在的充分条件、必要条件和充分必要条件。

在生活中,人们经常要辨析这些条件关系——特别是充分条件关系和必要条件关系。例如:

④ 公安:这相机是谁的?

小偷:是我的。

公安:你把它打开!

小偷:是不是假如我能打开它,就证明它是我的了?

公安:不对,打开了,并不能证明它一定是你的,但打不开,那就证明一定不是你的。

此例的后两轮对话,其实际语义是:小偷认为"'能打开相机'是'证明相机是打开者的'的充分条件";而公安则认为"'能打开相机'是'证明相机是打开者的'的必要条件"。

假言命题也是由支命题和联结词构成的。假言命题的支命题有且仅有两个。其中,表示条件的支命题叫做"前件"(如例①中的"骄傲自满"),表示依赖条件而成立的支命题叫做"后件"(如例①中的"要受到损害")。——注意:所谓"前件""后件",不是以支命题所在的空间位置来判定的。如"世上无难事,只要肯登攀"这一表达了假言命题的话语中,其前件("肯登攀")恰恰是后一分句,其后件("世上无难事")则是前一分句。假言命题的联结词,叫做"假言联结词"(具体见下文)。

假言命题,按其联结词的逻辑特性不同,可分为充分条件假言命题、必要条件假言命题和充分必要条件假言命题三种。

(二)充分条件假言命题

<u>充分条件假言命题</u>,是断定某两种事物情况之间存在着充分条件关系的假言命题。如,例①,又如:

⑤ 只要犯有渎职罪,他就一定是国家工作人员。

例⑤的断定是:"他犯有渎职罪"是"(认定)他是国家工作人员"的充分条件。

下列语句所表达的12种语义关系都可概括为充分条件关系,因而它们都可视为充分条件假言命题。

(1) 推论关系:"假如语言能生产物质财富的话,那么夸夸其谈的人就会成为世界上最富有的人了。"

(2) 因果关系:"如果塑料棒被摩擦,那么它就会带电。"

(3) 释义关系:"如果甲比乙高,那么乙不比甲高。"

(4) 假设关系:"如果我早几年读研究生,那么我现在就会有成就了。"

(5) 打赌关系:"如果他能戒掉烟,我就把这栋楼房送给他。"

(6) 强调关系:"如果2+2=5,那么雪还是白的。"

(7) 定义关系:"如果所有S都不是P,那么S与P具有全异关系。"

(8) 条件关系:"只要音乐在,你的灵魂就永远不会寂寞。"

(9) 时序关系:"如果冬天来了,那么春天就不会遥远。"

(10) 允诺关系:"只要你做完此事,我一定送你一本书。"

(11) 威胁关系:"要是你不按我说的去做,我就每天杀一名人质。"

(12) 猜测关系:"如果我没有猜错的话,他就是张三。"(即我没有猜错是我认定他是张三的充分条件)。

在汉语中选取"如果,那么"这一对关联词语为代表,也可以用符号"→"表示。

汉语中的表达式,如"若p,则/就q""只要p,就q""当p,便q""若p,必q""假使p,那么(就)q""要是p,便q""p,就q""p,则q""一(旦)p,就q""p的话,就(一定)q"等,都可以概括为"如果p,那么q"。

汉语表达充分条件假言命题的形式极其丰富。第一种,用复句表达,主要有假设关系复句(如例①)、条件关系复句(如,例⑤)、连锁关系复句(如"姐姐越笑,弟弟越哭。"注意其中的"越……越"不是联结词)。第二种,单句也能表达。例如:"骄傲自满是受到损害的充分条件""无官一身轻""众人拾柴火焰高""日久见人心""你好我好大家好""真的假不了""当刮大风的时候,门窗就会自动关上""得道者多助""能得其师者王""招手即停"等。

注意:汉语是一种意合性语言。在汉语表达中,充分条件假言命题往往以省略的和不规范的形式出现。例如:"欲穷千里目,更上一层楼""人无远虑,必有近忧""一分耕耘,一分收获""人为善,法度赏之""不积小流,无以成江河""少壮不努力,老大徒伤悲""锲而不舍,金石可镂""东风不与周郎便,铜雀春深锁二乔""人心齐,泰山移""道高一尺,魔高一丈""差之毫厘,谬以千里""一着不慎,满盘皆输""是可忍,孰不可忍""读书百遍,其义自见""留得青山在,不怕没柴烧""蓬生麻中,不扶自直""人误地一时,地误人一季""招之即来,挥之即去""种瓜得瓜,种豆得豆"等。

另外,有些成语也可表达充分条件假言命题。如"水涨船高""瓜熟蒂落""唇亡齿寒""根深叶茂"等。

充分条件假言命题的逻辑形式,用汉语联结词表示即:如果 p,那么 q。

用数理符号联结词表示即:p→q("→"读作"p 蕴涵 q")。

充分条件假言命题同它的前后件之间的真假制约关系可用表 3-4 表示。

表 3-4　充分条件假言命题同它的前后件之间的真假制约关系表

p	q	p→q
T	T	T
T	F	F
F	T	T
F	F	T

由上表可知充分条件假言命题的逻辑特性:(1) 一个充分条件假言命题,只有当其前件为真后件为假时,它才是假的(看第 3 行);(2) 只要前件为假或者后件为真,整个充分条件假言命题就是真的(看 2、4、5 行)。据此可得如下等值式:

¬(p→q)↔(p∧¬q)　式(1)

(p→q)↔(¬p∨q)　式(2)

式(1)如:"并非中国如果加入世贸组织,那么它将偏离社会主义道路。"等于"中国加入世贸组织,但它不会偏离社会主义道路。"式(2)如:"液体沸腾的原因或是温度增高,或是压力下降。"等于"液体沸腾的原因如果不是温度增高,那么就是压力下降。"或等于"液体沸腾的原因如果不是压力下降,那么就是温度增高。"

(三)必要条件假言命题

必要条件假言命题,是断定某两种事物情况之间存在着必要条件关系的假言命题。如例②,又如:

⑥ 只有认识落后,才能改变落后。

例⑥的断定是:"认识落后"是"改变落后"的必要条件。

在汉语中选取"只有,才"这一对关联词语为代表,也可以用符号"←"表示。

汉语中的表达式,如"必须 p,才 q""p,才 q""除非 p,才 q""不 q,除非 p""若要 q,除非 p""除非 p,否则/不然不 q""必须 p,才 q,不然/否则就不 q"等,都可以概括为"只有 p,才 q"。

汉语表达必要条件假言命题的复句只有条件关系复句——当然也有省略的和不规范的形式(如"所有的学生都可以参加这一次的决赛,除非没有通过资格赛的测试")。单句也能表达,如"计划生育是提高生活质量的必要条件/必要前提/重要前提""只有年满18周岁的公民才有投票权""除了勇敢的人之外都不值得公平对待"等。不管是单句还是复句,只要是"不……不/非……"格式的,一般都可以视为表达了必要条件假言命题的。如,"不经一事,不长一智""不登高山,不知天之高也""不在其位,不谋其政""不见棺材不掉泪""不到长城非好汉"等。

另外,有些成语也可表达必要条件假言命题。如"不破不立""不塞不流"等。

必要条件假言命题的逻辑形式,用汉语联结词表示即:只有 p,才 q。

用数理符号联结词表示即:p←q("←"读作"p 逆蕴涵 q")。

必要条件假言命题同它的前后件之间的真假制约关系可用表 3-5 表示。

表 3-5　必要条件假言命题同它的前后件之间的真假制约关系表

p	q	p←q
T	T	T
T	F	T
F	T	F
F	F	T

由上表可知必要条件假言命题的逻辑特性:一个必要条件假言命题,只有当其前件为假后件为真时,它才是假的(看上表第 4 行)。据此可得如下等值式:¬(p←q)↔(¬p∧q)。

例如:"并非只有有了复读机,才能学好外语"等于"没有复读机,也能学好外语"。

必要条件假言命题与充分条件假言命题之间存在互换关系。这种互换关系可用以下等值式表示:

(甲)(p→q)↔(q←p)。

例如:"轿夫多的地方,老爷必然多"等于"只有老爷多,轿夫才会多"。"只有彼此信任,才能同心协力"等于"若要同心协力,必须彼此信任。"

(乙)(p←q)↔(¬p→¬q)。

例如:"只有认识落后,才能改变落后"等于"如果不能认识落后,就不能改变落后"。"如果不经历风雨,那么就不能见彩虹"等于"只有经历风雨,才能见彩虹"。

由上述(甲)(乙)两式,可以推导出(丙)式:

(丙)(p→q)↔(¬q→¬p)。

例如,"知(智)者不言"等于"言者不知(智)"。"好货不便宜"等于"便宜无好货。"说"知者不言,言者不知""好货不便宜,便宜无好货",其实都是把同一个意思重复一遍。

可以根据(甲)(乙)(丙)等值式进行等值推理,下文所谓的"假言变形推理"正是这样一种推理。

(四)充分必要条件假言命题

充分必要条件假言命题(简称"充要条件假言命题"),是断定某两种事物情况之间存在着充分必要条件关系的假言命题。如,例③,又如:

⑦ 国家出现,当且仅当社会分裂为阶级。

例⑦的断定是:"社会分裂为阶级"是"国家出现"的充分必要条件。

在汉语中选取"当且仅当"这一词语为代表,也可以用符号"↔"表示。

汉语中的表达式,如"当且仅当p,则q""如果p,那么q;并且只有p,才q""如果p,就q;如果不p,就不q""若p,则q,否则/不然,不q""不p不q,p则(必)q""只要并且只有p,才q""只有而且只要p,就q"等,都可以概括为"p当且仅当q"。

汉语表达充分必要条件假言命题通常是复句,包括简单复句(如,"只要并且只有人犯我,我才犯人")和多重复句(如,"人不犯我,我不犯人;人若犯我,我必犯人")。单句也能表达。例如:"社会分裂为阶级是国家出现的充分必要条件"等。

充分必要条件假言命题的逻辑形式,用汉语联结词表示即:p,当且仅当q。

用数理符号联结词表示即:$p \leftrightarrow q$($\leftrightarrow$读作"p等值q")。

充分必要条件假言命题同它的前后件之间的真假制约关系可用表3-6表示。

表3-6 充分必要条件假言命题同它的前后件之间的真假制约关系表

p	q	p↔q
T	T	T
T	F	F
F	T	F
F	F	T

由上表可知充分必要条件假言命题的逻辑特性:一个充分必要条件假言命题,只有当其前件为真后件为假或前件为假后件为真时,它才是假的(看3至4行)。据此可得如下等值式:$\neg(p \leftrightarrow q) \leftrightarrow (p \wedge \neg q) \vee (\neg p \wedge q)$。

例如:"并非张三出国,当且仅当李四出国。"等于"或者张三出国而李四不出国,或者张三不出国而李四出国。"

显然,$(p \leftrightarrow q) \leftrightarrow (q \leftrightarrow p)$。就是说,充分必要条件假言命题的逻辑形式可以不区分前件、后件。

(五) 理解和运用假言命题应注意的问题

1. 区分三种假言命题,只能依据假言联结词,而不能依据其前后件所反映的两种事物情况事实上具有的条件关系

⑧ 只要他是为人民而死的,人民就会纪念他。

⑨ 只有一个三角形是等角的,它才是等边的。

如果从客观实际看,"他为人民而死"是"人民会纪念他"的充分必要条件,"一个三角形等角"是"该三角形等边"的充分必要条件。但是,如果从命题本身实际断定情况看,例⑧⑨都不是充分必要条件假言命题。例⑧使用的假言联结词是"只要……就……",这一联结词本身的逻辑性质决定着其所在的命题只断定了前件是后件的充分条件,因此,例⑧只是一个充分条件假言命题。例⑨使用的假言联结词是"只有……才……"这一联结词本身的逻辑性质决定着其所在的命题只断定了前件是后件的必要条件,因此,例⑨只是一个必要条件假言命题。

必须注意:一个表达了假言命题的语句,其中如果没有汉语联结词,那么它表达的一定是充分条件假言命题。这是因为:按照汉语习惯,对于充分条件假言命题的表达是无标记的。

2. 在三种假言命题中,充分必要条件假言命题比其余两种断定得多;表达时要注意在语言形式上把这三种假言命题区分开来

按照定义,充分必要条件假言命题断定的内容等于充分条件假言命题和必要条件假言命题断定内容的总和。其形式即:$(p \leftrightarrow q) \leftrightarrow (p \to q) \land (\neg p \to \neg q)$。

也就是:$(p \leftrightarrow q) \leftrightarrow (p \to q) \land (p \leftarrow q)$。

据此可知,充分必要条件假言命题与同素材的充分条件假言命题、必要条件假言命题之间具有蕴涵关系(差等关系)。即:$(p \leftrightarrow q) \to (p \to q)$;$(p \leftrightarrow q) \to (p \leftarrow q)$。

注意:正因为充分必要条件假言命题比充分条件假言命题、必要条件假言命题断定得多,所以,当人们对两种事物情况实际上是否具有充分必要条件关系还吃不准的情况下,为防止出差错,宁可给出一个充分条件假言命题或必要条件假言命题,而不给出一个充分必要条件假言命题。

由于区分三种假言命题的依据是假言联结词,因此,在我们起草法律文件、规章制度或经济合同等时,如果要表达某种假言命题,务必注意准确选用好相应的假言联结词,务必在语言形式上把三种假言命题区分开来。

二、假言推理

(一) 假言推理概述

假言推理,是前提中至少有一个是假言命题,并根据假言命题的逻辑特性而进行

的推理。例如：

⑩ 只有实事求是,才能做好工作;所以,若要做好工作,就得实事求是。

⑪ 如果本产品质量好,而且价格合理,那么一定销路好;所以,如果本产品质量好而销路不好,那么一定是价格不合理。

⑫ 如果我国要建设社会主义,那么就要把科学技术搞上去;我国要建设社会主义;所以,我国要把科学技术搞上去。

⑬ 如果他是一个唯物主义者,那么他就能实事求是地看问题,如果他是一个辩证论者,那么他就能全面地看问题;他不能实事求是地看问题,也不能全面地看问题;所以,他不是唯物主义者,也不是辩证论者。

⑭ 如果他的意见正确,那么你应表示接受,如果他的意见错误,那么你应表示反对;他的意见或者正确,或者错误;所以,你或者应表示接受,或者应表示反对。

⑮ 只有发现问题,才能分析问题,只有分析问题,才能解决问题;所以,只有发现问题,才能解决问题。

上面六例都是假言推理。它们都以假言命题或主要以假言命题为前提,都是根据假言命题的逻辑特性而推出结论的。例⑩⑪都以一个假言命题为前提;例⑫由一个充分条件假言命题做主要前提,由一个直言命题做次要前提;例⑬由两个充分条件假言命题做主要前提,由一个联言命题做次要前提;例⑭由两个充分条件假言命题做主要前提,由一个选言命题做次要前提;例⑮由两个必要条件假言命题做前提,推出一个必要条件假言命题为结论。

本书首先把假言推理分为直接假言推理和间接假言推理两大类;再把直接假言推理分为假言变形推理和反三段论两个小类,把间接假言推理分为假言直言推理、假言联言推理、假言选言推理和假言连锁推理四个小类。即:

$$
假言推理\begin{cases} 直接假言推理\begin{cases} 假言变形推理^{①}(如例⑩) \\ 反三段论^{②}(如例⑪) \end{cases} \\ 间接假言推理\begin{cases} 假言直言推理(如例⑫) \\ 假言联言推理(如例⑬) \\ 假言选言推理(如例⑭) \\ 假言连锁推理(如例⑮) \end{cases} \end{cases}
$$

---

① 它是依据假言命题互换等值式而进行的一种等值直接推理。如,例⑩推理就是依据$(p→q)↔(q←p)$之等值式;其推理形式为$(q←p)⊢(p→q)$。

② 它实际上是假言直言推理与选言推理的结合。其有效推理式通常可表示为:$((p∧q)→r)⊢((¬r∧p)→¬q)$。如例⑪。

本节仅从间接推理角度来研究假言推理,着重介绍假言直言推理、假言联言推理、假言选言推理和假言连锁推理这四种。

(二) 假言直言推理

假言直言推理,又叫"假言三段论",就是由一个假言命题作为主要前提,并通过另一个前提对该假言命题的前件或后件加以肯定或否定,然后根据假言命题的逻辑特性推出结论的一种假言推理。

这种假言推理,由于其中一个前提(次要前提)往往由直言命题充任,结论也常常是直言命题,故称作"假言直言推理"。例如:

"王戎七岁,尝与诸小儿游,道边李树多子折枝,诸儿竞走取之。唯戎不动。人问之,答曰:'树在道边而多子,此必苦李。'取之信然。"(《世说新语》)

这里,王戎之言含有一个假言推理,可整理为:

此树如为甜李(非苦李)树,则不会长在道边且多子,此树长在道边且多子;故此树必为苦李树。

假言直言推理,是狭义上的"假言推理"。传统逻辑教材中所讲的"假言推理",通常是指假言直言推理。

根据作为主要前提的假言命题种类的不同,可把假言直言推理分为充分条件假言直言推理、必要条件假言直言推理和充分必要条件假言直言推理三种。

1. 充分条件假言直言推理

充分条件假言直言推理,通常简称为"充分条件假言推理",就是由一个充分条件假言命题作为主要前提的假言直言推理。其有效推理式有:

(1) 肯定前件式(由肯定前件到肯定后件的推理式)。

$p \rightarrow q$

$\underline{p}$

$\therefore q$

或表示为:$(p \rightarrow q) \wedge p \vdash q$

例如:"如果秋天到了,那么北雁将南飞;秋天到了;所以北雁将南飞。"

(2) 否定后件式(由否定后件到否定前件的推理式)。

$p \rightarrow q$

$\underline{\neg q}$

$\therefore \neg p$

或表示为:$(p \rightarrow q) \wedge \neg q \vdash \neg p$

例如:"春天一到,桃花就会开放;桃花未开放;所以春天未到。"

2. 必要条件假言直言推理

必要条件假言直言推理,通常简称为"必要条件假言推理",就是由一个必要条件假言命题作为主要前提的假言直言推理。其有效推理式有:

(1) 否定前件式(由否定前件到否定后件的推理式)。

p←q
¬p
∴¬q

或表示为:(p←q)∧¬p ⊢ ¬q

例如:"只有深山解冻,野兔才会在村庄出没;深山未解冻;所以野兔不会在村庄出没。"

(2) 肯定后件式(由肯定后件到肯定前件的推理式)。

p←q
q
∴p

或表示为:(p←q)∧q ⊢ p

例如:"只有深山解冻,野兔才会在村庄出没;野兔在村庄出没了;所以深山解冻了。"

3. 充分必要条件假言直言推理

充分必要条件假言直言推理,通常简称为"充分必要条件假言推理",就是由一个充分必要条件假言命题作为主要前提的假言直言推理。其有效推理式有:

(1) 肯定前件式(由肯定前件到肯定后件的推理式)。

p↔q
p
∴q

例如:"清明时代,当且仅当某人犯了罪,他才会受到刑法制裁;某人犯了罪;所以某人会受到刑法制裁。"

(2) 肯定后件式(由肯定后件到肯定前件的推理式)。

p↔q
q
∴p

例如:"清明时代,当且仅当某人犯了罪,他才会受到刑法制裁;某人受到了刑法制裁;所以某人犯了罪。"

(3) 否定前件式(由否定前件到否定后件的推理式)。

p↔q
¬p
∴¬q

例如:"清明时代,当且仅当某人犯了罪,他才会受到刑法制裁;某人没有犯罪;所以某人不会受到刑法制裁。"

(4) 否定后件式(由否定后件到否定前件的推理式)。

p↔q
¬q
∴¬p

例如:"清明时代,当且仅当某人犯了罪,他才会受到刑法制裁;某人没有受到刑法制裁,所以某人没有犯罪。"

在思维实践中,充分必要条件假言直言推理的使用相对要少一些,也较少出错。

4. 假言直言推理注意事项

(1) 充分条件假言直言推理不要误用"肯定后件式""否定前件式"。如,下面两个推理不能成立。

⑯ 如果一个人是作案者,那么他有作案动机;张三有作案动机;所以,张三是作案者。

⑰ 如果张三抢劫,那么就会成为罪犯;张三没抢劫;所以,张三不会成为罪犯。

例⑯⑰所使用的推理式分别为"(p→q)∧q⊢p""(p→q)∧¬p⊢¬q"。

(2) 必要条件假言直言推理不要误用"肯定前件式""否定后件式"。如,下面两个推理不能成立。

⑱ 只有小张肚子疼,他才会得阑尾炎;小张肚子疼;所以,小张得了阑尾炎。

⑲ 只有小李精神上没有缺陷,他才可充当证人;小李不可充当证人;所以,小李精神上有缺陷。

例⑱⑲所使用的推理式分别为"(p←q)∧p⊢q""(p←q)∧¬q⊢¬p"。

(3) 假言推理在表达上,有时也采取省略形式。例如:

⑳ 既然他来请了,你就得去。

㉑ 如果我们内部不团结,就会让敌人钻空子,我们不能让敌人钻空子。

㉒ 安徒生有一次由于没有办好女友所托之事,而感到内疚。他自责地问女友:"你不会恨我吗?"女友说:"怎么会呢?只有有爱才会有恨。"安徒生听后,痛苦至极。

㉓ 必须极大地提高全民族的科学文化水平,只有这样才能建立起现代化的农业、

工业和国防。

例⑳的完整推理为:"如果他来请,那么你就得去(此主要前提被省略);他来请了;所以,你就得去。"句㉑的完整推理为:"如果我们内部不团结,就会让敌人钻空子,我们不能让敌人钻空子;所以我们内部要团结(此结论被省略)。"句⑳㉑都是充分条件假言推理的省略。

例㉒中,女友的话所包含的完整推理是:"只有有爱才会有恨;没有爱(此次要前提被省略);所以,没有恨。"例㉓完整推理为:"只有极大地提高全民族的科学文化水平,才能建立起现代化的农业、工业和国防;(我们)要建立起现代化的农业、工业和国防(此次要前提被省略);所以,(我们)必须极大地提高全民族的科学文化水平。"例㉒㉓是必要条件假言推理的省略。

(三) 假言联言推理

1. 假言联言推理概述

假言联言推理,是以两个或两个以上的假言命题为主要前提,以一个联言命题为次要前提,主要根据假言命题的逻辑特性推出一个直言命题或联言命题为结论的假言推理。例如:

㉔ 只有我们实事求是,才能解放思想,只有我们坚持改革开放,才能发展社会主义的市场经济;我们既解放了思想,又发展了社会主义的市场经济;所以,我们既实事求是,又坚持了改革开放。

㉕ 如果我们不坚持改革,那么群众的劳动积极性就得不到极大提高,如果我们不坚持对外开放,那么先进的生产技术和管理经验就得不到快速引进,如果我们不坚持以经济建设为中心,那么就不能加快四化建设的速度;现在,群众的劳动积极性得到了极大提高,先进的生产技术和管理经验得到了快速引进,四化建设的速度大大加快了;所以,我们坚持了改革,坚持了对外开放,坚持了以经济建设为中心。

以上两例都是假言联言推理。例㉔是以两个必要条件假言命题为主要前提,以一个由两个联言支构成的联言命题为次要前提,主要根据必要条件假言命题的逻辑特性,推出一个联言命题为结论;例㉕是以三个充分条件假言命题为主要前提,以一个由三个联言支构成的联言命题为次要前提,主要根据充分条件假言命题的逻辑特性,推出一个联言命题为结论。

由以上两例可知:(1)作为次要前提的联言命题(下简称"联言前提"),其联言支的数量与作为主要前提的假言命题(下简称"假言前提")的数量相一致。(2)假言联言推理的依据主要是假言命题的逻辑特性(例㉔的依据是必要条件假言命题的逻辑特性——即前件逆蕴涵后件;例㉕的依据是充分条件假言命题的逻辑特性——即前件蕴涵后件），另外，还要依据联言命题的逻辑特性——即各个支命题真则整个联言命题真。

按其假言前提的命题数量的不同，可把假言联言推理分为"二联推理""三联推理""四联推理"等。假言前提的命题数量是两个的假言联言推理，叫"二联推理"；假言前提的命题数量是三个的假言联言推理，叫"三联推理"。以此类推，便有"四联推理""五联推理"等。

由于"三联"以上的假言联言推理在思维实践中用得较少，而且它们在推理方法上与"二联推理"完全相同，因此，本书只介绍"二联推理"。

又由于在思维实践中，"二联推理"的假言前提，一般是由两个充分条件假言命题构成，故下面所讨论的"二联推理的有效式"，都是指以两个充分条件假言命题作为假言前提的。

2. 二联推理的有效式

二联推理的有效式有以下四种。

(1) 简单肯定式。

$p \rightarrow r$

$q \rightarrow r$

$p \wedge q$

$\therefore r$

或表示为：$((p \rightarrow r) \wedge (q \rightarrow r)) \wedge (p \wedge q) \vdash r$。

例如："如果此煤炭数量不足，那么 A 矿的信誉不会好，如果此煤炭质量不高，那么 A 矿的信誉不会好；眼下此煤炭既数量不足，又质量不高；所以，A 矿的信誉不会好。"

(2) 简单否定式。

$p \rightarrow q$

$p \rightarrow r$

$\neg q \wedge \neg r$

$\therefore \neg p$

或表示为：$((p \rightarrow q) \wedge (p \rightarrow r)) \wedge (\neg q \wedge \neg r) \vdash \neg p$。

例如："如果月球上有生物，那么它应当有水；如果月球上有生物，那么它应当有空气；现在发现月球上既没有水，也没有空气；所以，月球上没有生物。"

(3) 复杂肯定式。

$p \rightarrow r$

$q \rightarrow s$

p∧q
∴r∧s

或表示为：$((p \to r) \land (q \to s)) \land (p \land q) \vdash (r \land s)$。

例如："如果没有认真地进行自我批评的态度，那么就不能实事求是地总结教训；如果不能虚心听取别人的意见，那么就不能得到别人的帮助；他既没有认真地进行自我批评的态度，也不能虚心听取别人的意见；所以，他既不能实事求是地总结教训，也不能得到别人的帮助。"

(4) 复杂否定式。

p→r
q→s
¬r∧¬s
∴¬p∧¬q

或表示为：$((p \to r) \land (q \to s)) \land (\neg r \land \neg s) \vdash (\neg p \land \neg q)$。

例如："如果我们只重视书本知识，那么就要犯教条主义的错误；如果我们只重视实践经验，那么就要犯经验主义错误；我们既不要犯教条主义的错误，也不要犯经验主义的错误；所以我们既不能只重视书本知识，也不能只重视实践经验。"

注意：

第一，在进行"复杂肯定式"和"复杂否定式"推理时，实际上用到了联言推理的组合式。

第二，二联推理与充分条件假言直言推理有一个共同点，即，它们都是依据充分条件假言命题的逻辑特性进行推理的，因此，充分条件假言直言推理的规则同样适用于二联推理。

第三，二联推理，也存在一个破斥的问题。《吕氏春秋·别类》有一个破斥的例子：

相剑者曰："白所以为坚也，黄所以为韧也，黄白杂则坚且韧，良剑也。"难者曰："白所以为不韧也，黄所以为不坚也，黄白杂则不坚且不韧也。"

这段文字包含两个"复杂肯定式"的二联推理。相剑者的推理为："如果剑是白的，那么它就坚，如果剑是黄的，那么它就韧，此剑既是白的，又是黄的；所以，它既是坚的，又是韧的（它是良剑）。"难者的推理为："如果剑是白的，那么它不韧，如果剑是黄的，那么它不坚，此剑既是白的，又是黄的；所以，它既不坚，又不韧（它不是良剑）。"应该说，两人的推理形式都是有效的，但其前提的真实性有待于实践的检验。

(四) 假言选言推理

1. 假言选言推理概述

假言选言推理,是以两个或两个以上的假言命题为主要前提(下简称"假言前提"),以一个选言命题为次要前提(下简称"选言前提"),主要根据假言命题的逻辑特性推出一个直言命题或选言命题为结论的假言推理。例如:

㉖ 如果他是一个诚实的人,那么他就会讲实话,如果他是一个诚实的人,那么他就会办实事;他或者不讲实话,或者不办实事;所以,他不是一个诚实的人。

㉗ 若父骑驴儿步行,则尊老不爱幼,若儿骑驴父步行,则爱幼不尊老,若父子同步行不骑驴,则太愚蠢,若父子同骑一驴,则太残忍;或父骑驴儿步行,或儿骑驴父步行,或父子同步行不骑驴,或父子同骑一驴;所以,父子或尊老不爱幼,或爱幼不尊老,或太愚蠢,或太残忍(此推理据伊索寓言整理而成)。

㉘ 只有懂得儿童的心理,才能采取有效的教育方法,只有了解儿童的表现,才能对儿童的行为作出客观的分析;或者不懂得儿童的心理,或者不了解儿童的表现;所以,或者不能采取有效的教育方法,或者不能对儿童的行为作出客观的分析。

以上三例都是假言选言推理。例㉖是以两个充分条件假言命题为主要前提,以一个由两个选言支构成的选言命题为次要前提,主要根据充分条件假言命题的逻辑特性,推出一个直言命题为结论;例㉗是以四个充分条件假言命题为主要前提,以一个由四个选言支构成的选言命题为次要前提,主要根据充分条件假言命题的逻辑特性,推出一个选言命题为结论。例㉘是以两个必要条件假言命题为主要前提,以一个由两个选言支构成的选言命题为次要前提,主要根据必要条件假言命题的逻辑特性,推出一个选言命题为结论。

由以上三例可知:(1)作为次要前提的选言命题,其选言支的数量与作为主要前提的假言命题的数量相一致。(2)假言选言推理的依据主要是假言命题的逻辑特性(例㉖㉗的依据是充分条件假言命题的逻辑特性——即前件蕴涵后件;例㉘的依据是必要条件假言命题的逻辑特性——即前件逆蕴涵后件)。

按其假言前提的命题数量的不同,可把假言选言推理分为"二难推理""三难推理""四难推理"①等。假言前提的命题数量是两个的假言选言推理,叫"二难推理";假言前提的命题数量是三个的假言选言推理,叫"三难推理"。以此类推,便有"四难推理""五难推理"等。

---

① 由于当这种推理运用于论辩时,常常能使对方陷于进退两难境地,故称"二难推理"。至于"三难推理""四难推理"等名称,都是"附骥"而来,其实并不科学。

由于"三难"以上的假言选言推理在思维实践中用得较少,而且它们在推理方法上与"二难推理"完全相同,因此,本书只介绍"二难推理"。

又由于在思维实践中"二难推理"的假言前提,一般是由两个充分条件假言命题构成,故下面所讨论的"二难推理的有效式",都是指以两个充分条件假言命题作为假言前提的。

2. 二难推理的有效式

二难推理的有效式有以下四种。

(1) 简单构成式。

p→r

q→r

p∨q

∴r

或表示为:$((p \rightarrow r) \wedge (q \rightarrow r)) \wedge (p \vee q) \vdash r$。

例如,《红楼梦》六十四回载:贾宝玉从林黛玉的丫环雪雁处得知黛玉在私室内用瓜果私祭。这时他想:"大约必是七月,因为瓜果之节,家家都上秋祭的坟,林妹妹有感于心,所以在私室自己奠宗……"怎么办呢? 宝玉又想:"但我此刻走去,见他伤感,必极力劝解,又怕她烦恼郁结于心;若不去,又恐他过于伤感,无人劝止:两件皆足致疾。"这里,宝玉后部分所想,就是一个二难推理:"如果我去林妹妹处,(她)足以致疾;如果我不去,(她)也足以致疾。或者我去,或者我不去;皆足以致疾。"

(2) 简单破坏式。

p→q

p→r

¬q∨¬r

∴¬p

或表示为:$((p \rightarrow q) \wedge (p \rightarrow r)) \wedge (\neg q \vee \neg r) \vdash \neg p$。

例如:"如果该作品是佳作,那么其思想内容必佳,如果该作品是佳作,那么其艺术形式必佳;该作品或思想内容不佳,或艺术形式不佳;所以,该作品不是佳作。"

(3) 复杂构成式。

p→q

r→s

p∨r

∴q∨s

或表示为:$((p \rightarrow q) \wedge (r \rightarrow s)) \wedge (p \vee r) \vdash (q \vee s)$。

例如:"若居庙堂之高则忧其民,若处江湖之远则忧其君;或进(居庙堂之高),或退(处江湖之远);故或忧其民,或忧其君。"(据范仲淹《岳阳楼记》中的有关文字整理而成)。

(4) 复杂破坏式。

p→q
r→s
¬q∨¬s
∴¬p∨¬r

或表示为:((p→q)∧(r→s))∧(¬q∨¬s)⊢(¬p∨¬r)。

例如:"如果他水平高,就会发现这个问题,如果他责任心强,就会发现了问题而加以指出;他或者没发现这个问题,或者发现了问题而没有加以指出;所以,他或者水平不高,或者责任心不强。"

(五) 假言连锁推理

1. 假言连锁推理概述

<u>假言连锁推理是由两个或两个以上的假言命题为前提,推出另一个假言命题为结论的假言推理</u>。其特点是,作为前提的几个假言命题首尾相衔,环环相扣(即前一个假言命题的后件是后一个假言命题的前件),把事物情况之间的条件关系渐次传递下去[①],最后根据该种假言命题的逻辑特性推出结论。由于这种推理的前提和结论都是假言命题,故又称做"纯假言推理"。例如:一百多年前,达尔文通过大量的观察,发现某地的猫、田鼠、丸花蜂、三叶草、羊之间形成特定食物链关系,进而作出了如下推理。

㉙ 如果猫养得多,那么田鼠就减少;如果田鼠减少,那么丸花蜂就增多;如果丸花蜂增多,那么三叶草就丰收;如果三叶草丰收,那么羊就能养得多;所以,如果猫养得多,那么羊就能养得多。

这个推理的前提和结论都是假言命题。前提由四个充分条件假言命题组成,它们首尾相衔,环环相扣:第一个命题的后件是第二个命题的前件,第二个命题的后件又是第三个命题的前件,第三个命题的后件又是第四个命题的前件。结论也是一个充分条件假言命题。

按其组成前提的假言命题的种类不同,可把假言连锁推理分为充分条件假言连锁推理、必要条件假言连锁推理、充分必要条件假言连锁推理和混合条件假言连锁推理四种。

---

① 假言连锁推理本质上是根据关系的传递性而进行的推理。可参见关系推理部分。

由于由两个假言命题构成前提进行假言连锁推理与由三个以上的假言命题构成前提进行假言连锁推理,其推理方法和规则是一样的,所以下面介绍的假言连锁推理的各种有效推理式,都是预设由两个假言命题构成前提的。

2. 充分条件假言连锁推理

充分条件假言连锁推理,就是以充分条件假言命题为前提的假言连锁推理。其有效推理式有以下两种。

(1) 肯定式。

肯定式就是这样一种形式:结论是一个充分条件假言命题,其前件是对前提中第一个命题的前件的肯定,其后件是对前提中最后一个命题的后件的肯定。即:

$p \rightarrow q$

$q \rightarrow r$

$\therefore p \rightarrow r$

或表示为:$(p \rightarrow q) \wedge (q \rightarrow r) \vdash (p \rightarrow r)$。

如例㉙,又如:

㉚ 要使工作获得成功,就得使工作计划符合实际;要使工作计划符合实际,就得对实际情况进行调研;所以,要使工作获得成功,就得对实际情况进行调研。

注意:例㉚的结论是充分条件假言命题。而在具体思维实践中,人们往往根据假言命题之间的等值转换关系,把形式为"$p \rightarrow r$"的结论转换成形式为"$r \leftarrow p$"的结论。就此例而言,其结论还可以写成一个必要条件假言命题:"所以,只有对实际情况进行调研,才能使工作获得成功。"——下文中的类似情况不再赘述。

(2) 否定式。

否定式就是这样一种形式:结论是一个充分条件假言命题,其前件是对前提中最后一个命题后件的否定,其后件是对前提中第一个命题的前件的否定。即:

$p \rightarrow q$

$q \rightarrow r$

$\therefore \neg r \rightarrow \neg p$

或表示为:$(p \rightarrow q) \wedge (q \rightarrow r) \vdash (\neg r \rightarrow \neg p)$。

㉛ 要全面提高生活质量,就得控制人口增长;要控制人口增长,就得实行计划生育;所以,要是不实行计划生育,就不能全面提高生活质量。

注意:例㉛的结论是充分条件假言命题。而在具体思维实践中,人们往往根据假言命题之间的等值转换关系,把形式为"$\neg r \rightarrow \neg p$"的结论转换成形式为"$r \leftarrow p$"的结论。就此例而言,其结论还可以写成一个必要条件假言命题:"所以,只有实行计划生育,才能全面提高生活质量。"——下文中的类似情况不再赘述。

3. 必要条件假言连锁推理

必要条件假言连锁推理就是以必要条件假言命题为前提的假言连锁推理。其有效推理式也有两种。

(1) 否定式。

否定式就是这样一种形式:结论是一个充分条件假言命题,其前件是对前提中第一个命题前件的否定,其后件是对前提中最后一个命题后件的否定。即:

p←q

q←r

∴¬p→¬r

或表示为:(p←q)∧(q←r)⊢(¬p→¬r)

㉜ 只有发展教育,才能振兴科技;只有振兴科技,才能强国富民;只有强国富民,才能提高国际地位;所以,如果不发展教育,就不能提高国际地位。

(2) 肯定式。

肯定式就是这样一种形式:结论是一个充分条件假言命题,其前件是对前提中最后一个命题后件的肯定,其后件是对前提中第一个命题前件的肯定。即:

p←q

q←r

∴r→p

或表示为:(p←q)∧(q←r)⊢(r→p)。

㉝ 只有注意侦察,才能知己知彼;只有知己知彼,才能百战百胜;所以,若要百战百胜,就得注意侦察。

4. 充分必要条件假言连锁推理

充分必要条件假言连锁推理就是以充分必要条件假言命题为前提的假言连锁推理。其有效推理式共四种:两种肯定式;两种否定式。

(1) 肯定式一。

p↔q

q↔r

∴p↔r

或表示为:(p↔q)∧(q↔r)⊢(p↔r)。

(2) 肯定式二。

p↔q

q↔r

∴r↔p

或表示为：(p↔q)∧(q↔r)⊢(r↔p)。

(3) 否定式一。

p↔q

q↔r

∴¬p↔¬r

或表示为：(p↔q)∧(q↔r)⊢(¬p↔¬r)。

(4) 否定式二。

p↔q

q↔r

∴¬r↔¬p

或表示为：(p↔q)∧(q↔r)⊢(¬r↔¬p)

这里就第一种肯定式举一个例子（余者，请读者自举其例）。

㉞ 只有并且只要一个三角形的三边相等，则这个三角形的三个角相等；只有并且只要这个三角形的三个角相等，则这个三角形的三个角都是60°；所以，只有并且只要一个三角形的三边相等，则这个三角形的三个角都是60°。

5. 混合条件假言连锁推理

混合条件假言连锁推理，就是以充分必要条件假言命题与充分条件假言命题或必要条件假言命题组合而构成前提的假言连锁推理。它包括充要充分混合条件假言连锁推理和充要必要混合条件假言连锁推理两种。

(1) 充要充分混合条件假言连锁推理。

充要充分混合条件假言连锁推理，就是以充分必要条件假言命题与充分条件假言命题的组合作为前提的假言连锁推理。其有效推理式有两种：肯定式和否定式。

p↔q

q→r

∴p→r

或表示为：(p↔q)∧(q→r)⊢(p→r)。

p↔q

q→r

∴¬r→¬p

或表示为：(p↔q)∧(q→r) ⊢ (¬r→¬p)。

这里，只就肯定式举一例。

㉟当且仅当一个四边形等角等边，则这个四边形为正方形；若这个四边形为正方形，则其对角线互相平分；所以，若一个四边形等角等边，则其对角线互相平分。

(2) 充要必要混合条件假言连锁推理。

充要必要混合条件假言连锁推理，就是以充分必要条件假言命题与必要条件假言命题的组合作为前提的假言连锁推理。其有效推理式也有两种：否定式和肯定式。

p↔q

q←r

∴¬p→¬r

或可表示为：(p↔q)∧(q←r) ⊢ (¬p→¬r)。

p↔q

q←r

∴r→p

或可表示为：(p↔q)∧(q←r) ⊢ (r→p)。

这里，只就否定式举一例。

㊱当且仅当真正实行了民主制度，人民才能真正当家做主；只有人民能真正当家做主，才能充分发挥他们的聪明才智；所以，如果不能真正实行民主制度，那么就不能充分发挥人民的聪明才智。

上述混合条件假言连锁推理的四种推理式的结论都是充分条件假言命题。在思维实践中，人们也完全可以根据假言命题之间的等值转换关系，把此四式的结论都相应地转化为必要条件假言命题。

第五节 负命题及其推理

一、负命题

(一) 负命题概述

负命题就是否定某个命题的命题。例如：

① 并非所有的外商都是怀有诚意的。

② 并非语言或是上层建筑，或是经济基础。

例①中被否定的命题是"所有的外商都是怀有诚意的"；例②中被否定的命题是"语言或是上层建筑，或是经济基础"。

负命题由否定联结词和一个支命题组成。支命题，又叫"原命题"，就是被否定的那个命题，它可以是简单命题（如例①），也可以是复合命题（如例②）；否定联结词，就是联结支命题且表示否定意义的那个语词。在汉语中选取"并非"一词为代表，也可以用符号"¬"表示。

可以概括为"并非"的汉语词语，主要有"不是……""并非……""不能认为……""不能说……""没有……""……是假的""……这话不对""……并不（都）……"等。

在汉语的具体表达中，否定联结词可以放在句首（如例①②）；也可以放在句尾、句中，例如：

③ "所有的天鹅都是白色的"这话不对。

④ 微生物并不都微小。

例③的否定联结词放在句尾，是对支命题"所有的天鹅都是白色的"的否定。例④中的否定联结词"并不"放在支命题的主项（"微生物"）之后，既否定量项"都"，又否定被省略的联项"是"。

较之非负命题的语言表达形式，负命题的语言表达形式理解起来往往相对困难一些，因此，遇到它可采取转换的策略，即转换为非负命题的语言表达形式。例如：

⑤ 没有无因之果。

该句可以这样转换：并非存在没有原因的结果⇒并非有些结果是没有原因的⇒所有的结果都是有原因的。

负命题的逻辑形式，用汉语联结词表示即：并非 p。

用数理符号联结词表示即：¬p。

上式中的"p"表示支命题，可以代表简单命题，也可以代表复合命题。"¬"读作"并非"。

由于负命题是对整个支命题的否定，因而负命题与它的支命题之间是一种矛盾关系，即二者既不能同真，也不能同假：当其支命题为真时，该负命题为假；当其支命题为假时，该负命题为真。

负命题同它的支命题之间的这种真假制约关系，可用表 3-7 表示。

表 3-7　负命题同它的支命题间的真假制约关系

p	¬p
T	F
F	T

由上表可知负命题的逻辑特性：一个负命题为假，当且仅当它的支命题为真。可用等值式表示：¬¬p↔p。

(二) 负命题的等值命题

若两个命题的真假值完全相同，则称这两个命题为"等值命题"。

一个命题的负命题等值于该命题的矛盾命题。换言之，一个负命题的等值命题就是该负命题中的那个支命题(原命题)的矛盾命题。

常见的复合命题的负命题的等值命题，其等值式在前文中已有阐述，现归纳如下(不再举例)。

(1) ¬(p∧q)↔(¬p∨¬q)

(2) ¬(p∨q)↔(¬p∧¬q)

(3) ¬(p⩒q)↔(p∧q)∨(¬p∧¬q)

(4) ¬(p→q)↔(p∧¬q)

(5) ¬(p←q)↔(¬p∧q)

(6) ¬(p↔q)↔(p∧¬q)∨(¬p∧q)

(7) ¬¬p↔p

注意：由(1)至(6)等值式还可以派生出下面六条等值式，即：

(p∧q)↔¬(¬p∨¬q)

(p∨q)↔¬(¬p∧¬q)

(p⩒q)↔¬((p∧q)∨(¬p∧¬q))

(p→q)↔¬(p∧¬q)

(p←q)↔¬(¬p∧q)

(p↔q)↔¬((p∧¬q)∨(¬p∧q))

此六条等值式实际上就是分别对∧、∨、⩒、→、←、↔这六种真值联结词所作出的定义。

二、负命题推理

<u>负命题推理就是根据负命题和它的等值命题之间的逻辑关系所进行的推理</u>。其特点是，前提是一个负命题，结论是该负命题的等值命题。例如：

⑥ 并非只要迁就别人，就一定不得罪别人；所以，迁就别人，但不一定不得罪别人。

⑦ 并非只有大陆参加本次论坛，台湾才能参加本次论坛，所以，大陆不参加本次论坛，台湾照样能参加本次论坛。

例⑥的前提是一个充分条件假言命题的负命题，其逻辑形式为¬(p→q)，结论正是这个负命题的等值命题，其逻辑形式为p∧¬q。例⑦的前提是一个必要条件假言命题的负命题，其逻辑形式为¬(p←q)，结论正是这个负命题的等值命题，其逻辑形式为¬p∧q。显然，这两个推理都是依据命题间的等值关系而进行的，其推理式分别为：

¬(p→q) ⊢ (p∧¬q)

¬(p←q) ⊢ (¬p∧q)

负命题推理是一种等值直接推理，也是一种必然性推理。

第六节 复合命题推理形式有效性的判定

一、真值形式

真值形式是由命题变项和真值联结词①合乎定义地构成的符号表达式。通俗地说，真值形式实际上就是命题的形式结构。例如，"p←q""¬p→¬q""(p←q)→(¬p→¬q)"等；"p""q"等也是真值形式，它们属于真值联结词零次出现的特殊的真值形式。请看下面这个命题：

① 只有大力加强法制，加强劳动和工作纪律，同种种压制和破坏民主的行为作斗争，才能推进并保证经济建设和全面改革的顺利发展，维护国家的长治久安。

设 p 表示"大力加强法制"，q 表示"加强劳动和工作纪律"，r 表示"同种种压制和破坏民主的行为作斗争"，s 表示"推进并保证经济建设和全面改革的顺利发展"，t 表示"维护国家的长治久安"；那么，这个命题的真值形式为：

(p∧q∧r)←(s∧t)。

真值形式可分为永真式（重言式）、永假式（矛盾式）和适真式三种。所谓"永真式"，就是说，不论其所含的命题变项取值为真或为假，该真值形式的逻辑值总是为真——在真值表里体现为每一行的逻辑值均真。所谓"永假式"，就是说，不论其所含

---

① 本书确定的真值联结词有七种，即∧、∨、▽、→、←、↔和¬。由于▽和←可由其他真值联结词定义，为了理论的简洁，有些教科书只确定五种，即∧、∨、→、↔和¬。

的命题变项取值为真或为假,该真值形式的逻辑值总是为假——在真值表里体现为每一行的逻辑值均假。所谓"适真式",就是在对其所含的命题变项赋予真、假值后,该真值形式的逻辑值有时为真,有时为假——在真值表里体现为有的行取真、有的行取假。

二、复合命题推理形式有效性的判定

一个复合命题推理是否正确(即推理形式是否有效),可以采取一定的方法去判定。对于一些比较简单的复合命题推理,人们通常运用相关规则(即前述各种复合命题推理的相关有效推理式)去判定它正确与否,但对于一些比较复杂的复合命题推理就不能这样做,往往需要运用一些特殊的逻辑方法去判定——这些特殊的方法当然也可用以判定那些简单的复合命题推理得是否正确。

下面只介绍两种特殊的判定方法,即真值表法和归谬赋值法。

(一) 真值表法

真值表法就是这样一种方法:用真值表判定任意一个复合命题推理的逻辑形式是否为永真式,从而判定该推理是否正确。其步骤有以下几步。

第一步:把某个复合命题推理的逻辑形式抽象出来(此时应把推出符号"⊢"变为蕴涵符号"→")。

第二步:依据某些基本真值表(即本章第二至第五节给出的七种真值表)构建出该复合命题推理的逻辑形式的真值表,构建时按照后一列的真值要依据前列真值的原则(往往表现为真值形式的由简单到复杂)由左向右排列。

第三步:判定。如果该复合命题推理的逻辑形式的真值表的最后一列的值均为真,则该复合命题推理的逻辑形式就是永真式,否则就不是永真式;如果该复合命题推理的逻辑形式是永真式,那么该复合命题推理正确,否则就不正确。

下面举例说明:

例题1:① 张三作案或李四作案,有证据证明张三没有作案,所以是李四作案。
② 张三作案或李四作案,有证据证明是张三作案,所以李四没有作案。
③ 张三作案或李四作案,所以,并非如果李四没作案就一定是张三作案。

请判定上列推理是否正确。

解:设 p 表示"张三作案",q 表示"李四作案";则:
① 的推理式是 $(p \lor q) \land \neg p \vdash q$,转化为蕴涵式 $((p \lor q) \land \neg p) \to q$;
② 的推理式是 $(p \lor q) \land p \vdash \neg q$,转化为蕴涵式 $((p \lor q) \land p) \to \neg q$;
③ 的推理式是 $(p \lor q) \vdash \neg(\neg q \to p)$,转化为蕴涵式 $(p \lor q) \to \neg(\neg q \to p)$。

这三个蕴涵式的真值表如表3-8所示。

表 3-8 真值表

p	q	¬p	¬q	p∨q	¬q→p	¬(¬q→p)	(p∨q)∧p	(p∨q)∧¬p	((p∨q)∧¬p)→q	((p∨q)∧p)→¬q	(p∨q)→¬(¬q→p)
T	T	F	F	T	T	F	T	F	T	F	F
T	F	F	T	T	T	F	T	F	T	T	F
F	T	T	F	T	T	F	F	T	T	T	F
F	F	T	T	F	F	T	F	F	T	T	T

上表说明((p∨q)∧¬p)→q 是永真式,因而推理①是正确推理;((p∨q)∧p)→¬q 和(p∨q)→¬(¬q→p)不是永真式,因而推理②、推理③不是正确推理。

举一反三,请读者运用上述方法来检验本章第二至第五节阐述的所有复合命题推理的"有效式"是否真正具有有效性。

真值表法除了用于判定任意一个复合命题推理是否正确外,还可以用于判定同素材的几个命题之间的逻辑关系,用于解答用其他方法难以解答的逻辑问题。看下面几个例题:

例题 2:用真值表判定下面 A、B、C、D 四个命题之间的逻辑关系:

(A) 如果王五出国,那么赵六不出国。
(B) 王五和赵六都出国。
(C) 或者王五不出国,或者赵六不出国。
(D) 王五和赵六都不出国。

解:设 p 表示"王五出国",q 表示"赵六出国",则上面各命题的逻辑形式是:

(A) p→¬q
(B) p∧q
(C) ¬p∨¬q
(D) ¬p∧¬q

列真值表如表 3-9 所示。

表 3-9 真值表

p	q	¬p	¬q	p→¬q(A)	p∧q(B)	¬p∨¬q(C)	¬p∧¬q(D)
T	T	F	F	F	T	F	F
T	F	F	T	T	F	T	F
F	T	T	F	T	F	T	F
F	F	T	T	T	F	T	T

由上表知,命题 A 与命题 B 具有矛盾关系(即既不可同真也不可同假的关系);命题 A 与命题 C 具有等值关系(即同真同假关系);命题 A 与命题 D 具有逆蕴涵关系(即必要条件关系,它是可同真可同假关系之一)——而命题 D 与命题 A 则具有蕴涵关系(或称"差等关系",即充分条件关系,它也是可同真可同假关系之一);命题 B 与命题 C 具有矛盾关系;命题 B 与命题 D 具有反对关系(即不可同真但可同假关系);命题 C 与命题 D 具有逆蕴涵关系。

举一反三,读者可用上述方法证明本章中有关"负命题的等值命题"的等值式成立。

在思维实践中,判定两个命题之间的逻辑关系,特别是等值关系、矛盾关系、反对关系等,是十分重要的;这种判定不仅可服务于推理,而且可服务于论辩,服务于证明和反驳(譬如,要反驳命题 p,可以通过证明与 p 具有矛盾关系或反对关系的命题成立的方法进行)。

例题 3:某县委书记想在经党代会选出的两位同志(张三、李四)中挑选一人担任某乡党委书记。他征求了县委其他三位领导甲、乙、丙的意见。甲说:"如果不让张三担任,那么也不能让李四担任";乙说"如果不让张三担任,就让李四担任";丙说:"要么让张三担任,要么让李四担任"。问:该县委书记能否找到一种选择,使甲、乙、丙三人的意见都得到满足?

解:本题所问实际上是,是否能找到一种任命方案使甲、乙、丙的话均为真。
设 p 表示"张三担任",q 表示"李四担任",则甲、乙、丙所言的命题形式为:
    甲:¬p→¬q   乙:¬p→q   丙:p∨q
列真值表如表 3-10 所示。

表 3-10 真值表

p	q	¬p	¬q	¬p→¬q(甲)	¬p→q(乙)	p∨q(丙)
T	T	F	F	T	T	F
T	F	F	T	T	T	T
F	T	T	F	F	T	T
F	F	T	T	T	F	F

上表中的第 5、第 6、第 7 三列分别表示甲、乙、丙的三句话,第 1、第 2 两列则表示任命的四种方案。在每一种方案下,甲、乙、丙的三句话真假情况都反映在表中。显然,上表的第 3 行(即第二种方案)能满足甲、乙、丙的话均真的要求。这时,p 真而 q 假,即"张三担任"为真,"李四担任"为假。

结论：该县委书记能找到一种选择，使甲、乙、丙三人的意见都得到满足。此选择是，让张三担任某乡党委书记。

例题4：就张三能否考上大学和李四能否通过自学考试问题，甲、乙、丙三人均作了推测。甲说"要是张三能考上大学，那么李四定能通过自考"；乙说"要是李四能通过自考，那么张三定能考上大学"；丙说"李四不能通过自考"。事实证明，甲、乙、丙三句话中只有一句为真。问：张三能否考上大学？李四能否通过自考？

解：本题所问实际上是要求寻找符合题设条件的情况，如果能找到符合题设条件的情况，那么就能回答本题所问；否则，就不能回答本题所问。

设p表示"张三考上大学"，q表示"李四通过自考"；则甲、乙、丙推测的命题形式是：

甲：$p \to q$　　乙：$q \to p$　　丙：$\neg q$

列真值表如表3-11所示。

表3-11　真值表

p	q	¬q（丙）	p→q（甲）	q→p（乙）
T	T	F	T	T
T	F	T	F	T
F	T	F	T	F
F	F	T	T	T

上表中的第3、第4、第5列分别表示丙、甲、乙的三句话，第1、第2列则表示"张三考上大学，李四通过自考"的四种真假情况。

显然，上表的第4行（即第三种情况）符合"甲、乙、丙三句话中只有一句为真"这一题设条件。这时，p假而q真，即"张三考上大学"为假，"李四通过自考"为真。

结论：张三不能考上大学，但李四能通过自学考试。

（二）归谬赋值法

当真值形式中的变项有三个或三个以上时，用真值表法判定就显得非常繁琐，这时采取归谬赋值法比较可取。

归谬赋值法，又叫"简化真值表法"，其基本思想是：为了证明某个蕴涵式（它由推理形式转化而来）是永真式，必须证明它不可能前件真而后件假。于是，不妨先假设所要判定的这个蕴涵式前件真且后件假，并根据这个假设推演和确定每个命题变项的逻辑值（简称"赋值"），使满足前件真且后件假。在这个赋值过程中，如果出现矛盾——即必须给同一个命题变项既要赋真又要赋假，那么就说明原先的那个假设不成立，因而可以判定该蕴涵式是永真式;反之,如果不出现矛盾,则说明至少存在一组赋值满足前件真且后件假,因而可以判定该蕴涵式不是永真式。其步骤如下。

第一步:把某个复合命题推理的逻辑形式抽象出来(此时应把推出符号"⊦"变为蕴涵符号"→")。

第二步:按照上述方法进行判定。

下面举例说明。

例题5:如果地球围绕太阳公转,但是并不围绕自己的轴线自转,那么,地球上就没有白天和黑夜。因为事实上地球上有白天和黑夜。所以,或者地球并不公转,或者地球既公转又自转。

解:设 p 表示"地球围绕太阳公转",q 表示"地球绕自己的轴线自转",r 表示"地球上有白天和黑夜";则上述推理的推理形式是:

$((p \land \neg q) \to \neg r) \land r \vdash (\neg p \lor (p \land q))$。可转化为蕴涵式:

$(((p \land \neg q) \to \neg r) \land r) \to (\neg p \lor (p \land q))$

  F F T F T F T T T F F T F T F F

归谬赋值的过程是:先假设上面这个蕴涵式前件真而后件假;然后根据此假设推演和确定其每个命题变项的逻辑值(简称"赋值")。在这个赋值过程中,出现了矛盾赋值——即必须给同一个命题变项 p 既要赋真又要赋假,于是可以断定原先的那个假设不能成立,从而可以判定该蕴涵式是永真式,可判定例题5推理正确。

第七节 复合命题推理的技术或技巧

复合命题推理往往具有综合性,需要运用多种技术、技巧。本节介绍常见的几种。

第一种,在推导(一个推导往往由若干次/个/步推理构成)中的任何一步都可以任意引入一个已知前提。

第二种,在一个推导中,如果有一些先行命题的合取可必然推出命题 W,则可以在该推导中引入命题 W。也就是说,可以把上一步推出的结论用于下一步的推导,即引做下一步推理的前提。具体地说,如果在第一步中推出命题 W,那么在进行第二步推导时可以引入 W 做已知前提;如果在第二步中推出命题 U,那么在进行第三步推导时可以引入 W 或 U 做已知前提⋯⋯

例题1:一天夜里,有一家商场被盗。案发后公安干警经过反复调查,了解到如下事实:(1) 盗贼可能是甲,可能是乙,不可能有其他人;(2) 如果甲的证词可靠,那么作案的时间在子夜零点之前;(3) 只有零点时商场灯光未灭,甲的证词才不可靠;(4) 如果乙是窃贼,作案时间必在子夜零点之后;(5)零点时商场灯光灭了,乙此时尚未回家。问:谁是盗贼?请写出推理过程。

解:设 p 表示"窃贼是甲",q 表示"窃贼是乙",r 表示"甲的证词可靠",s 表示"作案时间在子夜零点之前",t 表示"零点时商场灯光灭了",u 表示"零点时乙未回家";则已知前提的命题形式分别为:

(1) p∨q

(2) r→s

(3) ¬t←¬r

(4) q→¬s

(5) t∧u

推理:

由(5)得:(6)t。(联言推理分解式)

由(3)(6)得:(7)r。(必要条件假言推理否定前件式)

由(2)(7)得:(8)s。(充分条件假言推理肯定前件式)

由(4)(8)得:(9)¬q。(充分条件假言推理否定后件式)

由(1)(9)得:(10)p。(相容选言推理否定肯定式)

结论:甲是窃贼。

在这个推导中,第一步推理引入了已知前提(5);第二、三、四、五步都是把上一步推出的结论用于下一步的推导。

第三种,如果从一前提集和命题 W 能够推出命题 U,那么,从该前提集可以推出 W→U。例如,推理式((p∨q)∧(r→¬p))∧¬q⊢¬r 与推理式(p∨q)∧(r→¬p)⊢(¬q→¬r),二者彼此可任意转换。

例题2:如果赵穿参加宴会,那么钱华、孙旭和李元将一起参加宴会。如果上述断定是真的,那么以下哪项也是真的?

A. 如果赵穿没参加宴会,那么钱华、孙旭和李元三人中至少有一人没参加宴会。

B. 如果赵穿没参加宴会,那么钱华、孙旭和李元都没参加宴会。

C. 如果钱华、孙旭和李元都参加了宴会,那么赵穿参加了宴会。

D. 如果李元没参加宴会,那么钱华和孙旭不会都参加宴会。

E. 如果孙旭没参加宴会,那么赵穿和李元不会都参加宴会。

解答此题需要运用第三种技术、技巧,因为五个选项(即拟推的结论)的命题形式都是"W→U",我们可以把 W(即五个选项的前半句)作为前提来使用,看看能否必然推出 U(即五个选项的后半句)。显然,把"赵穿没参加宴会"作为前提使用,再加上题干的充分条件假言命题("如果赵穿参加宴会,那么钱华、孙旭和李元将一起参加宴会"),既推不出"钱华、孙旭和李元三人中至少有一人没参加宴会",也推不出"钱华、孙旭和李元都没参加宴会",因为充分条件假言推理,"否定前件"是推不出结论的。因此,不可选 A 项、B 项。把"钱华、孙旭和李元都参加了宴会"作为前提使用,再加上题干的充分条件假言命题,也推不出"赵穿参加了宴会",因为充分条件假言推理,"肯定后件"是推不出结论的。因此,不可选 C 项。把"李元没参加宴会"作为前提使用,再加上题干的充分条件假言命题,也推不出"钱华和孙旭不会都参加宴会",因为题干给出的已知命题是一个充分条件假言命题,其整个假言命题为真,推不出其后件必真,——既然后件真假不可确定,它就不能参与推理。因此,不可选 D 项。而把"孙旭没参加宴会"作为前提使用,再加上题干的充分条件假言命题,就可以推出"赵穿和李元不会都参加宴会"。因为,根据联言推理的否定式 ¬p⊢¬(p∧q),可以由"孙旭没参加宴会"推出"并非钱华、孙旭和李元将一起参加宴会",从而再根据充分条件假言推理的否定后件式,可以推出"赵穿没有参加宴会",从而推出"赵穿和李元不会都参加宴会"。因此,答案只能选 E 项。

第四种,如果从一前提集和命题 W 的否定(即非 W)可以推出矛盾,那么从该前提集可以推出 W。即:如果"前提集∧¬W⊢(p∧¬p)",那么就可得出结论 W 为真。——这里所谓的"矛盾",指所推出的结论或与已知条件相矛盾,或与前面推得的阶段性结论相矛盾。"¬W"通常就是推导者假设的命题。

这实际上是一种归谬推理的方法。

例题 3:一庄园主,不许别人从其庄园经过。有经过者,被问:"你来干吗?"若回答的是真话,则被砍头,若回答的是假话,则被吊死。一日,一智者从庄园经过,被问,他回答说:"我是来吊死的。"结果,该庄园主无从治罪,放其过庄。请写出智者的推导过程。

解:智者的推导过程是:

(1) 若你认定这个回答是假话,则应被吊死,但若被吊死,则又说明这个回答是真的;所以,你不能认定这个回答是假话。(2) 若你认定这个回答是真话,则应被砍头。但如果被砍头,则又说明这个回答是假话,所以,你不能认定这个回答是真话。(3) 若不能认定这个回答是假话,则不能被吊死,若不能认定这个回答是真话,则不能被砍头;现在既不能认定这个回答是真话,也不能认定这个回答是假话,所以既不能被吊死,也不能被砍头。

例题 4:某地住着甲、乙两个部落,甲部落总是讲真话,乙部落总是讲假话。一天,一个旅行者来到这里,碰到一个土著人A。旅行者就问他:"你是哪一个部落的人?"A回答说:"我是甲部落的人。"这时,又过来一个土著人B,旅行者就请A去问B属于哪一个部落。A问过B以后,回来对旅行者说:"他说他是甲部落的人。"——根据这种情况,对A、B所属的部落,旅行者所作出的正确判断是以下哪项?

  A. A是甲部落的人,B是乙部落的人。
  B. A是乙部落的人,B是甲部落的人。
  C. A是甲部落的人,B所属部落不明。
  D. A所属部落不明,B是乙部落的人。
  E. A、B所属部落不明。

  解答这类题目通常也需要运用第四种技术、技巧,即:分别假定各个选项成立,然后根据题干给出的已知条件进行推导,看看是否推出逻辑矛盾,推出矛盾的选项就是应该排除的选项。假定选项A成立,不能推出逻辑矛盾,不过,即使实际上B是甲部落的人,也不与题干给出的已知条件相矛盾,所以A项不可选。假定选项B成立,则可以推出逻辑矛盾。因为如果选项B成立,那么A问过B以后,回来一定会对旅行者说:"他说他是乙部落的人",(因为A讲假话,B讲真话)这与题干给出的已知条件相矛盾。故选项B可以排除。显然根据题干给出的已知条件必然能够推出C项。因为B无论是甲部落的人还是乙部落的人,他都会说"我是甲部落的人"(如果他是甲部落的人,那么他会如实这样说;如果他是乙部落的人,那么他会说假话,也会这样说),所以B所属部落无法推定。又因为,如果A是乙部落的人,那么他的转述必然是假话,必然说"他(B)说他(B)是乙部落的人"(前面已经推定B必定会说"我是甲部落的人"),而这与题干给出的已知条件相矛盾;因此A必定是甲部落的人。D项、E项显然推不出。结论:本题答案是C项。

  归谬推理应该注意:从假设某一个命题为真开始推导,如果推不出矛盾,即推导的结果既符合已知条件,也不与前面推得的阶段性结论相矛盾,我们能否肯定这个假设?不能!因为充分条件假言推理,不能进行由肯定后件到肯定前件的推理。这一点,千万要注意,遇到这种情况应该再假设该命题为假,进行推理……只有推出矛盾,才能确定假设不成立。

思考与练习

一、思考题

  1. 什么是复合命题?它由哪些要素构成?它的分类系统是怎样的?

2. 联言命题的含义和逻辑特性是什么？汉语是怎样表达的？联言推理的有效式有哪几种,试举例说明。

3. 两类选言命题的含义和逻辑特性各是什么？怎样清晰地表达这两类命题？同素材的不相容选言命题与相容选言命题具有怎样的关系？两类选言推理的有效式各有哪几种,试举例说明。

4. 三类假言命题的含义和逻辑特性各是什么？同素材的充分必要条件假言命题、充分条件假言命题、必要条件假言命题三者彼此之间具有怎样的关系？

5. 什么是假言推理？其分类系统是怎样的？充分条件假言直言推理、必要条件假言直言推理和充分必要条件假言直言推理的有效推理式各有哪些,试举例说明。

6. 什么是假言联言推理？以充分条件假言命题为假言前提的二联推理的有效式有哪四种,试举例说明。

7. 什么是假言选言推理？以充分条件假言命题为假言前提的二难推理的有效式有哪四种,试举例说明。

8. 什么是假言连锁推理？充分条件假言连锁推理、必要条件假言连锁推理的有效式各有哪些,试举例说明。

9. 负命题的含义和逻辑特性是什么？七种复合命题的负命题的等值式是怎样的,试举例说明。什么是负命题推理？试举例说明。

10. 判定任意一个复合命题推理的逻辑形式是否有效的逻辑方法有哪些？举例说明什么是真值表法和归谬赋值法。真值表法除了用于判定复合命题推理形式是否有效外,还有哪些功能？复合命题推理的技术或技巧有哪些？试举例说明。

二、练习题

(一) 下列语句表达什么复合命题？请写出其逻辑形式。(要求说出细类)

1. 白求恩同志是一个高尚的人,一个纯粹的人,一个脱离了低级趣味的人,一个有益于人民的人。

2. 本案案情尽管复杂,我们还是搞清了真相。

3. 并非甲、乙、丙、丁都获得了一等奖。

4. 在参加这次选拔的十个队中,若不是济南队被选中,就是上海队被选中。

5. 在一个人得意忘形的时候,会犯或大或小的错误。

6. 甲、乙、丙三人中至少有一人不是此事故的目击者。

7. 生存或死亡,在此一举。

8. 不到长城非好汉。

9. 不成功,便成仁。

10. 皮之不存,毛将焉附?

11. 若要人不知,除非己莫为。

12. 欲加之罪,何患无辞?

13. 谁要逆潮流而动,谁就要碰得头破血流。

14. 源清则流清,源浊则流浊。

15. 说你行,你就行;说你不行,你就不行。

(二)下列语句存在逻辑不严密的问题,请运用相关逻辑知识加以改正。

1. 享有外交特权和豁免权的外国人的刑事责任问题,通过外交途径解决(出自某《刑法》)。

2. 率领武装部队、人民警察、民兵投敌叛变的,处三年以下有期徒刑或拘役(出自某《刑法》)。

(三)下列语句或语段表达什么推理?请写出其推理形式。(要求说出细类)

1. 否定一切的观点是错误的,因为肯定一切和否定一切的观点都是错误的。

2. 被告甲的行为要么是故意犯罪,要么是过失犯罪;法庭查明被告甲的行为不是故意犯罪,所以,被告甲的行为是过失犯罪。

3. 他成绩不好,或者是由于学习方法不正确,或者是由于学习不勤奋;所以,他成绩不好如果不是由于学习方法不正确,那么就是由于学习不勤奋。

4. 一个真的包含两个支命题的相容选言命题,它的支命题 p 和 q 不是两真,也不是 p 真 q 假,可见必然是 q 真 p 假。

5. 只有保持安定团结的政治局面,才能保证国民经济的持续快速发展;我国近年来的国民经济得到了持续快速发展,所以,我国近年来保持了安定团结的政治局面。

6. 死者若系自缢而死,则舌吐出,绳迹淤血;所以,若死者舌未吐出或绳迹不淤血,则非自缢而死。

7. 阿拉伯人攻陷亚历山德府的时候,就烧掉了那里的图书馆,理由是:如果那些书籍所讲的道理和《可兰经》相同,则已有《可兰经》,无须留了;倘使不同,则是异端,不该留了。(鲁迅《华德焚书异同论》)(分析阿拉伯人的推理)

8. 唐代人裴玄本,好开玩笑。他在户部做郎中时,左仆射房玄龄病得很厉害,部里的一些官员将要去看望。裴开玩笑说:"仆射病能好,就去看望他;若好不了,就不要去看望他了。"这话传到了房玄龄那里。后来裴随着大家去看望房玄龄时,房也开了一个玩笑,笑着说:"裴郎中来了,我一定死不了啦。"(分析房玄龄的推理)

9. 交警:请把你的车留下!

司机:凭什么扣押我的车?

交警:因为你闯红灯又不肯交罚款。(分析交警的推理)

10. 只有树立坚定的信心，才能不懈地努力；只有不懈地努力，才能取得优异的成绩；所以，如果连信心都没有，那就很难做出优异成绩。

11. 夫欲盛则费广，费广则赋重，赋重则民愁，民愁则国危，国危则君丧矣。朕常以此思之，故不敢纵欲也。（分析"朕"的推理）

12. 无欲速，无见小利。欲速，则不达；见小利，则大事不成。（《论语·子路》）

（四）分析题

1. 在桌子上有4张扑克牌排成一行。已知：① K右边的两张牌有一张是A，另一张是黑桃；② Q向右数第一张牌是A，向左数第二张牌还是Q；③ 黑桃左边是红桃，右边是梅花；④ A左边的三张有两张是Q；⑤ 左边第一张牌是方块。问：这4张牌从左到右依次排列分别是什么牌？

2. 1988年某市的一起劳动争议案轰动全国。该市玻璃厂全民工潘某于3月4日向车间领导请假11天，但到4月3日才返厂，不计请假的11天，连续旷工18天。厂方于4月9日根据国家《企业职工奖惩条例》第18条之规定，宣布将潘某除名。该规定的原文是：

"职工无正当理由经常旷工，经批评教育无效，连续旷工时间超过十五天，或者一年以内累计旷工时间超过三十天的，企业有权予以除名。"

事后，潘某对除名处分不服，上诉法院。请你代表法院就此案作出裁决，并说明理由。

3. "惯窃、惯骗或者盗窃、诈骗、抢夺公私财物数额巨大的，处5年以上10年以下有期徒刑。"（某《刑法》152条）

某法院根据上述规定处理一个惯偷犯时，有两种意见：① 该惯偷犯偷窃数量并不巨大，可不必处5年以上有期徒刑；② 凡属惯窃、惯骗的都不受数额大小的限制，都应判5年以上10年以下有期徒刑。你同意哪种意见？请说明理由。

4. 某店被盗，经侦察后得知如下情况：① 罪犯是甲、乙、丙中的一个或一伙；② 不伙同甲，乙决不会作案；③ 丙不会开车。④ 赃物是用汽车拉走的。问：甲一定是作案者吗？写出推导过程。（提示：此题需运用相容选言命题的真值表知识去解）

5. 由前提"这篇学位论文不过关，或由于关键性概念不明确，或由于论据不足，或由于结构上缺乏逻辑性，或由于文字表述欠缺"，分别加上下列前提，是否能必然推出结论？如不能推出，请说明理由；若能推出，请写出该结论，并写出推理过程。

① 这篇学位论文不过关，是由于关键性概念不明确。

② 这篇学位论文不过关，不是由于关键性概念不明确。

③ 这篇学位论文不过关，并非或关键性概念不明确，或论据不足，或文字表述欠缺。

④ 这篇学位论文不过关,有关键性概念不明确的问题,也有论据不足的问题,还有文字表述欠缺的问题。

6. 有 A、B、C、D 四个大学生在四所不同的大学读书。这四所大学是:东南大学、南京大学、河海大学、苏州大学。某一天,他们在火车上相遇。四人分别作了自我介绍。A 说"我是东南大学的";B 说"我是河海大学的";C 说"我是苏州大学的";D 说"我不是苏州大学的"。已知:这四人的自我介绍中,有三人讲了真话,一人讲了假话。问:① 如果讲了假话的是 A,那么,A、B、C、D 各是哪所大学的? ② 如果讲了假话的是 B,那么,A、B、C、D 各是哪所大学的? ③ 如果讲了假话的是 C,那么,A、B、C、D 各是哪所大学的? ④ 如果讲了假话的是 D,那么,A、B、C、D 各是哪所大学的?(若推不出,请说明理由)

7. 某届"百花奖"评选结束,甲、乙、丙三个电影制片厂获了奖,甲厂获奖的是故事片《黄河,中华民族的摇篮》,乙厂获奖的是美术片《孙悟空和小猴子》,丙厂获奖的是戏曲片《白娘子》。授奖大会后,某电影制片厂邀请这三部片子的导演去介绍经验。在火车上,甲厂的导演说:"真是有趣得很,我们三个人的姓正好是片名的第一个字。而我们每个人的姓同自己所拍的片子片名的第一个字又不一样。"这时候,另一个姓孙的导演笑了起来,说:"真是这样。"问:这三部片子的导演各姓什么?写出推理过程。

8. 有四对夫妻同在一个车间工作,他们分别姓王、徐、李、周、孙、陈、吴、钱。现在只知道以下几点情况:① 王结婚时,周去作客。② 周与钱的大衣的尺寸、款式、颜色是一样的。③ 李的爱人是陈的爱人的亲表兄。④ 结婚前,周、李、徐曾经住在一起。⑤ 陈氏夫妻外出时,吴、徐、周的爱人曾去码头送别。请根据上述情况,推出他们之间谁与谁是夫妻。

9. 已知:① 只有破获 03 号案件,才能确认 A、B、C 三人都是罪犯;② 03 号案件没破获;③ 如果 A 不是罪犯,则 A 的供词是真的,而 A 说 B 不是罪犯;④ 如果 B 不是罪犯,则 B 的供词是真的,而 B 说自己与 C 是好朋友;⑤ 现查明 C 根本不认识 B。问:A、B、C 三人中,谁是罪犯?谁不是罪犯?写出推导过程。

10. 某省教育厅组织下属高校联合研制一个特种管理软件。现对有关参加的高校,作了如下安排:① A 校与 D 校,至少有一个不参加;② D 校、E 校、F 校中,至少有一个校参加;③ B 校和 C 校都参加,要么都不参加;④ D 校和 C 校有且只有一个校参加;⑤ E 校不参加,才会 C 校参加而 D 校不参加;⑥ A 校得参加。问安排结果如何?写出推导过程。

11. A、B、C 三人在政法大学毕业后,一个当上了律师、一个当上了法官、另一个当上检察官。但究竟担任什么司法工作,人们开始不清楚,于是作了如下猜测:

甲:A 当上了律师,B 当上了法官。乙:A 当上了法官,C 当上了律师。丙:A 当上检察官,B当上了律师。

后来证实,甲、乙、丙三人的猜测都是只对了一半。请问:A、B、C各担任什么司法工作?写出推导过程。

12. 抗战期间,我某部侦察连长接到一项紧急任务,要他在代号为 A、B、C、D、E 的五个侦察员中挑选两人深入敌区,人选配备须注意以下几点:① 如果 B 不去,则 A 也不能去;② 只有当 C 去时,B 才能去;③ 若 D 去则 E 也去;④ A 去或 D 去。由于某种原因,C 不能去执行这项任务。请问连长挑选哪两人深入敌区?写出推理过程。

(五)用真值表解题

1. 已知下列 A、B、C 三个命题中,两个为真,一个为假。问:哪一个为假?并指出甲、乙两队获得奖牌的情况。

(A) 只有甲队没获得奖牌,乙队才没获得奖牌。

(B) 甲、乙两队都获得奖牌。

(C) 并非甲、乙两队都没获得奖牌。

2. 已知下列命题有一个真,两个假。问:哪一个命题为真?哪个队胜?

(A) 如果甲队胜,则乙队败。

(B) 如果乙队败,则甲队胜。

(C) 甲队没胜。

3. 当下面 A、B、C 三命题不同真时,可否断言小金是否当选班长?可否断言小赵是否当选学习委员?

(A) 小金不当选班长或小赵当选学习委员。

(B) 小赵当选学习委员。

(C) 小金当选班长或小赵当选学习委员。

4. 若"如果李明在人大,那么张胜不在人大"为真,则以下哪个命题必定为假?(E)

A. 李明不在人大,张胜在人大。

B. 李明和张胜都不在人大。

C. 只有李明不在人大,张胜才在人大。

D. 李明和张胜至少有一人在人大。

E. 并非"李明不在人大或张胜不在人大"。

(六)选择题(从四个或五个选项中选择其一)

1. 甲、乙、丙、丁四人与戊是牌友,四人约定:如果明天不摊加班,就来戊的家里打牌。第二天,四人当中有人来了,有人没来:甲不摊加班,如约前来;乙不摊加班,却没能来;丙摊加班,却也来了;丁摊加班,没有前来。问:甲乙丙丁四人中,爽约的是(B)。

A. 只有甲   B. 只有乙   C. 只有丙   D. 只有丁   E. 乙和丙

2. 有人说,"只有肯花大价钱的人才进得了新星名人俱乐部。"如果此判断为真,则可能出现的情况是（ D ）。

甲. 某人花了大价钱,没有进新星名人俱乐部。

乙. 某人没有花大价钱,进了新星名人俱乐部。

丙. 某人没有花大价钱,没有进新星名人俱乐部。

丁. 某人花了大价钱,进了新星名人俱乐部。

A. 仅丁   B. 仅甲乙丙   C. 仅丙丁   D. 仅甲丙丁

（提示：以上两题需分别运用充分条件假言命题、必要条件假言命题的真值表知识去解）

3. 总经理："我主张小王、小李中至多提拔一人。"董事长："我不同意。"以下哪项,最为准确地表达了董事长表态的实际意思？（ A ）

A. 小王、小李都得提拔。

B. 小王小李都不能提拔。

C. 小王和小李两人中至少提拔一人。

D. 如果不提拔小王,那么也不提拔小李。

4. 与"鱼和熊掌不可得兼"这一命题含义相同的选项是（ E ）。

Ⅰ. 如果取鱼,则舍熊掌。

Ⅱ. 如果舍鱼,则取熊掌。

Ⅲ. 只有舍鱼,才取熊掌。

A. 只有Ⅰ   B. 只有Ⅱ   C. 只有Ⅲ   D. Ⅰ和Ⅱ   E. Ⅰ和Ⅲ。

5. "如果你犯了法,你就会受到法律的制裁;如果你受到法律制裁,别人就会看不起你;如果别人看不起你,你就无法受到尊重;而只有得到别人尊重,你才能过得舒心。"从上面断言中可以得出下列哪项结论？（ B ）

A. 你不犯法,日子就会过得舒心。

B. 你犯了法,日子就不会过得舒心。

C. 你日子过得不舒心,证明你犯了法。

D. 你日子过得舒心,表明你看得起别人。

E. 如果别人看得起你,你日子就能舒心。

6. 以"如果甲、乙都不是木工,那么丙是木工"为一前提,若再增加以下哪项作为前提,可必然推出"乙是木工"。（ E ）

A. 丙是木工。

B. 丙不是木工。

C. 甲不是木工。

D. 甲是木工。

E. 甲和丙都不是木工。

(提示：此题需运用反三段论知识去解)

7."一个产品要创成名牌，必须保证过硬的质量；一个产品，只有提高技术含量，才能保证过硬的质量；而一个企业如果忽视技术投资，则产品的技术含量就不可能提高。"以下哪项结论可以从题干的断定中推出？（ D ）

(1) 一个生产名牌产品的企业，不可能忽视技术投资。

(2) 一个缺少技术含量的产品，不可能创成名牌。

(3) 一个产品质量不过硬的企业，一定忽视了技术投资。

A. 只有(1)

B. 只有(2)

C. 只有(3)

D. 只有(1)和(2)

E. (1)、(2)和(3)

第四章 词项逻辑

　　研究各种简单的性质命题、关系命题的逻辑性质以及相互之间的推理关系的理论,本书称之为"词项逻辑"。

第一节 性质命题和关系命题

一、性质命题

(一)"性质命题"的含义和构成

性质命题,又叫"直言命题",是断定对象具有或不具有某种性质的命题。如：

① 本·拉登是恐怖分子。

② 所有的人都是要接受道德审判的。

③ 有的人不是中国公民。

例①断定对象本·拉登具有恐怖分子的性质;例②断定对象人具有要接受道德审判的性质;例③断定对象(部分)人不具有中国公民的性质。

典型的性质命题由主项、谓项、联项和量项四部分组成。

主项,是反映对象的概念,通常用"S"表示,如例①中的"本·拉登"、例②③中的"人"。

谓项,是反映对象的性质的概念,通常用"P"表示,如例①中的"恐怖分子"、例②中的"要接受道德审判的"和例③中的"中国公民"。

联项(又叫性质命题的"质"),是联结主项和谓项的概念,分肯定联项("是")和否定联项("不是")两种。在汉语表达中往往可以省略肯定联项(如"今天星期五""油漆有毒"等),但否定联项不可省略。

量项,是反映所断定的一类对象的数量范围的概念,分全称量项["所有(的)……(都)"]和特称量项["有(的)"]两种。在汉语表达中往往可以省略全称量项(如,例②也可表达为"人是要接受道德审判的"),但特称量项不可省略。当一个性质命题的主项是单独概念时,该命题就没有量项。如,在"这个同志是市劳模"这一命题中,就不存在量项。"这个同志"是该命题的主项,"这个"不是该命题的量项。

注意：在性质命题的形式结构(逻辑形式)中,逻辑变项是主项和谓项,逻辑常项是量项和联项。

(二) 性质命题的种类

根据不同的标准,可对性质命题作出不同的分类。

1. 按其质(联项)的不同,把性质命题分为肯定命题和否定命题两种

其联项是"是"的性质命题,就是肯定命题。如例①②。又:"白杨树是不平凡的树。"其联项是"不是"的性质命题,就是否定命题。如例③。又:"白杨树不是平凡的树。"必须注意:区分肯定命题和否定命题的依据是联项,与主谓项是否为负概念无关。

2. 按其量(量项)的不同,把性质命题分为全称命题、特称命题和单称命题三种

其量项是"所有(的)"的性质命题,就是全称命题。如,例②。又:"所有的文艺作品都不是没有思想性的。"——逻辑学选取"所有(的)"一词为代表。可以概括为"所有(的)"的汉语词语,主要有"任何""所有""每一""每个""个个""凡""凡是""一切""全部""全体""无一例外""……都不""……莫不"等。

汉语表达全称命题的句式极其丰富。譬如,下列诸语句表达的都是全称命题:"全班同学莫不拍手称快。""没有什么事情不是人去做的。""是人都要吃饭。""无论什么人都是父母生的。""个个是好汉。"在理解时,碰到这类句式都应该把它们转化为规范的形式(即"所有的……都是……""所有的……都不是……"),以利于思维的准确、清晰表达。

其量项是"有(的)"的性质命题,就是特称命题。如,例③。又:"有农民是党员。"全称命题、特称命题的主项都是普遍概念。逻辑学选取"有(的)"一词为代表。可以概括为"有(的)"的汉语词语,主要有"有些""有""有的""某些"等。

必须注意以下几点。

(1) 为防止推理出现破绽,确保推理的保真性,逻辑学家对"有的 S 是(不是)P"这一逻辑形式作出了规定性的解释。"有的 S 是(不是)P"中的"有的",要理解为"至少一个,也许全部",即"有的"和"所有的"是相容的。"有的 S 是(不是)P",只能理解为"至少有一个 S 是(不是)P,也可能全部 S 是(不是)P"。如"我班有的同学是团员",理解为"我班至少有一个同学是团员,也可能全部是团员"。如果实际情况是"我们班上所有同学都是团员",我们也不能认为"我班有的同学是团员"这一命题是假的。

(2) 上面这种规定性解释与人们的日常思维实践不尽一致。在多数情况下,当人们说"有的 S 是 P"时,往往意味着"还有 S 不是 P";当人们说"有的 S 不是 P"时,往往意味着"还有 S 是 P"。逻辑学是不认可日常思维的那种理解的。

(3) 汉语中还有许多介于"一个"到"全部"之间的表达主项数量范围的语词,从而

存在下列形式的断定:

个别 S 是(不是)P;

少数 S 是(不是)P;

多数 S 是(不是)P;

一般 S 是(不是)P;

S 基本上是(不是)P;

绝大多数 S 是(不是)P;

n％S 是(不是)P;

……

逻辑学家一般认为以上形式表达的都是特称命题,主张在理解时,碰到这类句式都应该把它们转化为规范的形式(即"有的 S 是 P""有的 S 不是 P"),以便进行"逻辑"意义上的思维。

其中的"个别""少数""多数""一般""基本上""绝大多数""n％"这类语词,比"有的""有""有些"在含义上要明确得多。上述形式断定的不是一类对象的全部,只是部分。拿"少数 S 是 P"为例,它的实际含义是"少数 S 是 P,多数 S 不是 P。"所以,严格地说起来,带有上述"个别""少数"之类语词的命题不是逻辑学所讨论的"特称命题"(它们可称为"特量命题")。但是,由于逻辑学是从作为推理的构成要素这一角度来研究命题的逻辑形式的,因而把特量命题作为特称命题处理是可以的。将强的断定弱化,推理时不会出错,把特量命题作为特称命题处理就是将强的断定弱化。

<u>主项为单独概念的命题,就是单称命题</u>。如,例①。又:"那个同学不是江苏师范大学的学生。""位于江苏省最西北的那所师范大学是综合大学。"

3. 按质(联项)和量(量项)的不同结合,把性质命题分为全称肯定命题、全称否定命题、特称肯定命题、特称否定命题、单称肯定命题和单称否定命题六种

其联项是"是"、量项是"所有(的)"的性质命题,是全称肯定命题;如例②,又如"所有的人都是好汉"。其逻辑形式是"所有 S 是 P"或"SAP",简称"A"。

其联项是"不是"、量项是"所有(的)"的性质命题,是全称否定命题;如"所有的人都不是好汉"。其逻辑形式是"所有 S 不是 P"或"SEP",简称"E"。

其联项是"是"、量项是"有(的)"的性质命题,是特称肯定命题;如"有的人是好汉"。其逻辑形式是"有(的)S 是 P"或"SIP",简称"I"。

其联项是"不是"、量项是"有(的)"的性质命题,是特称否定命题;如"有的人不是好汉"。其逻辑形式是"有(的)S 不是 P"或"SOP",简称"O"。

其联项是"是"、主项是单独概念的性质命题,是单称肯定命题;如例①,又如"张三

是好汉"。其逻辑形式是"这个 S 是 P"或"SaP",简称"a"。

其联项是"不是"、主项是单独概念的性质命题,是单称否定命题;如"那个同学不是好汉"。其逻辑形式是"这个 S 不是 P"或"SeP",简称"e"。

(三) 性质命题主谓项的周延性

性质命题主谓项的周延性,指的是性质命题主谓项所具有的这么一种属性,即:在一个具体的性质命题中主项与谓项的全部外延是否被断定。如果主项(或谓项)的全部外延都被断定,那么这个主项(或谓项)就是周延的;否则就是不周延的。

根据上述定义,逻辑学家经过考察归纳出了具有 SAP、SEP、SIP、SOP、SaP、SeP 这六种形式的性质命题的主谓项的周延情况。用表 4-1 表示。

表 4-1 周延情况表

命题名称	命题形式	主项周延情况	谓项周延情况
全称肯定命题(A)	SAP	周延	不周延
全称否定命题(E)	SEP	周延	周延
特称肯定命题(I)	SIP	不周延	不周延
特称否定命题(O)	SOP	不周延	周延
单称肯定命题(a)	SaP	周延	不周延
单称否定命题(e)	SeP	周延	周延

为便于记忆,我们把单称肯定命题处理为全称肯定命题,因为其主谓项周延情况相同;把单称否定命题处理为全称否定命题,因为其主谓项周延情况相同。这样只需记四句话:"全称命题主项周延,特称命题主项不周延;肯定命题谓项不周延,否定命题谓项周延。"

(四) 命题 A、E、I、O、a、e 的真假情况

命题 A、E、I、O、a、e 的真假,与其主谓项外延间的关系有着确定的联系。下面着重讨论命题 A、E、I、O 的真假情况。

判定一个具体命题真假的唯一标准,是它与客观实际是否相符,相符者为真,不相符者为假。逻辑学在判定 A、E、I、O、a、e 六种性质命题真假时,取的正是这一标准。它是从主谓项外延间客观上存在的关系与某一具体命题之所断是否相符这个角度来判定该命题的真假的。

学习"概念"一章,我们知道,任何两个概念的外延之间客观上存在的关系不外乎全同、真包含、真包含于、交叉、全异这五种关系中的一种。作为性质命题的主项 S、谓项 P,它们的外延之间客观上也不外乎存在这五种关系中的一种。据此,可以判定一个把 S、P 分别作为主项、谓项的性质命题的真假。

1. A 命题的真假情况

A 命题的逻辑形式是"所有 S 是 P",它断定了 S 的外延都是 P 的外延,即断定了 S 与 P 之间或是真包含于关系,或是全同关系。因此,如果 S 与 P 之间客观上存在着真包含于关系或全同关系,那么 A 命题就一定是真的。如,"所有的人都是需要食物的"这一命题中的主项"人"与谓项"需要食物的"之间客观上有真包含于关系,因而"所有的人是需要食物的"是一个真命题;"所有哺乳动物都是有乳腺的动物"这一命题中的主项"哺乳动物"与谓项"有乳腺的动物"之间客观上具有全同关系,因而"所有哺乳动物都是有乳腺的动物"也是一个真命题。

如果某一具体的全称肯定命题的主项与谓项之间客观上存在的关系是真包含关系(如,"所有的知识分子都是教师"),或者是交叉关系(如,"所有的粮食作物都是水田作物"),或者是全异关系(如,"所有的风都是雨"),那么该命题就必然是假的。

2. E 命题的真假情况

E 命题的逻辑形式是"所有的 S 不是 P",它断定 S 的全部外延都不是 P 的外延,即断定了 S 与 P 之间是全异关系。因此,只有当客观上 S 与 P 之间具有全异关系时,E 命题才是真的;否则就是假的。如,"所有有神论者都不是马克思主义者"。这一命题中的主项"有神论者"与谓项"马克思主义者"之间客观上具有全异关系,因而它是真命题。

如果某一具体的全称否定命题的主项与谓项之间客观上存在的是全同关系(如,"所有的哺乳动物都不是有乳腺的动物"),或者是真包含关系(如,"所有的知识分子都不是教师"),或者是真包含于关系(如,"所有教师都不是知识分子"),或者是交叉关系(如,"所有的水田作物都不是粮食作物"),那么该命题就必然是假的。

3. I 命题的真假情况

I 命题的逻辑形式是"有的 S 是 P",它断定了 S 的外延"至少一个也许全部"是 P 的外延,即断定了 S 与 P 之间或是交叉关系、或是真包含关系、或是真包含于关系、或是全同关系。因此,如果 S 与 P 之间客观上存在着交叉关系、或真包含关系、或真包含于关系、或全同关系,那么 I 命题是真的。如:

① 有的水田作物是粮食作物。
② 有的知识分子是教师。
③ 有的教师是知识分子。
④ 有的等角三角形是等边三角形。

命题①的主项"水田作物"与谓项"粮食作物"之间客观上具有交叉关系,因而命题①是真命题。命题②的主项"知识分子"与谓项"教师"之间客观上具有真包含关系,因而命题②是真命题。命题③的主项"教师"与谓项"知识分子"之间客观上具有真包含于关系,因而命题③是真命题。命题④的主项"等角三角形"与谓项"等边三角形"之间客观上具有全同关系,因而命题④是真命题。

如果某一具体的特称肯定命题的主项与谓项之间客观上存在的是全异关系(如"有的牛是马"),那么该命题就必然是假的。

4. O命题的真假情况

O命题的逻辑形式是"有的S不是P",它断定了S的外延"至少一个也许全部"不是P的外延,即断定了S与P之间或是交叉关系、或是真包含关系、或是全异关系。因此,如果S与P之间客观上存在着交叉关系、或真包含关系、或全异关系,那么O命题是真的。如:

⑤ 有的水田作物不是粮食作物。

⑥ 有的知识分子不是教师。

⑦ 有的植物不是动物。

命题⑤的主项"水田作物"与谓项"粮食作物"之间客观上具有交叉关系,因而命题⑤是真命题。命题⑥的主项"知识分子"与谓项"教师"之间客观上具有真包含关系,因而命题⑥是真命题。命题⑦的主项"植物"与谓项"动物"之间客观上具有全异关系,因而命题⑦是真命题。

如果某一具体的特称否定命题的主项与谓项之间客观上存在的是全同关系(如,"有的等角三角形不是等边三角形"),或者真包含于关系(如,"有的牛不是动物"),那么该命题就必然是假的。

如上所述,由于a命题可视为特殊的A命题,二者的真值条件基本相同;e命题可视为特殊的E命题,二者的真值条件基本相同。这样,我们可以得到A、E、I、O、a、e六种性质命题的真假情况一览表,如表4-2所示。

表4-2 真假情况一览表

2 3 1	(S, P)	(P (S))	(P) S	(S)(P)	(S)(P)
所有S是P(SAP)	真	真	假	假	假
所有S不是P(SEP)	假	假	假	假	真
有的S是P(SIP)	真	真	真	真	假
有的S不是P(SOP)	假	假	真	真	真
这个S是P(SaP)	真	真	/	/	假
这个S不是P(SeP)	假	假	/	/	真

上表第一列的"1"表示"S 和 P 客观上具有的关系";"2"表示"命题的真假情况";"3"表示"命题的形式"。

(五) A、E、I、O、a、e 之间的对当关系

若两个性质命题的主、谓项均相同,则称这两个性质命题为"同素材性质命题"。如,"所有的金属都是能导电的"和"有的金属不是能导电的",就是一对同素材的性质命题;而"所有的金属都是能导电的"和"有的金属是有光泽的"就不是一对同素材的性质命题。同素材的性质命题之间具有真假制约关系,这种真假制约关系被称为"对当关系"。

逻辑学家把任意两个同素材的性质命题之间的对当关系①归纳为以下四种,即矛盾关系、反对关系、下反对关系和差等关系。矛盾关系,即不可同真不可同假的关系。也就是:一个命题真,另一个命题必假;一个命题假,另一个命题必真。反对关系,即不可同真但可同假的关系。也就是:一个命题真,另一个命题必假;但一个命题假,另一个命题则真假不定。下反对关系,即不可同假但可同真的关系。也就是:一个命题假,另一个命题必真;但一个命题真,另一个命题则真假不定。差等关系(或称"从属关系"),即既可以同真也可以同假的关系。准确地说,性质命题甲与乙具有差等关系,就是:命题甲真,命题乙必真,命题甲假,命题乙真假不定;命题乙真,命题甲真假不定,命题乙假,命题甲必假。必须注意:前面三种关系是对称的,可以忽略关系者项的顺序(如,说"命题甲与命题乙具有反对关系"等于说"命题乙与命题甲具有反对关系");但差等关系不是对称的,不可以忽略差等关系的关系者项的顺序,"命题甲与命题乙具有差等关系"不等于"命题乙与命题甲具有差等关系"。

根据对四种对当关系的上述定义和上文"性质命题的真假情况一览表",我们就可以确定同素材的 A、E、I、O、a、e 六种性质命题之间的对当关系。即:

具有矛盾关系(粗实线表示)的是:A 与 O;E 与 I;a 与 e。

具有反对关系(细实线表示)的是:A 与 E;A 与 e;E 与 a。

具有下反对关系(虚线表示)的是:I 与 O;I 与 e;O 与 a。

具有差等关系(带箭头的细实线表示)的是:A 与 I;E 与 O;A 与 a;a 与 I;E 与 e;e 与 O。

这些对当关系,可用下面的逻辑六角图表示,如图 4-1 所示。

---

① 其实,任意两个同素材的复合命题之间也有这些关系。可参见第三章第六节的相关部分。

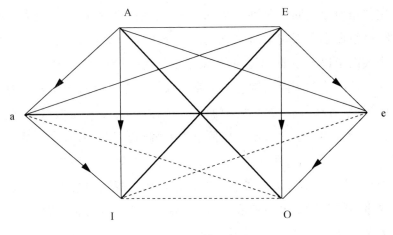

图 4-1　逻辑六角图

根据图 4-1 所示的矛盾关系可得如下等值式：

(1) SAP↔¬(SOP)。

(2) SEP↔¬(SIP)。

(3) SIP↔¬(SEP)。

(4) SOP↔¬(SAP)。

(5) SaP↔¬(SeP)。

(6) SeP↔¬(SaP)。

这些等值式极为重要，可以据此把一个具体性质命题进行等值转换，它们是进行等值推理的逻辑依据。

二、关系命题

(一) 关系命题的构成和逻辑形式

关系命题是断定对象之间具有或不具有某种关系的命题。如：

⑧ a 等于 b。

⑨ 徐州在南京和济南之间。

⑩ 有些选民佩服所有的候选人。

这些都是关系命题。例⑧断定的是对象 a 与对象 b 之间存在的数量关系；例⑨断定的是徐州、南京、济南三者之间存在的地理位置关系；例⑩断定的是部分选民与候选人之间存在的心理关系。

一个典型的关系命题由关系者项、关系项和量项三部分构成。

关系者项，又称"关系命题的主项"，是反映关系命题所断定的对象的概念。由于关系命题断定的是对象之间的某种关系,而任何关系都是存在于两个或两个以上的对象之间,因此,关系命题所断定的对象总是在两个或两个以上,即关系命题中的关系者项总是在两个或两个以上。如,例⑧的关系者项是两个,即"a"和"b";例⑨的关系者项是三个,即"徐州""南京""济南";例⑩的关系者项是两个,即"选民"与"候选人"。在一个关系命题中,关系者项若有两个,则前面的一个称作"关系者前项"(如,例⑩中的"选民"),后面的一个称作"关系者后项"(如例⑩中的"候选人");若有三个或三个以上,则按前后次序分别称作"第一关系者项""第二关系者项""第三关系者项"等,如例⑨中的第一关系者项是"徐州",第二关系者项是"南京",第三关系者项是"济南"。在表达时,关系者项的次序不得颠倒。关系者项有 N 个,就称作"N 项关系命题"。如,例⑧和例⑩都是二项关系命题;例⑨是三项关系命题。

关系项,又称"关系命题的谓项",简称"关系",是反映关系命题所断定的对象之间的关系的概念。如,例⑧的关系项是"等于";例⑨的关系项是"……在……和……之间";例⑩的关系项是"佩服"。

关系命题的"量项"概念与性质命题的"量项"概念在内涵上是一样的,是指反映关系者项被断定的数量范围的概念。它也分全称量项和特称量项两种。后者,如例⑩中的"有些";前者,如例⑩中的"所有的"。关系命题的关系者项可以是单独概念,也可以是普遍概念。当关系者项是单独概念时,其前面不使用量项,当关系者项是普遍概念时,其前面应当用量项。但是,在汉语实际表达中,当关系者项是普遍概念时,其全称量项往往被省略,如例⑩也可表达为"有些选民佩服候选人"。碰到这类不规范的表达,我们在理解时,一定要规范之。特称量项不能被省略。

本书只研究一部分简单关系命题,确切地说,只研究简单关系命题中的关系者项是单独概念的二项关系命题(下简称"二项关系命题")。

二项关系命题,由两个关系者项和一个关系项构成。其逻辑形式可表示为:

aRb

或者 R(a,b)

这里,R 表示关系项,a、b 表示关系者项。

(二)关系命题与性质命题的关系

关系命题与性质命题是相通的。

传统逻辑重视性质命题的研究,而轻视关系命题。一些语句从语义上看理应属于关系命题,而常常被认作性质命题。如,"张三是李四的朋友","王五是王六的父亲"等。一些语句本是典型的关系命题表达样式,也常常被人为转化为性质命题表达样式。如:"张三喜欢李四",被转化为"张三是喜欢李四的";"南京市比合肥市大",被转化为"南京市是比合肥市大的"。——显然,对后一个关系命题的转化是相当别扭的。

诚然,在日常思维中,一个语句表达的究竟是性质命题还是关系命题,往往需要根据语境来判定。例如:

⑪ 甲是乙的同乡,因为乙是丙的同乡,而丙又是甲的同乡。

⑫ 甲是乙的同乡,而乙的同乡都是大学毕业生,所以,甲是大学毕业生。

同一语句"甲是乙的同乡",在例⑪中表达的是一个关系命题,断定了甲和乙之间具有"同乡"关系;而在例⑫中表达的则是一个性质命题,断定了甲具有"乙的同乡"的性质。

(三)关系的特性和二元关系分类

在客观世界中,对象间的关系是复杂多样的。对象之间或具有时间关系,如早晚、先后、快慢等;或具有空间关系,如东西南北、左右、前后、上下等;或具有数量关系,如多少、大小、等于等;或具有质量关系,如强弱、好坏、优劣等;或具有血缘关系,如父子、兄妹、祖孙等;或具有社会关系,如同志、同事、同乡、同学、师生、朋友等;或具有政治关系,如同盟、敌对、统治、压迫、管制、领导等;或具有经济关系,如剥削、资助等种种关系,不胜枚举。逻辑学不研究(也研究不了)客观世界中对象间的种种具体关系,它只研究在种种极不相同的具体关系中存在着的某些共同的特性。

如前所述,对象的性质以及对象之间的关系,统称为"对象的属性"。我们不仅能思考对象,而且能思考对象的属性。也就是,对象的属性本身也可以成为一种思考对象。

对象之间的关系作为一种对象,其本身也有属性。如:"大于"关系作为一种对象,其本身就具有"相对性"这一属性——"大于"总是相对于一定的参照对象而言的。在这里,"相对性",也可叫"属性的属性"。

经过研究,逻辑学家发现,对于某一种二元关系来说,其一般属性可从自返性、对称性和传递性这三个方面去考察。由于自返性与日常关系推理的关系不大,这里只从对称性和传递性两个方面来探讨二元关系的分类。

1. 以对称性为划分标准,把二元关系分为对称关系、不定对称关系和反对称关系

在特定论域中的任意对象 a 和 b,如果 a 与 b 之间有关系 R,且 b 与 a 之间也有关系 R,那么关系 R 是对称关系。例如,"邻居"关系就是对称关系,因为,如果甲是乙的邻居,则乙一定是甲的邻居。又如,"等于""朋友""同学""同乡""同盟""亲戚""配偶""在……旁边""相似"等关系都是对称关系。另外,两个概念外延之间的"全同关系""交叉关系""全异关系"(包括"矛盾关系"和"反对关系"),两个命题之间的"等值关系"、"矛盾关系"、"反对关系"、"下反对关系"等也是对称关系。当关系命题的关系项

为对称关系时,便构成对称关系命题。如:"自行车在跨栏的旁边"。

在特定论域中的任意对象 a 和 b,如果 a 与 b 之间有关系 R,而 b 与 a 之间却不一定有关系 R,也不一定没有关系 R,那么关系 R 是不定对称关系(又叫"非对称关系")。例如,"佩服"关系就是不定对称关系,因为,如果甲佩服乙,则乙不一定佩服甲,也不一定不佩服甲。又如"信任""尊敬""喜爱""了解""批评""反对""支持""拥护""帮助"等关系都是不定对称关系。当关系命题的关系项为不定对称关系时,便构成不定对称关系命题。如:"牛郎爱织女"。

在特定论域中的任意对象 a 和 b,如果 a 与 b 之间有关系 R,而 b 与 a 之间一定没有关系 R,那么关系 R 是反对称关系。例如,"强于"关系就是反对称关系,因为,若甲强于乙,则乙一定不强于甲。又如,"重于""小于""多于""低于""以东""之上""之前""侵略""剥削""统治""压迫""上级""丈夫""父""儿子""哥哥""妹妹"等关系都是反对称关系。另外,两个概念外延之间的"真包含关系""真包含于关系"等,两个命题之间的"蕴涵关系"(充分条件关系、差等关系)、"逆蕴涵关系"(必要条件关系)等也是反对称关系。当关系命题的关系项为反对称关系时,便构成反对称关系命题。如:"张三是李四的上级"。

2. 以传递性为划分标准,把二元关系分为传递关系、不定传递关系和反传递关系

在特定论域中的任意对象 a、b、c,如果 a 与 b 之间有关系 R,b 与 c 之间有关系 R,并且 a 与 c 之间也有关系 R,那么关系 R 就是传递关系。例如:"贵于"关系就是传递关系。因为,如果甲贵于乙,乙贵于丙,那么甲一定贵于丙。又如,"等于""同乡""大于""少于""重于""高于""平行""早于""后""左""长""来源于""不如""哥哥"等关系都是传递关系。另外,两个概念外延之间的"包含关系""包含于关系""全同关系""真包含关系""真包含于"等,两个命题之间的"蕴涵关系"(充分条件关系、差等关系)、"逆蕴涵关系"(必要条件关系)、"等值关系"等也都是传递关系。当关系命题的关系项为传递关系时,便构成传递关系命题。如:"张三排在李四的前边""李四排在王五的前边"。

在特定论域中的任意对象 a、b、c,如果 a 与 b 之间有关系 R,且 b 与 c 之间也有关系 R,但 a 与 c 之间不一定有关系 R,也不一定没有关系 R,那么关系 R 是不定传递关系(又叫"非传递关系")。例如,"了解"关系就是不定传递关系,因为,如果甲了解乙,乙了解丙,那么甲可能了解丙,也可能不了解丙。又如,"认识""相信""佩服""喜欢""尊敬""邻居""老师""朋友""不等于""不同于""剥削""支持"等关系都是不定传递关系。另外,两个概念外延之间的"交叉关系"、"全异关系"等,也都是不定传递关系。当关系命题的关系项为不定传递关系时,便构成不定传递关系命题。如:"张三认识李四""李四认识王五"。

在特定论域中的任意对象 a、b、c，如果 a 与 b 之间有关系 R，且 b 与 c 之间也有关系 R，而 a 与 c 之间却一定没有关系 R，那么关系 R 是反传递关系。例如，"母亲"关系就是反传递关系，因为，如果甲是乙的母亲，乙是丙的母亲，那么甲一定不是丙的母亲。又如，"外婆""叔叔""儿子""孙子""祖父""大两岁""重三斤"等关系都是反传递关系。另外，两个概念外延之间的"矛盾关系"也是反传递关系。当关系命题的关系项为反传递关系时，便构成反传递关系命题。如："张三是李四的舅舅""李四是王五的舅舅"。

必须指出：说明关系的传递性，需要涉及三个对象。但是，传递性是二项关系的逻辑特征，不是三项关系的逻辑特性。

第二节 性质命题的直接推理

性质命题的推理，包括性质命题的直接推理和性质命题的间接推理；二者均属演绎推理、必然性推理。

所谓"性质命题的直接推理"，就是以一个性质命题为前提推出一个新的性质命题为结论的推理。它包括三种：根据对当关系的直接推理、命题变形的直接推理和附性法（直接）推理。本节只介绍前面两种。

一、根据对当关系的直接推理

（一）根据矛盾关系的直接推理

根据前述"矛盾关系"概念的定义，可由六角逻辑图得到如下直接推理的有效式：

(1) SAP ⊢ ¬(SOP)。

(2) ¬(SAP) ⊢ SOP。

(3) SEP ⊢ ¬(SIP)。

(4) ¬(SEP) ⊢ SIP。

(5) SIP ⊢ ¬(SEP)。

(6) ¬(SIP) ⊢ SEP。

(7) SOP ⊢ ¬(SAP)。

(8) ¬(SOP) ⊢ SAP。

(9) SaP ⊢ ¬(SeP)。

(10) ¬(SaP) ⊢ SeP。

(11) SeP ⊢ ¬(SaP)。

(12) ¬(SeP) ⊢ SaP。

这里仅就推理式(1)(3)分别举一例，余者请读者自己举例。式(1)，如："所有的公民都是要守法的,所以,并非有的公民不是要守法的"。式(3),如:"所有的有神论者都不是马克思主义者,所以,并非有的有神论者是马克思主义者"。

(二) 根据反对关系的直接推理

根据前述"反对关系"概念的定义,可由六角逻辑图得到如下直接推理的有效式:

(1) SAP ⊢ ¬(SEP)。

(2) SEP ⊢ ¬(SAP)。

(3) SAP ⊢ ¬(SeP)。

(4) SeP ⊢ ¬(SAP)。

(5) SEP ⊢ ¬(SaP)。

(6) SaP ⊢ ¬(SEP)。

这里仅就推理式(1)(5)分别举一例,余者请读者自己举例。式(1),如:"所有的事物都是发展变化的,所以,并非所有的事物都不是发展变化的"。式(5),如:"所有的绵羊都不是猛兽,所以,并非这只绵羊是猛兽"。

注意:由于具有反对关系的两个同素材性质命题是可以同假的,所以在它们之间不能进行由否定一个到肯定另一个的推理。

(三) 根据下反对关系的直接推理

根据前述"下反对关系"概念的定义,可由六角逻辑图得到如下直接推理的有效式:

(1) ¬(SIP) ⊢ SOP。

(2) ¬(SOP) ⊢ SIP。

(3) ¬(SaP) ⊢ SOP。

(4) ¬(SOP) ⊢ SaP。

(5) ¬(SeP) ⊢ SIP。

(6) ¬(SIP) ⊢ SeP。

这里仅就推理式(2)(6)分别举一例,余者请读者自己举例。式(2),如:"并非有的人不是需要接受道德审判的,所以,有的人是需要接受道德审判的"。式(6),如:"并非有的清洁工是亿万富翁,所以,这个清洁工不是亿万富翁"。

注意:由于具有下反对关系的两个同素材性质命题是可以同真的,所以在它们之间不能进行由肯定一个到否定另一个的推理。

(四) 根据差等关系的直接推理

根据前述"差等关系"概念的定义,可由六角逻辑图得到如下直接推理的有效式:

(1) SAP ⊢ SIP。

(2) ¬（SIP）⊢¬（SAP）。

(3) SEP⊢SOP。

(4) ¬（SOP）⊢¬（SEP）。

(5) SAP⊢SaP。

(6) ¬（SaP）⊢¬（SAP）。

(7) SaP⊢SIP。

(8) ¬（SIP）⊢¬（SaP）。

(9) SEP⊢SeP。

(10) ¬（SeP）⊢¬（SEP）。

(11) SeP⊢SOP。

(12) ¬（SOP）⊢¬（SeP）。

这里仅就推理式(4)(8)分别举一例，余者请读者自己举例。式(4)，如："并非有的知识不是后天获得的，所以，并非所有的知识不是后天获得的"。式(8)，如："并非有的清洁工是亿万富翁，所以，并非这个清洁工是亿万富翁"。

二、命题变形的直接推理

"命题变形的直接推理"，是指通过改变性质命题联项的性质或改变性质命题主、谓项的位置所进行的直接推理。其基本类型有两种：换质推理和换位推理。

（一）换质推理

<u>换质推理，又称"换质法"，它是通过改变作为前提的性质命题联项的性质而得出一个新的性质命题作为结论的直接推理。</u>例如：

① 所有的真理都是符合实际的认识，所以，所有的真理都不是不符合实际的认识。

② 所有的宗教教义都不是科学，所以，所有的宗教教义都是非科学。

③ 有的法规是有阶级性的，所以，有的法规不是没有阶级性的。

④ 有的公务员不是大学毕业生，所以，有的公务员是非大学毕业生。

准确地说，换质推理应称为"换质等值推理"。逻辑学家归纳出了如下等值式（式中的 $\overline{P}$ 与 P 这两个概念之间具有矛盾关系）：

SAP↔SE$\overline{P}$

SEP↔SA$\overline{P}$

SIP↔SO$\overline{P}$

SOP↔SI$\overline{P}$

根据这些等值式可以得到 8 条有效推理式（有的推理式没有举例,请读者自举）,即：

SAP ⊢ SE$\overline{P}$（如,例①）

SE$\overline{P}$ ⊢ SAP

SEP ⊢ SA$\overline{P}$（如,例②）

SA$\overline{P}$ ⊢ SEP

SIP ⊢ SO$\overline{P}$（如,例③）

SO$\overline{P}$ ⊢ SIP

SOP ⊢ SI$\overline{P}$（如,例④）

SI$\overline{P}$ ⊢ SOP

必须注意：

第一,换质推理不能连续进行,否则,就会出现循环。如：SAP ⊢ SE$\overline{P}$ ⊢ SAP。

第二,换质推理时,最易出错之处是：将前提命题的谓项换成其反对概念（而不是其矛盾概念）作为结论命题的谓项。如：

⑤ 这些人都不是老年人,所以,这些人都是青年人。

这个换质推理是不正确的。因为"青年人"不是"老年人"的矛盾概念,而是"老年人"的反对概念。

(二) 换位推理

换位推理,又称"换位法",它是通过调换作为前提的性质命题的主谓项位置而得出一个新的性质命题作为结论的直接推理。例如：

⑥ 所有的商品都是劳动产品,所以,有些劳动产品是商品。

⑦ 所有的侵略战争都不是正义战争,所以,所有的正义战争都不是侵略战争。

⑧ 有的亚洲国家是社会主义国家,所以,有的社会主义国家是亚洲国家。

换位推理,可以分两种：等值换位推理和不等值换位推理。

逻辑学家归纳出了两条等值式,即：

SEP ↔ PES

SIP ↔ PIS

等值换位推理就是根据这两条等值式而进行的推理。其有效式有 4 条（有的推理式没有举例,请读者自举）：

SEP ⊢ PES（如,例⑦）

PES ⊢ SEP

SIP ├ PIS(如,例⑧)

PIS ├ SIP

显然,等值换位推理也不能连续进行,否则,就会出现循环。如:SEP ├ PES ├ SEP。

不等值换位推理的有效式只有一条,即:

SAP ├ PIS(如,例⑥)

显然,不等值换位推理可以连续进行,即:

SAP ├ PIS ├ SIP

例如:

⑨ 所有的商品都是劳动产品;所以,有些劳动产品是商品;所以,有些商品是劳动产品。

换位推理必须遵守一条规则,即:前提中不周延的项,经换位后在结论中也不得周延。换位推理中,容易出错之处是:前提中不周延的项经换位后在结论中周延了。如:

⑩ 真理都是可被实践检验所证实的,所以,可被实践检验所证实的都是真理。

例⑩,虽然其前提和结论都是真的,但它违反了换位推理规则;因为"可被实践检验所证实的"这一词项在前提中是不周延的,而在结论中却周延了。

对照换位推理的规则,我们发现不能以 O 命题为前提进行换位推理。因为,如果进行"SOP ├ POS"这种形式的推理,那么就会出现 S 在前提中不周延却在结论中周延的情况。例如:

⑪ 有的人不是商人,所以,有的商人不是人。

显然,这一换位推理所得到的结论是荒谬的。原因是:"人"这一词项在前提中是不周延的,而在结论中却周延了。

总之,性质命题变形的直接推理的基本种类是换质推理和换位推理。

必须指出,在讨论"性质命题变形的直接推理"时,逻辑学家是把 a 命题、e 命题分别作 A 命题和 E 命题处理的,即 SaP=SAP,SeP=SEP。如:

⑪ 这个同志是大学生,所以,这个同志不是非大学生。

⑫ 太湖不是咸水湖,所以,太湖是非咸水湖。

⑬ 黄山是美丽的山,所以,有的美丽的山是黄山。

⑭ 黄山不是我国最高的山,所以,我国最高的山不是黄山。

虽然例⑪⑫⑬⑭四个推理都是单称命题变形的直接推理,但逻辑学家认定它们的推理形式分别是 SAP ⊢SE$\bar{P}$、SEP ⊢SA$\bar{P}$、SAP ⊢$\bar{P}$IS 和 SEP ⊢PES。

(三) 换质推理和换位推理的混合运用——换质位推理

换质位推理是对换质推理和换位推理的一种混合运用。例如：

⑮ 所有的共青团员都是青年,所以所有的共青团员都不是非青年,所以所有的非青年都不是共青团员,所以所有的非青年都是非共青团员,所以有的非共青团员是非青年,所以有的非共青团员不是青年。

这个推理是一种换质推理和换位推理机械交叉进行的推理：换质,换位,再换质,再换位……

换质位推理有两种途径：一是"先换质后换位"途径；二是"先换位后换质"途径。

应该注意：第一,在其推理过程中,换位时要遵守换位推理的规则；第二,当前提是 A 命题时,可进行连续换位。

逻辑学家归纳了如下 10 条换质位推理的有效式。(括号中加横线的,表示连续换位)

1. A 命题换质位推理的有效式(4 条)

(1) SAP ⊢SE$\bar{P}$ ⊢$\bar{P}$ES ⊢$\bar{P}$A$\bar{S}$ ⊢$\bar{S}$IP ⊢$\bar{S}$OP

或者(2) SAP ⊢SE$\bar{P}$ ⊢$\bar{P}$ES ⊢$\bar{P}$A$\bar{S}$ ⊢$\bar{S}$I$\bar{P}$ ⊢$\bar{P}$IS ⊢$\bar{P}$OS

(3) SAP ⊢PIS ⊢PO$\bar{S}$

或者(4) SAP ⊢PIS ⊢SIP ⊢SO$\bar{P}$

2. E 命题换质位推理的有效式(4 条)

(1) SEP ⊢SA$\bar{P}$ ⊢$\bar{P}$IS ⊢$\bar{P}$OS

或者(2) SEP ⊢SA$\bar{P}$ ⊢$\bar{P}$IS ⊢SI$\bar{P}$ ⊢SOP

(3) SEP ⊢PES ⊢PA$\bar{S}$ ⊢$\bar{S}$IP ⊢$\bar{S}$OP

或者(4) SEP ⊢PES ⊢PA$\bar{S}$ ⊢$\bar{S}$IP ⊢$\bar{P}$IS ⊢POS

3. I 命题换质位推理的有效式(1 条)

SIP ⊢PIS ⊢PO$\bar{S}$

4. O 命题换质位推理的有效式(1 条)

SOP ⊢SI$\bar{P}$ ⊢$\bar{P}$IS ⊢$\bar{P}$OS

思维实践中,人们经常要用到换质位推理的上述有效推理式。

例：⑯"有些无机物不是生物,因为所有的生物都是有机物。"问这个推理是否正确？

解：

设 S 表示"生物",P 表示"有机物",则例⑯的推理形式是:

SAP ⊢$\overline{P}$OS

由 SAP 可进行换质位推理,即:"SAP ⊢SE$\overline{P}$ ⊢$\overline{P}$ES ⊢$\overline{P}$A$\overline{S}$ ⊢$\overline{S}$I$\overline{P}$ ⊢$\overline{P}$I$\overline{S}$ ⊢$\overline{P}$OS"。① 也就是说,由 SAP 可以推出 $\overline{P}$OS。因此,例⑯推理正确。在这里,就用到了"A 命题换质位推理的有效式"(2)。

在运用上述有效推理式时应该注意以下两项。

第一,在日常思维中,人们进行换质位推理大多不需要把上述推理式"用足",而是截其一段使用。如:"所有的蛇都不是恒温动物,所以所有的蛇都是非恒温动物,所以有的非恒温动物是蛇"。这一推理只截取运用了"SE$\overline{P}$ ⊢SA$\overline{P}$ ⊢$\overline{P}$IS ⊢$\overline{P}$OS"公式的前一部分"SE$\overline{P}$ ⊢SA$\overline{P}$ ⊢$\overline{P}$IS"(S 表示蛇,P 表示"恒温动物")。

第二,事实上,汉语所表达的换质位推理往往采取省略的形式。如:"科学思维是合乎逻辑的思维,所以不合乎逻辑的思维不是科学思维"。这就是换质位推理的省略表达。其实际推理应是:"科学思维是合乎逻辑的思维,所以科学思维不是不合乎逻辑的思维,所以不合乎逻辑的思维不是科学思维。"

第三节 性质命题的间接推理——三段论

一、三段论的含义和构成

三段论,又叫"直言三段论",它是以两个包含着一个共同概念(词项)的性质命题为前提,推出一个新的性质命题为结论的性质命题的间接推理。本节所谓的"概念"("词项"),特指用作性质命题主项或谓项的概念。例如:

① 所有的上层建筑都是为经济基础服务的;
所有的文学艺术都是上层建筑;
所以,所有的文学艺术都是为经济基础服务的。

例①是一个典型的三段论。其前提是两个性质命题,它们含有一个共同的概念("上层建筑"),并以此概念为中介使前提中的另外两个概念("文学艺术"和"为经济基础服务的")发生联系,从而推出一个新的性质命题为结论。

任何一个三段论,都包含有而且仅仅包含有三个不同的概念,每个概念各出现两

---

① "SAP ⊢$\overline{P}$OS"能否成立,有时需要经过 4 次尝试,即分别尝试 A 命题换质位推理的 4 条有效式。只有 4 次尝试都推不出,才能说"SAP ⊢$\overline{P}$OS"不能成立。同样,由 SEP 而进行的推理往往也需分别尝试 E 命题换质位推理的 4 条有效式。请读者切记。

次,被分别称作"小项""大项"和"中项"。小项,用"S"表示,是在结论中作为主项并在一个前提中出现的概念,如例①中的"文学艺术"。大项,用"P"表示,是在结论中作为谓项并在另一个前提中出现的概念,如例①中的"为经济基础服务的"。中项,用"M"表示,是起着中介作用、在前提中出现两次而在结论中不出现的概念,如例①中的"上层建筑"。三段论的前提由两个性质命题构成,其一叫"大前提",即大项所在的那个前提,如例①中的"所有的上层建筑都是为经济基础服务的";其二叫"小前提",即小项所在的那个前提,如例①中"所有的文学艺术是上层建筑"。

基于上述知识,我们可将例(1)这个三段论的逻辑形式概括为:

所有 M 是 P

所有 S 是 M

所以,所有 S 是 P

逻辑学家约定,一个规范的三段论表达应该是大前提在前,小前提在中,结论在后;虽然在日常汉语表达中其顺序是自由的。本节在讨论相关问题时,一般都遵守此约。

二、三段论的规则

三段论的规则有以下几个。

(一) 必须有而且只能有三个不同的概念

就是在三段论的三个性质命题中,充当主谓项的不同概念(词项)必须是而且只能是三个。这一规则是三段论的定义本身所直接包含的。在三段论推理实践中,人们一般不会出现"一概念""两概念""五概念""六概念"的错误,也不会出现明显的"四概念"错误;容易出现的错误往往是隐含的"四概念"错误(即在三段论的三个性质命题中,充当主谓项的不同概念共有四个)。出现"四概念"错误的原因是:无意或有意地把两个貌似相同而实质不同的概念作为同一概念使用。例如:

② 粮食是我国居民的主食,

大米是粮食;

所以,大米是我国居民的主食。

其中的"粮食",在大前提中是集合概念,而在小前提中则是非集合概念,这样整个推理共出现了四个不同的概念。

"四概念"大多隐含在中项里,但有时也会隐含在大项或小项里。

(二) 中项在前提中至少周延一次

在三段论中,中项是一个关键项。它的使命是:使大项与小项建立必然性的联系。这一使命要求它在两个前提中至少得周延一次。如果两次出现于前提的中项连一次也没有周延过,那么就有可能产生这样的现象:大项与中项的这一部分发生联系,小项与中项的另一部分发生联系。这样,大项与小项的关系就无法确定,因而无法推出必然性结论。

违反这一规则的逻辑错误叫做"中项不周延"。例如:

③ 有些学过哲学的是俊杰;

高校文科的学生都是学过哲学的;

所以,高校文科的学生有些是俊杰。

例③的中项是"学过哲学的",它在大前提中是不周延的,因为它处于特称命题的主项位置(大前提是特称命题);它在小前提中也是不周延的,因为它处于肯定命题的谓项位置(小前提是肯定命题)。因此,例③犯了"中项不周延"的逻辑错误。虽然,例③的前提和结论都是真的,但其结论之真并不是从前提之真合乎逻辑地推出来的。

(三) 前提中不周延的项,在结论中也不得周延

大项或小项,如果在前提中没有被断定其全部外延,那么在结论中就不能被断定其全部外延;否则,就不能保证推理的必然性。违反这一规则的逻辑错误有两种:一种叫"大项扩大",就是大项在前提中不周延而在结论中周延了;另一种叫"小项扩大",就是小项在前提中不周延而在结论中周延了。例如:

④ 党员是需要向灾区捐款的;

我不是党员;

所以,我不是需要向灾区捐款的。

⑤ 凡作案者都应逮捕;

凡作案者都是有作案动机的;

所以,凡有作案动机的都应逮捕。

例④中的大项"需要向灾区捐款的",在大前提中是不周延的,但到结论中却周延了,故例④犯了"大项扩大"的逻辑错误。例⑤中的小项"有作案动机的",在小前提中是不周延的,但到结论中却周延了,故例⑤犯了"小项扩大"的逻辑错误。

必须注意:本规则只是规定"前提中不周延的项,在结论中也不得周延"。至于前提中周延的项,在结论中则可以周延,也可以不周延。

(四) 两个前提不能都是否定的

如果两个前提都是否定的,那么大项的全部外延或至少一部分外延与中项的外延相排斥,小项的全部外延或至少一部分外延与中项的外延相排斥。这样,大项与小项

的关系就无法确定(此时,它们彼此可能是不相容关系,也可能是相容关系),因此也就无法推出什么结论。例如:

⑥ 所有的宗教教义都不是辩证唯物主义;
所有的自然科学都不是宗教教义;
所以?

这个三段论推不出任何结论。

(五)如果前提中有一个是否定的,那么结论必是否定的;如果结论是否定的,那么必有一个前提是否定的

一个三段论,如果两个前提中有一个是否定的,那么另一个必须是肯定的,因为两个否定前提推不出结论。这样,前提有两种情况:第一,大前提是肯定的,小前提是否定的;第二,大前提是否定的,小前提是肯定的。如果大前提肯定小前提否定,那么中项与小项相排斥,与大项相容;如果大前提否定小前提肯定,那么中项与大项相排斥,与小项相容。由于大项与小项是通过中项建立关系的,既然中项或者与小项相排斥,或者与大项相排斥,那么大项与小项就至少有部分外延互相排斥,因此作为以小项做主项以大项做谓项而构成的命题——结论必然是否定的。

一个三段论,如果结论是否定的,也就是大项与小项之间至少有部分外延相排斥,之所以如此,必定是前提中的中项要么与小项相排斥,要么与大项相排斥。如果前提中的中项与小项相排斥,则小前提是否定性的;如果前提中的中项与大项相排斥,则大前提是否定性的;就是说两个前提中必有一个是否定的。

以上5条规则是基本的,遵守这5条基本规则,是确保一个具体三段论的推理式有效的充分必要条件。但是,为了方便人们的日常思维,逻辑学家又以它们为基础,推导归纳出以下两条规则。

(六)两个前提不能都是特称的

一个三段论,如果两个前提都是特称的,那么这两个前提的组合情况不外乎II、OO、IO这三种(不分大、小前提)。

如果两个前提的组合情况是II,那么就会出现前提中没有一个项是周延的情况,从而违反了"中项在前提中至少得周延一次"之规则,推不出结论。如果两个前提的组合情况是OO,那么就违反了"两个前提不能都是否定的"之规则,推不出结论。如果两个前提的组合情况是IO,那么前提中只有一个项(O命题的谓项)是周延的。既然前提为I命题和O命题,那么根据规则(五)中"如果前提中有一个是否定的,那么结论必是否定的"之精神,推知结论必定是否定的,大项周延;进而由规则(三)"前提中不周延的项,在结论中也不得周延"之精神推知大项在前提中也得周延。再者,规则(二)又要

求"中项在前提中至少周延一次"。也就是说,如果两个前提的组合情况是 IO,那么就要求前提中至少有两个项(大项和中项)各周延一次;但 IO 这两个前提中只有一个项周延,满足不了这个要求。因此,以 IO 为前提的三段论也是推不出结论的。总之,两个前提不能都是特称的。

(七)前提之一是特称的,结论必是特称的

一个三段论,如果前提之一是特称的,那么两个前提的组合情况不外乎 AI、EI、AO、EO 这四种(不分大、小前提)。在这四种情况下,假如能得出结论,则只能得出一个特称结论。

如果两个前提的组合情况是 AI,那么两个前提中只有一个项(即 A 命题的主项)是周延的,根据规则(二)知这个项只能是中项;这样,前提中的大项和小项都是不周延的。既然小项在前提中不周延,那么根据规则(三),它在结论中也不得周延——也就是说,结论只能是特称的。如果两个前提的组合情况是 EI 或 AO,那么根据规则(五),其所得结论是否定的,大项在结论中周延,进而由规则(三)推知大项在前提中也须周延。又根据规则(二),中项在前提中至少要周延一次。在一个前提为 E 命题、另一个前提为 I 命题,或在一个前提为 A 命题、另一个前提为 O 命题的情况下,前提中只有两个项是周延的。根据上述推论,这两个周延的项只能是大项和中项。于是推知,前提中不周延的项只能是小项。既然小项在前提中不周延,那么根据规则(三),它在结论中也不得周延——也就是说,结论只能是特称的。如果两个前提的组合情况是 EO,那么根据规则(四),推不出结论。

综上,规则(七)获证。

三段论规则歌诀:中项周延概念三,大项小项莫扩张,一特得特否得否,否特成双结论难。

三、三段论的格和式

(一)三段论的格

三段论的格,是指由于中项在前提中所处位置的不同而形成的三段论的不同的推理格式。共有四个格,分别可表示为:

M－P	P－M	M－P	P－M
S－M	S－M	M－S	M－S
S－P	S－P	S－P	S－P
(一)	(二)	(三)	(四)

第一格,中项在大前提中是主项,在小前提中是谓项。例如:"所有的公安干警都是国家公务员;在这个院子里上班的都是公安干警;所以,在这个院子里上班的都是国

家公务员"。

第二格,中项在大、小前提中都是谓项。例如:"所有的金属都是能导电的;这种材料不是能导电的;所以,这种材料不是金属"。

第三格,中项在大、小前提中都是主项。例如:"爱迪生是大发明家;爱迪生是自学成才者;所以,有的自学成才者是大发明家"。

第四格,中项在大前提中是谓项,在小前提中是主项。例如:"有的高产作物是玉米;所有的玉米都是旱地作物;所以,有的旱地作物是高产作物"。

三段论的四个格在结论方面各具特点。一个有效的三段论,其结论的命题类型必然是:第一格的结论 A/E/I/O;第二格的结论 E/O;第三格的结论 I/O;第四格的结论 E/I/O。

三段论各格在功用上有着不同的侧重点。第一格被称为"典型格",它最自然、最显著地表现了三段论之演绎推理特点,人类最习惯于用此格思维,因而得到最广泛的应用。尤其在司法审判中、规章制度的实施中有着特别重要的作用(甚至被称为"审判格")。第二格常被用来揭示事物之间的区别,指出某事物不属于某一类,故被称为"区别格"。又由于第二格的结论是否定的,因而在思维实践中,人们还常常用它来反驳某些肯定判断。第三格常用于反驳全称命题(判断)或者例证自己的观点,故第三格被称为"反驳格"或"例证格"。第四格,在实际思维中没有什么特别的用途,也很少被应用,故被称为"稀有格"。在具体思维实践中,人们为使推理更明晰,更便于他人理解、接受,总是喜欢把此格划归为第一格来表述。

(二) 三段论的式

三段论的式,是指 A、E、I、O 四种性质命题①在两个前提和一个结论中的不同组合所构成的三段论的形式。例如,某一三段论,如果其大前提为 E 命题,小前提为 I 命题,结论为 O 命题,那么该三段论的式就是 EIO 式。EIO 式中的字母依次表示大前提的命题类型、小前提的命题类型和结论的命题类型。这是逻辑学家的约定。

由于 A、E、I、O 这四种性质命题都可以分别用作大前提、小前提和结论,其组合数为 4×4×4,因此,三段论的式共有 64 个。

(三) 三段论的格式

三段论的格式,也叫"三段论的逻辑形式""三段论的推理形式""三段论的推理式",是指三段论的式与三段论的格相结合而形成的推理形式结构。例如:

---

① 在讨论三段论的格式时,为追求理论的简洁,约定把 SaP、SeP 分别处理为 SAP、SEP。这样,就把六种性质命题合并为四种了。

⑦ 所有个体户都没有纳税；
张三是个体户；
所以,张三没有纳税。

这个三段论属于第一格,属于 AAA 式,可称之为"第一格的 AAA 式"。其格式(推理式)是:

MAP
SAM
SAP

或写成横式：MAP∧SAM⊢SAP。

三段论的式有 64 个,把它们分配到四个格中去,二者的结合总数为 64×4。也就是说,三段论的格式共有 256 个。但是,这是理论上的数字,实际上其中的绝大多数是无效格式。根据三段论的基本规则,把那些无效格式排除出去,最后只剩下 24 个有效格式,即三段论的有效式。它们是:

第一格	第二格	第三格	第四格
AAA	AEE	AAI	AAI
EAE	EAE	EAO	EAO
AII	AOO	AII	AEE
EIO	EIO	EIO	EIO
（AAI）	（AEO）	IAI	IAI
（EAO）	（EAO）	OAO	（AEO）

上面 24 个有效式中,有 5 个带有括号,它们都是弱式。从前提中推出的结论,本应是全称命题,却变为特称命题,人们把具有这种情况的有效式,称作"弱式"。弱式虽然是有效式,但缺乏实用价值。

上面 24 个有效式可用以检验某个具体三段论的推理式是否有效。一个三段论的推理式是有效的,当且仅当它在上表中能找到。其检验步骤是:第一步把该三段论的推理形式抽象出来;第二步判定,即若其推理形式能在上面 24 个有效式中找到,则该推理形式是有效的,否则是无效的。如:

⑧ 凡作案者都有作案动机；
张三有作案动机；
所以,张三是作案者。

这个三段论的推理形式是:
PAM

SAM

SAP

此推理形式是第二格的 AAA 式。对照上面 24 个有效式,发现"第二格"这一栏中没有 AAA 式,因此,可断定例⑧的推理形式不是有效的,例⑧不是一个正确三段论。当然,例⑧的正确与否也可以运用三段论规则进行判定,请读者尝试之。

四、省略三段论

每一个三段论,在逻辑结构上都得有大前提、小前提和结论这三部分,三者缺一不可。但是,在日常生活中,人们表述一个三段论则往往省略这三者之一。例如:

⑨ 台湾问题是我国的内政问题,美国人为什么要指手画脚?

这是一个省略了大前提的三段论。其完整形式是:"我国的内政问题美国人不应该指手画脚(此大前提被省略),台湾问题是我国的内政问题,所以台湾问题美国人不应该指手画脚。"

<u>省略三段论,又称"三段论的省略式",是指在表达中把三段论三个命题中的某一个略去的三段论</u>。其省略情况有三种。

(一) 省略大前提

当大前提是众所周知的一般性原理、常识时,它往往被省略。在省略三段论中,大前提被省略的比率是最高的。如例⑨。又:

⑩ 你是党教育出来的孩子,党不能放开你不管。(《红旗谱》)

例⑩推理的完整形式是:"凡是党教育出来的孩子党不能放开不管(此大前提被省略),你是党教育出来的孩子,所以,党不能放开你不管。"

(二) 省略小前提

当使用不言而喻的事实作为小前提时,该小前提常常不被表达出来。例如:

⑪ 是这个学校的学生都得遵守本规定,你能例外吗?

例⑪推理的完整形式是:"所有这个学校的学生都是要遵守本规定的;你是这个学校的学生(此小前提被省略);所以,你是要遵守本规定的('不能例外')。"

(三) 省略结论

当结论的内容具有显而易见的特点时,该结论常被省略。例如:

⑫ 语境:晚会上。

萧伯纳在想心事。

富　翁：我愿意出一美元，来打听你在想啥。

萧伯纳：我想的东西不值一美元。

富　翁：你在想啥呢？

萧伯纳：你真想知道吗？

富　翁：我太想知道了。

萧伯纳：我在想您啊！

在这里，萧伯纳的话含有一个三段论，其完整形式是："我想的东西不值一美元，你是我想的东西，所以你不值一美元（此结论被省略）。"

采用三段论的省略形式，可使表达显得质朴、自然、简洁、含蓄和更富于逻辑力量。但必须看到，省略三段论也有不足。这就是："省略"常常可能掩盖着前提的虚假或推理形式上的错误。因此，我们需要重视对省略三段论的整理和检查。

其整理和检查的步骤是：第一步，根据三段论常识确认被省略的是前提还是结论；如果被省略的是前提，那么还得确认是大前提还是小前提。第二步，补写被省略命题，整理出完整的三段论。第三步，根据"前提真实同时形式有效"之标准进行检验，判定其正确与否。

至此，本章关于性质命题及其推理的理论已经介绍完毕。

必须指出：在该理论的介绍过程中，特别是在介绍同素材性质命题之间的对当关系、性质命题直接推理的有效推理式和三段论的有效推理式时，我们均预设了性质命题中的主项、谓项所反映事物的存在，即均预设它们不是虚概念。如果不满足这个预设，那么许多观点、原理、有效推理式往往是不能成立的。

第四节　关系推理

关系推理，就是前提中至少有一个是关系命题并且主要依据其关系项的逻辑特性而进行的推理。关系推理也是演绎推理和必然性推理，只要前提真实，推理符合规则，其结论必然是真实的。

关系推理，可以分两类：纯关系推理和混合关系推理。

本书讨论的是纯关系推理，其前提通常是简单关系命题，是关系者项为单独概念的二项关系命题。

一、纯关系推理

纯关系推理，就是前提和结论都是关系命题的推理，它是根据关系的对称性和传递性进行推演的。纯关系推理,主要有两种:对称性关系推理和传递性关系推理。

(一)对称性关系推理

对称性关系推理,又称"直接关系推理",是根据关系命题中的关系是对称的还是反对称的这一逻辑特性,由一个关系命题直接推出另一个关系命题的纯关系推理。它又可分为对称关系推理和反对称关系推理两种。

1. 对称关系推理

对称关系推理,是以对称关系命题为前提,根据对称关系的逻辑特性所进行的推理。例如:

① 小张是小李的亲戚;所以,小李是小张的亲戚。

对称关系(R)具有"若 aRb 真,则 bRa 必真"的逻辑特性。例①正是根据这一逻辑特性而进行的推理,前提和结论都是对称关系命题("亲戚"关系是对称关系)。

对称关系推理的逻辑形式是:

aRb ⊢bRa(R 为对称关系)

由于 aRb↔bRa(R 为对称关系),所以对称关系推理是一种等值推理。例如,也可由"小李是小张的亲戚"推出"小张是小李的亲戚"。

凡对称关系命题都可以进行对称关系推理。

2. 反对称关系推理

反对称关系推理,是以反对称关系命题为前提,根据反对称关系的逻辑特性所进行的推理。例如:

② 张三是李四的上级;所以,李四不是张三的上级。

反对称关系(R)具有"若 aRb 真,则 bR̄a 也真"(R̄ 与 R 具有矛盾关系)的逻辑特性。例②正是根据这一逻辑特性而进行的推理,其前提是一个反对称关系命题("上级"关系是反对称关系)。

反对称关系推理的逻辑形式是:

aRb ⊢bR̄a(R 为反对称关系)

上式中的 aRb 与 bR̄a 是不等值的,所以反对称关系推理不是一种等值推理。例如,"李四不是张三的上级"推不出"张三是李四的上级"。

凡反对称关系命题都可以进行反对称关系推理。

不定对称关系的逻辑特性决定了不定对称关系命题不能进行对称性关系推理。

(二)传递性关系推理

传递性关系推理,又称"间接关系推理",是根据关系命题中关系是传递的还是反传递的这一逻辑特性,由两个或两个以上的关系命题(本书的阐述假定的是两个关系命题)推出一个新的关系命题的纯关系推理。它也可分两种:一种是传递关系推理,一种是反传递关系推理。

1. 传递关系推理

<u>传递关系推理,是以传递关系命题为前提,根据传递关系的逻辑特性所进行的推理</u>。例如:

③ 长江长于黄河;黄河长于淮河;所以,长江长于淮河。

传递关系(R)具有"若 aRb 真,且 bRc 真,则 aRc 也真"的逻辑特性。例③正是根据这一逻辑特性而进行的推理,其前提由传递关系命题组成("长于"关系是传递关系),其结论是一个新的传递关系命题。传递关系推理的逻辑形式是:

aRb

bRc

aRc

或可表示为:$(aRb) \wedge (bRc) \vdash aRc$(式中的 R 为传递关系)。

凡传递关系命题都可以进行传递关系推理。在传递关系推理中,关系者项的位置不得互换。

2. 反传递关系推理

<u>反传递关系推理,是以反传递关系命题为前提,根据反传递关系的逻辑特性所进行的推理</u>。例如,

④ 甲是乙的叔叔;乙是丙的叔叔;所以,甲不是丙的叔叔。

反传递关系(R)具有"若 aRb 真,且 bRc 真,则 $a\overline{R}c$ 也真"的逻辑特性。例④正是根据这一逻辑特性而进行的推理,其前提由反传递关系命题组成("叔叔"关系是反传递关系),其结论是一个否定关系命题。反传递关系推理的逻辑形式是:

aRb

bRc

$a\overline{R}c$

或表示为:$(aRb) \wedge (bRc) \vdash a\overline{R}c$(式中的 R 为反传递关系)。

凡反传递关系命题都可以进行反传递关系推理。在反传递关系推理中,关系者项的位置不得互换。

不定传递关系的逻辑特性决定了不定传递关系命题不能进行传递性关系推理。

二、混合关系推理

混合关系推理,又叫"混合关系三段论",它是这样一种间接推理:以一个关系命题做第一前提(又叫"大前提"),一个性质命题做第二前提(又叫"小前提"),推出另一个新的关系命题做结论的推理。例如:

⑤ 所有甲组的同学都敬重逻辑教研室的教师;
王雷是甲组的同学;
所以,王雷敬重逻辑教研室的教师。

这就是一个混合关系推理。

显而易见,混合关系推理类似于三段论。它也由三个命题组成;也只有三个不同的词项,它们各自在前提和结论中出现两次,其在前提中出现两次的那个词项(如例⑤中的"甲组的同学")叫"媒词项"。同样,混合关系推理的规则也与三段论的规则相似,其规则有以下6条。

规则1,媒词项在前提中至少要周延一次。

规则2,在前提中不周延的词项在结论中也不得周延。

规则3,前提中的性质命题必须是肯定的。

规则4,如果前提中的关系命题是肯定的,那么结论中的关系命题也必须是肯定的。

规则5,如果前提中的关系命题是否定的,那么结论中的关系命题也必须是否定的。

规则6,如果关系不是对称关系,那么在前提中作为关系者前项的那个词项在结论中必须作为关系者前项,在前提中作为关系者后项的那个词项在结论中必须作为关系者后项。

任一个混合关系推理只有遵守上述6条规则才是有效的;否则,就是无效的。例如:

⑥ 高一年级的同学都尊敬陈校长,高三年级的同学不是高一年级的同学,所以,高三年级的同学不尊敬陈校长。

例⑥既违反规则3(因为其小前提是一个否定的性质命题),又违反了规则4(因为其前提中的关系命题是肯定的,而结论中的关系命题却是否定的)。

由于混合关系推理的规则不易记住,因而在日常思维实践中,人们通常把混合关系推理处理为直言三段论。如,例⑤就可以改写为:

所有甲组的同学都是敬重逻辑教研室的教师的；

王雷是甲组的同学；

所以，王雷是敬重逻辑教研室的教师的。

我们认为，这样处理是完全可以的。

思考与练习

一、思考题

1. 什么是性质命题？它是怎样分类的？
2. 什么是主谓项的周延性？六种性质命题主谓项的周延情况和真假情况怎样？
3. 什么是对当关系？举例说明同素材的六种性质命题之间的对当关系。
4. 什么是关系命题？二项关系是怎样分类的？举例说明什么是对称关系、不定对称关系、反对称关系，什么是传递关系、不定传递关系、反传递关系。
5. 什么是性质命题的直接推理？它是怎样分类的？
6. 什么是根据对当关系的直接推理？试写出根据对当关系直接推理的所有有效推理式。
7. 什么是命题变形推理？它的基本类型有哪两种？试写出换质推理和换位推理的所有有效推理式。
8. 你能在遵守换位推理规则的前提下写出换质位推理的所有有效推理式吗？
9. 三段论的基本规则有哪些？举例说明违规情况（"错误类型"）。
10. 三段论有哪四个格？三段论的24个有效格式的价值是什么，试举例说明。
11. 什么是省略三段论？举例说明其省略情况。
12. 什么是对称关系推理、反对称关系推理、传递关系推理、反传递关系推理？试分别举例说明？

二、练习题

（一）请根据命题间的对当关系确定同素材的其他五个性质命题的真假：(1) 已知下列性质命题为真；(2) 已知下列性质命题为假。

1. 所有的和尚都不是唯物主义者。
2. 这个村所有的村民都是有冰箱的。
3. 有的猫是吃鸡的。

4. 有的战争不是正义战争。

5. 村民张三是有冰箱的。

6. 村民李四是没有冰箱的。

（二）根据有关性质命题直接推理的知识，判定下列推理是否成立。

1. 由"所有的一般疑问句都不是表达判断的"推出"有的表达判断的不是一般疑问句"。

2. 由"我们用得着的材料是重要的"推出"我们用不着的材料是不重要的"。

3. 由"感性认识都是不成体系的"推出：①"成体系的都不是感性认识"；②"不成体系的都是感性认识"。

4. 由"凡正确的认识都是从实践中获得的"推出：①"有些正确的认识不是从实践中获得的"；②"从非实践中获得的不是正确的认识"；③"凡从实践中获得的都是正确的认识"。

（三）根据三段论的规则，判定下列三段论是否有效。如无效，请说明违反哪条规则，并指出错误类型。

1. 教师在学校工作，他在学校工作，所以，他是教师。

2. 计算机科学系的教师都得学计算机，我们不是计算机科学系的教师，所以我们不必学计算机。

3. 钻石是非金属，钻石是珍宝，所以，凡珍宝都是非金属。

4. 江苏是中国的，而中国是地大物博的，所以江苏是地大物博的。

5. 没有一种无机物是含碳的，塑料不是无机物，所以塑料不是含碳的。

6. 并非有的学术论文需要创造艺术形象，电影剧本不是不需要创造艺术形象的，所以，电影剧本不是学术论文。

7. 没有一种无毒的蘑菇不是菌类植物，没有一种无毒的蘑菇不是可以食用的，所以有的菌类植物是可以食用的。

（四）下列各关系推理是否正确？若正确，请写出推理式；若不正确，请说明原因。

1. 王芸的家离学校很远，姜文的家离学校也很远，所以，王芸的家离姜文的家很远。

2. 小秦和小金是同乡，小金和小李是同乡，所以，小秦和小李是同乡。

3. 在此过程中甲某欺骗了乙某，所以在此过程中乙某没有欺骗甲某。

4. A车间有的工人反对李四，张三是A车间的工人，所以张三也反对李四。

5. 江苏维维队负于东北各队，而山东日照队不是东北队，所以，江苏维维队没有负于山东日照队。

(五)分析题

1. 在税务检查前,甲、乙、丙、丁4个工商管理人员有如下断定:

甲:所有个体户都没有纳税。

乙:服装个体户陈老板没有纳税。

丙:个体户不都没纳税。

丁:有的个体户没纳税。

经验实,这4个断定只有一真。问:谁的断定为真?陈老板有没有纳税?

2. 下面甲、乙、丙三个判断恰有一个为真。它们是:

甲:这个班有的同学是能毕业的。

乙:这个班有的同学不是能毕业的。

丙:这个班中的这一个同学不是能毕业的。

问:这个毕业班40名同学中有多少不能毕业?请写出分析过程。

3. 已知:① 看台上所有甲队球迷都穿黄色运动服;② 看台上所有乙队球迷都穿白色运动服;③ 绝没有既穿白色运动服又穿黄色运动服的;④ W是穿白色运动服的。问:下列两个推断是否正确?写出推导过程。

(A)"W是乙队球迷。"(B)"W不是甲队球迷。"

(六)选择题(从四个或五个选项中选择其一)

1. 如果"该单位已经发现有育龄职工违纪超生"之断定为真,则在下面甲、乙、丙三个推断中不能确定其假的是(A)。

甲:该单位没有育龄职工不违纪超生。

乙:该单位有的育龄职工没违纪超生。

丙:该单位所有育龄职工都未违纪超生。

A. 只有甲、乙

B. 甲、乙、丙

C. 只有甲、丙

D. 只有乙

E. 只有甲

2. "有些导演留大胡子,因此,有些留大胡子的人是大嗓门",为使这个推理成立,必须补充(C)项作为前提。

A. 有些导演是大嗓门。

B. 所有大嗓门的人都是导演。

C. 所有导演都是大嗓门。

D. 有些导演不是大嗓门。

3. "甲和乙任何一人都比丙、丁高",如果这一断定为真,再加上以下(E)项,则可得出"戊比丁高"的结论。

   A. 戊比甲矮。

   B. 乙比甲高。

   C. 乙比甲矮。

   D. 戊比丙高。

   E. 戊比乙高。

4. 有四个外表看起来没有分别的小球,它们的重量可能有所不同。取一个天平,将甲、乙归为一组,丙、丁归为另一组,分别放在天平两边,天平是基本平衡的。将乙、丁对调一下,甲、丁一边明显要比乙、丙一边重得多。可奇怪的是,我们在天平一边放上甲、丙,而另一边刚放上乙,还没有来得及放上丁时,天平就压向了乙一边。

   请你判断,这四个球由重到轻的顺序是(A)。

   A. 丁、乙、甲、丙

   B. 丁、乙、丙、甲

   C. 乙、丙、丁、甲

   D. 乙、甲、丁、丙

   E. 乙、丁、甲、丙

5. 所有安徽来京的打工人员都办理了暂住证;所有办理了暂住证的人员都获得了就业许可证;有些安徽来京的打工人员当上了门卫;有些业余武术学校的学员也当上了门卫;所有业余武术学校的学员都未获得就业许可证。

   如果上述断定都是真的,那么除了以下哪项,其余的断定也必定是真的?(C)

   A. 所有安徽来京打工人员都获得了就业许可证。

   B. 没有一个业余武术学校的学员办理了暂住证。

   C. 有些安徽来京打工人员是业余武术学校的学员。

   D. 有些门卫没有就业许可证。

   E. 有些门卫有就业许可证。

第五章 模态逻辑

研究模态命题的逻辑性质及其推理关系的理论,叫"模态逻辑"。

模态逻辑涉及的问题极其复杂,是现代逻辑的重要课题之一。本章所介绍的内容基本上限于传统逻辑的视域,这主要是基于实用目的的考虑。

第一节 模态命题

一、模态命题的含义

"模态"是英语中 modal 一词的音译,modal 又源于拉丁词 modalis,含有"形态""样式"等意思。

模态词,就是反映事物或人的认识存在、发展的样式、情状、趋势等的语词。如,"必然""可能""必须""应该""允许""禁止""过去一直""将来永远""知道""相信"等。

"模态命题"有广义和狭义之分。广义上的"模态命题",即含有上述模态词的命题。狭义上的"模态命题",是指断定事物情况的必然性或可能性的命题,即含有"必然""可能"这类模态词的命题。由于"必然""可能"这类模态词涉及命题的真假程度,故又叫"真势模态词"。本书只讨论狭义上的"模态命题"。先看几个例子:

① 必然新生事物战胜旧事物。
② 可能次要矛盾转化为主要矛盾。
③ 必然不是 A 大于 B,或者 A 小于 B。
④ 可能某些产品没有获得博览会金奖。

这些都是模态命题。例①③包含模态词"必然",例②④包含模态词"可能"。例①断定了"新生事物战胜旧事物"的必然性;例②断定了"次要矛盾转化为主要矛盾"的可能性;例③断定了"不是 A 大于 B 或 A 小于 B"这种情况存在的必然性;例④断定了"某些产品没有获得博览会金奖"的可能性。

注意:汉语表达模态命题时,其模态词的位置是比较自由的。处于句子中间(即主语后谓语前)的情况相对要多一些;也有经常处于句首或句末的。如,例①还可以改写为"新生事物必然战胜旧事物""新生事物战胜旧事物是必然的"。从思维的清晰角度上讲,规范的表达应该把模态词置于句首。如上述四例就是规范的表达。

二、模态命题的分类

根据命题的质和模态词的不同结合,狭义上的模态命题,可分为必然肯定模态命题、必然否定模态命题、可能肯定模态命题和可能否定模态命题四类。

(一) 必然肯定模态命题

必然肯定模态命题,就是对事物情况的必然性作了肯定性断定的命题。如例①。又:

⑤ 夺项王天下者必沛公也。(《史记·项羽本纪》)

必然肯定模态命题的逻辑形式是:

□p

上式中的"□"读作"必然";p 是变项,可以代表简单命题,也可以代表复合命题。下同。

在汉语中表达"□"的,除了"必然"外,还有"必定""一定""定然""必""终将""终归"等。

(二) 必然否定模态命题

必然否定模态命题,就是对事物情况的必然性作了否定性断定的命题。如例③。又:

⑥ 客观规律必然不依人的意志为转移。

必然否定模态命题的逻辑形式是:

□¬p

(三) 可能肯定模态命题

可能肯定模态命题,又叫"或然肯定模态命题",就是对事物情况的可能性作了肯定性断定的命题。如,例②。又:

⑦ 对地震作出准确预报是可能的。

可能肯定模态命题的逻辑形式是:

◇p("◇"读作"可能")

在汉语中表达"◇"的,除了"可能"外,还有"或许""或者""也许""大概"等。

(四) 可能否定模态命题

可能否定模态命题,又叫"或然否定模态命题",就是对事物情况的可能性作了否定性断定的命题。如例④。又:

⑧ 火星上可能没有生物。

可能否定模态命题的逻辑形式是：

◇¬p

必须注意：

与对性质命题中的特称量项"有的"的理解类似，逻辑学在理解模态词"可能"时也取其宽泛义，把"可能"解释为"至少可能，也许必然"，即"可能"与"必然"是相容的。

三、模态命题之间的对当关系

（一）模态命题的真假

模态命题中的模态词，不是真值联结词，因而模态命题的真假不能简单地由它所包含的实然命题（也称"非模态命题"，即不含"必然""可能"这类模态词的命题；记做"p"或"¬p"）的真假来决定。那么，如何确定模态命题的真假呢？这就需要引进"可能世界"这个概念。

"可能世界"，是指能够为人们合乎逻辑地设想出来的各种各样的情况或场合。所谓"合乎逻辑的设想"，就是不出现逻辑矛盾的设想。可能世界之一是现实世界，现实世界只是众多可能世界中的一种。根据模态命题中的 p 在所有可能世界中的真假分布情况，就可以确定各种模态命题的真假。具体地说：

当 p 在所有可能世界中都真时，□p 就是真的；否则□p 就是假的。

当 p 在所有可能世界中都假时，□¬p 就是真的；否则□¬p 就是假的。

当 p 至少在一个可能世界中为真时，◇p 就是真的；否则◇p 就是假的。

当 p 至少在一个可能世界中为假时，◇¬p 就是真的；否则◇¬p 就是假的。

模态命题的真假规律如表 5-1 所示。

表 5-1 模态命题的真假规律

命题类型	在所有可能世界 P 为真	在所有可能世界 P 为假	在所有可能世界 P 有真有假
□p	T	F	F
□¬p	F	T	F
◇p	T	F	T
◇¬p	F	T	T

（二）模态命题之间的对当关系

上述同素材的□p、□¬p、◇p、◇¬p 这四种模态命题之间的真假制约关系，与同素材的 A、E、I、O 性质命题之间的真假制约关系相似。这种真假制约关系也可用逻辑方阵图来表示，如图 5-1 所示。

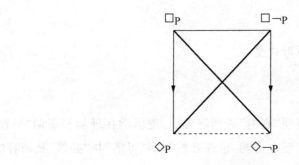

图 5-1 逻辑方阵图

图 5-1 表明:

第一,□p 与 □¬p 之间的关系是反对关系(细实线表示):不能同真,可以同假。也就是,二者中一个真,另一个必假;一个假,另一个可能假,也可能真。

第二,◇p 与 ◇¬p 之间的关系是下反对关系(虚线表示):不能同假,可以同真。也就是,二者中一个假,另一个必真;一个真,另一个可能真,也可能假。

第三,□p 与 ◇¬p 之间的关系、□¬p 与 ◇p 之间的关系都是矛盾关系(粗实线表示):既不能同真,也不能同假。也就是,二者(□p 与 ◇¬p,或 □¬p 与 ◇p)中一个真,另一个必假;一个假,另一个必真。

第四,□p 与 ◇p 之间的关系、□¬p 与 ◇¬p 之间的关系都是差等关系(带箭头的细实线表示)。就 □p 与 ◇p 之间的关系而言,其中 □p 真,◇p 必真;□p 假,◇p 可能假,也可能真;◇p 假,□p 必假;◇p 真,□p 可能真,也可能假。□¬p 与 ◇¬p 之间的关系亦然。

这里需要着重讨论一下矛盾关系。根据同素材模态命题之间的矛盾关系可写出下列等值式。

(1) □p↔¬◇¬p(如,"今年必然完成生产任务"等值于"今年不可能不完成生产任务")

(2) ◇p↔¬□¬p(如,"今年可能完成生产任务"等值于"今年不必然完成不了生产任务")

(3) □¬p↔¬◇p(如,"今年必然完成不了生产任务"等值于"今年不可能完成生产任务")

(4) ◇¬p↔¬□p(如,"今年可能完成不了生产任务"等值于"今年不必然完成生产任务")

由此可见,"必然不 p"与"不必然 p"是不同的,"可能不 p"与"不可能 p"也是不同的。"今年必然完成不了生产任务",记作 □¬p,是必然否定模态命题;"今年不必然完成生产任务",记作 ¬□p,实际上是可能否定模态命题。"今年可能完成不了生产任务",记作◇¬p,是可能否定模态命题;"今年不可能完成生产任务",记作¬◇p,实际上是必然否定模态命题。

四、模态命题与实然命题之间的对当关系

同素材的模态命题与实然命题之间也存在着真假制约关系。其主要有:必然模态命题与同质的实然命题之间具有差等关系;实然命题与同质的可能模态命题之间具有差等关系。这样,同素材的模态命题、实然命题彼此之间的对当关系,可用下面的逻辑六角图表示,如图 5-2 所示。

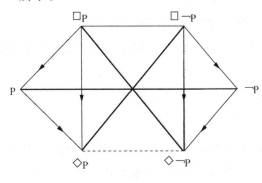

图 5-2 逻辑六角图

第二节 模态推理

模态推理,就是以模态命题为前提或结论,并根据模态命题之间或模态命题与非模态命题之间的逻辑关系而进行的推理。

模态推理的种类较多,本书仅介绍较为简单的三种,即:根据模态命题之间的对当关系而进行的推理、根据直言模态命题之间的对当关系而进行的推理和模态三段论。前两者属于直接推理,后者属于间接推理;三者都属于必然性推理。

一、根据模态命题之间的对当关系而进行的推理

(一) 根据矛盾关系所进行的模态推理

矛盾关系存在于□p 与◇¬p、□¬p 与◇p 之间。由同素材模态命题之间的矛盾关系所得的上述等值式,可据以进行等值直接推理。其有效推理式有:

(1) □p ⊢ ¬◇¬p
(2) ¬□p ⊢ ◇¬p
(2) □¬p ⊢ ¬◇p

(4) $\neg\Box\neg p \vdash \Diamond p$

(5) $\Diamond p \vdash \neg\Box\neg p$

(6) $\neg\Diamond p \vdash \Box\neg p$

(7) $\Diamond\neg p \vdash \neg\Box p$

(8) $\neg\Diamond\neg p \vdash \Box p$

这里,仅就推理式(1)(5)各举一例,余者请读者自举其例。推理式(1),如:"正义事业必然得人心,所以正义事业不可能不得人心"。推理式(5),如:"这个地区可能会地震,所以这个地区不必然不会地震"。

(二) 根据反对关系所进行的模态推理

反对关系存在于 $\Box p$ 与 $\Box\neg p$ 之间。根据前述"反对关系"的定义,可得如下有效推理式:

(1) $\Box p \vdash \neg\Box\neg p$

(2) $\Box\neg p \vdash \neg\Box p$

推理式(1),如:"新生事物必然发展壮大,所以并非新生事物必然不发展壮大"。推理式(2),如:"他必然达不到目的,所以他不必然达到目的"。

(三) 根据下反对关系所进行的模态推理

下反对关系存在于 $\Diamond p$ 与 $\Diamond\neg p$ 之间。根据前述"下反对关系"的定义,可得如下有效推理式:

(1) $\neg\Diamond p \vdash \Diamond\neg p$

(2) $\neg\Diamond\neg p \vdash \Diamond p$

推理式(1),如:"她不可能获奖,所以她可能不获奖"。推理式(2),如:"此药不可能治不好他的病,所以此药可能治好他的病。"

(四) 根据差等关系所进行的模态推理

差等关系存在于 $\Box p$ 与 $\Diamond p$ 之间和 $\Box\neg p$ 与 $\Diamond\neg p$ 之间。根据前述"差等关系"的定义,可得如下有效推理式:

(1) $\Box p \vdash \Diamond p$

(2) $\Box\neg p \vdash \Diamond\neg p$

(3) $\neg\Diamond p \vdash \neg\Box p$

(4) $\neg\Diamond\neg p \vdash \neg\Box\neg p$

推理式(1),如:"明晨必然结冰,所以明晨可能结冰"。推理式(2),如:"明晨必然不结冰,所以明晨可能不结冰"。推理式(3),如:"明晨不可能结冰,所以明晨不必然结冰"。推理式(4),如:"明晨不可能不结冰,所以明晨不必然不结冰"。

上面我们已经阐明,必然模态命题与同质的实然命题之间具有差等关系;实然命题与同质的可能模态命题之间具有差等关系。因此,根据差等关系所进行的模态推理还应该包括如下有效推理式:

(5) □p ⊢ p

(6) p ⊢ ◇p

(7) □¬p ⊢ ¬p

(8) ¬p ⊢ ◇¬p

(9) ¬p ⊢ ¬□p

(10) ¬◇p ⊢ ¬p

(11) p ⊢ ¬□¬p

(12) ¬◇¬p ⊢ p

以上推理式,请读者自己举例。

二、根据直言模态命题之间的对当关系而进行的推理

(一) 直言模态命题之间的对当关系

直言模态命题,是指将"必然""可能"等模态词加到 A、E、I、O 等直言命题之上而形成的模态命题。将模态词"必然"加到 A、E、I、O 等直言命题之上而形成的模态命题,叫"直言必然命题";将模态词"可能"加到 A、E、I、O 等直言命题之上而形成的模态命题,叫"直言可能命题"。这两类直言模态命题,又可细分为以下八种。

1. 必然全称肯定命题

在 A 命题之上加上模态词"必然"所形成的命题,就是必然全称肯定命题。如:"必然所有的规律都是客观的"。该类命题的逻辑形式是:"必然所有 S 是 P"或"□SAP"。

2. 必然全称否定命题

在 E 命题之上加上模态词"必然"所形成的命题,就是必然全称否定命题。如:"必然所有的规律都不是主观的"。该类命题的逻辑形式是:"必然所有 S 不是 P"或"□SEP"。

3. 必然特称肯定命题

在 I 命题之上加上模态词"必然"所形成的命题,就是必然特称肯定命题。如:"必然有的人是讲道德的"。该类命题的逻辑形式是:"必然有的 S 是 P"或"□SIP"。

4. 必然特称否定命题

在 O 命题之上加上模态词"必然"所形成的命题,就是必然特称否定命题。如:

"必然有的人不是容易受骗的"。该类命题的逻辑形式是:"必然有的 S 不是 P"或"□SOP"。

5. 可能全称肯定命题

在 A 命题之上加上模态词"可能"所形成的命题,就是可能全称肯定命题。如:"可能所有的人都是要犯错误的"。该类命题的逻辑形式是:"可能所有 S 是 P"或"◇SAP"。

6. 可能全称否定命题

在 E 命题之上加上模态词"可能"所形成的命题,就是可能全称否定命题。如:"可能所有的人都不是好惹的"。该类命题的逻辑形式是:"可能所有 S 不是 P"或"◇SEP"。

7. 可能特称肯定命题

在 I 命题之上加上模态词"可能"所形成的命题,就是可能特称肯定命题。如:"可能有的花是有毒的"。该类命题的逻辑形式是:"可能有的 S 是 P"或"◇SIP"。

8. 可能特称否定命题

在 O 命题之上加上模态词"可能"所形成的命题,就是可能特称否定命题。如:"可能有的人不是讲道德的"。该类命题的逻辑形式是:"可能有的 S 不是 P"或"◇SOP"。

同素材的八种直言模态命题□SAP、□SEP、□SIP、□SOP、◇SAP、◇SEP、◇SIP、◇SOP之间同样存在着真假制约关系——对当关系。这种对当关系可用图 5-3 表示。

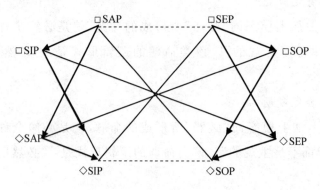

图 5-3 对当关系图

矛盾关系(实线表示)存在于□SAP 与◇SOP 之间、□SEP 与◇SIP 之间、□SIP 与◇SEP 之间、□SOP 与◇SAP 之间;反对关系(虚线表示)存在于□SAP 与□SEP 之间;下反对关系(虚线表示)存在于◇SIP 与◇SOP 之间;差等关系(带箭头的实线表示)存在于□SAP 与□SIP 之间、□SEP 与□SOP 之间、□SAP 与◇SAP 之间、□SEP

与◇SEP之间、□SIP与◇SIP之间、□SOP与◇SOP之间、◇SAP与◇SIP之间、◇SEP与◇SOP之间。

(二) 根据直言模态命题之间的对当关系而进行的推理

1. 根据直言模态命题之间的矛盾关系而进行的推理

根据上述对当关系图示,可得下面等值式:

(1) □SAP↔¬◇SOP　　(5) ¬□SAP↔◇SOP
(2) □SEP↔¬◇SIP　　(6) ¬□SEP↔◇SIP
(3) □SIP↔¬◇SEP　　(7) ¬□SIP↔◇SEP
(4) □SOP↔¬◇SAP　　(8) ¬□SOP↔◇SAP

根据上面的等值式可进行等值推理,得有效推理式16条。因为,每条等值式都可以改写两条推理式,如式(1)可改写:

□SAP⊢¬◇SOP(如"必然所有的树都有根,所以不可能有的树没根。")
¬◇SOP⊢□SAP(如"不可能有的树没根,所以必然所有的树都有根。")
(余式以及下文所列推理式举例从略,请读者自己举例)

2. 根据直言模态命题之间的反对关系而进行的推理

(1) □SAP⊢¬□SEP　　(2) □SEP⊢¬□SAP

3. 根据直言模态命题之间的下反对关系而进行的推理

(1) ¬◇SIP⊢◇SOP　　(2) ¬◇SOP⊢◇SIP

4. 根据直言模态命题之间的差等关系而进行的推理

(1) □SAP⊢□SIP　　　(9) ¬□SIP⊢¬□SAP
(2) □SEP⊢□SOP　　(10) ¬□SOP⊢¬□SEP
(3) □SAP⊢◇SAP　　(11) ¬◇SAP⊢¬□SAP
(4) □SEP⊢◇SEP　　(12) ¬◇SEP⊢¬□SEP
(5) □SIP⊢◇SIP　　　(13) ¬◇SIP⊢¬□SIP
(6) □SOP⊢◇SOP　　(14) ¬◇SOP⊢¬□SOP
(7) ◇SAP⊢◇SIP　　(15) ¬◇SIP⊢¬◇SAP
(8) ◇SEP⊢◇SOP　　(16) ¬◇SOP⊢¬◇SEP

三、模态三段论

模态三段论,就是前提中含有模态命题的三段论。它同样由三个命题构成,包括大前提、小前提和结论。例如:

① 所有的水都是液体;

所有的液体必然不是刚体；

所以，所有刚体必然不是水。

根据模态词与前提的组合情况不同，可把模态三段论分为五种，即：第一种，两个前提都是必然模态命题的模态三段论；第二种，一个前提是必然模态命题、另一个是性质命题的模态三段论；第三种，一个前提是必然模态命题、另一个是可能模态命题的模态三段论；第四种，一个前提是性质命题、另一个是可能模态命题的模态三段论；第五种，两个前提都是可能模态命题的模态三段论。

与直言三段论的情况相类似，模态三段论有上述五种不同的前提组合，每种组合各有四个格，各个格又有众多的式。因此，模态三段论的推理格式（推理式）远远超过了直言三段论——当然，有效推理式的数量也是有限的。这里，对上述五种模态三段论仅就第一格的 AAA 式列出 5 个有效式，以供读者窥其一斑。

(一) 两个前提都是必然模态命题的模态三段论的有效式

所有 M 必然是 P

所有 S 必然是 M

所以，所有 S 必然是 P

(二) 一个前提是必然模态命题、另一个是性质命题的模态三段论的有效式

所有 M 必然是 P

所有 S 是 M

所以，所有 S 必然是 P

(三) 一个前提是必然模态命题、另一个是可能模态命题的模态三段论的有效式

所有 M 必然是 P

这个 S 可能是 M

所以，这个 S 可能是 P

(四) 一个前提是性质命题、另一个是可能模态命题的模态三段论的有效式

所有 M 可能是 P

所有 S 是 M

所以，所有 S 可能是 P

(五) 两个前提都是可能模态命题的模态三段论的有效式

所有 M 可能是 P

所有 S 可能是 M

所以，所有 S 可能是 P

现就第三种和第四种模态三段论各举一例（其余各式由读者自举例子）。第三

种,如:

哺乳动物必然有乳腺;

这一小动物可能是哺乳动物;

所以,这一小动物可能有乳腺。

第四种,如:

所有读过大学的都可能成为专家;

所有甲组的人员都是读过大学的;

所以,所有甲组的人员都可能成为专家。

模态三段论,除了要遵守直言三段论的所有规则之外,还得遵守如下三条规则:

第一,如果两个前提都是必然模态命题,那么结论可以是必然模态命题。

第二,如果前提中有一个是可能模态命题,或两个前提都是可能模态命题,那么结论只能是可能模态命题。

第三,如果一个前提是必然模态命题,一个前提是性质命题,结论一般只能是性质命题或可能模态命题;但当小前提是肯定的性质命题而大前提是必然模态命题时,或者当小前提是必然否定模态命题时,结论可以是必然模态命题。

思考与练习

一、思考题

1. 什么是狭义上的模态命题,其分类情况怎样?必然肯定模态命题、必然否定模态命题、可能肯定模态命题和可能否定模态命题的逻辑形式是怎样的?

2. 什么是模态推理,其分类情况怎样?根据模态命题之间的对当关系而进行的推理有几种?如果不死记硬背,你能根据逻辑六角图写出其所有的有效推理式吗?

3. 根据直言模态命题之间的对当关系而进行的推理有几种?如果不死记硬背,你能根据有关图示写出其所有的有效推理式吗?

4. 举例说说什么是模态三段论。

二、练习题

(一) 写出下列模态命题的等值命题。

(1) 火星中必定没有动物。

(2) 地中海必然比这个池塘大。

(3) 李伟可能不来听课了。

(4) 中国男篮或许夺得冠军。

(二) 写出下列各模态推理的形式,并分析其是否有效。

1. 生病的人不必然发烧,所以,生病的人可能发烧。

2. 削价倾销的商品必然质量不过关,所以,削价倾销的商品质量不必然过关。

3. 李伟可能不来听课,所以李伟不必然不来听课。

4. 张三不可能不到场,所以,张三一定会到场。

5. 伪装一定不会持久,所以,伪装不可能持久。

6. 可能飞碟是从外星球飞来的,所以,不必然飞碟不是从外星球飞来的。

(三) 写出下列模态三段论的形式,并运用相关规则分析其是否有效。

1. 绿色植物必然能进行光合作用,海洋里的藻类是绿色植物,所以,海洋里的藻类必然能进行光合作用。

2. 凡与被害者有深仇的人都可能是凶手,张某是与被害者有深仇的人,所以,必然张某是凶手。

3. 所有的狗必然不会飞,乌鸦都会飞,所以,乌鸦必然不是狗。

4. 所有的动物必然不能长生不死,有的动物是人,所以,人必然不能长生不死。

5. 常从该校门出入的人可能是教师,常从该校门出入的人可能是学生,所以,有些学生可能是教师。

6. 所有的树都是植物,所有的植物可能不是会说话的,所以所有会说话的不是植物。

(四) 选择题(从四个或五个选项中选择其一)

1. "原先预报的明年北方地区的持续干旱不一定出现",以下哪项的含义与上述断定最为接近?(A)

A. 明年北方地区的持续干旱可能不出现。

B. 明年北方地区的持续干旱可能出现。

C. 明年北方地区的持续干旱一定不出现。

D. 明年北方地区的持续干旱出现的可能性比不出现的大。

E. 明年北方地区的持续干旱不可能出现。

2. "不可能所有的花都结果",以下哪项的含义与上述断定最为接近?(E)

A. 可能所有的花都不结果

B. 可能有的花不结果。

C. 可能有的花结果。

D. 必然所有的花都不结果。

E. 必然有的花不结果。

3. 美国前总统林肯说过:"最高明的骗子,可能在某个时刻欺骗所有的人,也可能在所有时刻欺骗某些人,但不可能在所有时刻欺骗所有的人。"

如果林肯的上述断定是真的,那么下述哪项断定是假的?（ E ）

A. 林肯可能在某个时刻受骗。

B. 林肯可能在任何时候都不受骗。

C. 骗子也可能在某个时刻受骗。

D. 不存在某个时刻所有的人都必然不受骗。

E. 不存在某一时刻有人可能不受骗。

第六章　归纳逻辑

归纳是推理（从其形式结构言之），又是方法（从其思维方式、规则言之）。以归纳推理和归纳方法为基本内容的知识体系，叫做"归纳逻辑"。归纳逻辑的内容极其丰富，本章本着"精要、实用"之原则，选择核心内容加以介绍。

第一节　归纳推理概述

"归纳"一词，源于希腊文，后来被西塞罗翻译成拉丁文 induction，取意为"内引""引得"；日文翻译为"归纳"。1896 年严复撰写的《天演论》在自序中将 induction 翻译为"内籀"。后来国人借用了日文"归纳"。

归纳推理，就是从个别性知识或特殊性知识引出一般性知识的推理。例如：

① 太平洋已经被污染；大西洋已经被污染；印度洋已经被污染；北冰洋已经被污染；（太平洋、大西洋、印度洋、北冰洋是地球上的全部大洋）所以，地球上的所有大洋都已被污染。

② 科学巨人爱因斯坦的美妙思维，常常产生于漫步河畔小憩和听了优美的音乐旋律之时；进化论奠基人达尔文，把大半生时间用在对大自然的考察之中，写出了《物种起源》这部巨著；世界圆舞曲之王约翰·施特劳斯，在位于东阿尔卑斯山的维也纳森林里，饱尝了飞鸣的流泉、低吟的微风、芬芳的空气和悦耳的鸟语之后，才创造了令人百听不厌的乐曲。从这里，我们可以得出一个结论：优美的环境可以使人萌发灵感。

上述两例，都是归纳推理。它们的前提所断均系个别性知识；结论所断为一般性知识，结论来自对前提中的个别性知识的归纳。

归纳推理的客观依据是：客观事物中存在的一般寓于个别、个别包含一般的关系。

思维实践表明，归纳推理和演绎推理是互相依存、彼此渗透的。演绎推理的大前提（或主要前提）中的一般性知识，必须借助归纳推理才能得到；演绎推理的结论也需要归纳推理加以论证和补充，即便演绎推理的形式本身也是通过归纳推理获得的。而归纳推理则需要演绎推理作指导，如对个体对象的归类就需要依靠演绎推理加以确认；归纳推理的结论也需要演绎推理加以论证和补充。归纳推理和演绎推理的区别在于：

第一，思维进程的方向不同。前者的思维进程主要是由个别（特殊）到一般，而后者的思维进程则主要是由一般到个别（特殊）。

第二，相对于各自的前提而言，其结论所断定的知识范围有所不同；其前提与结论联系的性质也有所不同。除完全归纳推理①外，作为归纳推理主体的不完全归纳推理，其结论所断定的知识范围超出了前提所断定的范围，因而其前提与结论之间的联系是或然的，即前提真，结论并不必然真；而演绎推理，其结论所断定的知识范围没有超出前提所断定的范围，因而其前提与结论之间的联系是必然的，即前提真，结论必然真。

第三，归纳推理（完全归纳推理除外）中增加或减少某些有关的前提，一般会增加或减少其结论为真的概率，而在演绎推理中不会出现这种情况。

传统逻辑，按其前提是否包括一类事物的全部对象，把归纳推理分为完全归纳推理和不完全归纳推理两大类。前者，如例①；后者，如例②。

第二节　完全归纳推理

一、完全归纳推理的含义和推理形式

完全归纳推理，又称"完全归纳法"，它是以某类中每一对象都具有或不具有某一属性为前提，推出以该类对象全部具有或不具有该属性为结论的归纳推理。如本章第一节中的例①，其推理者对地球上的所有大洋都逐一进行考察，发现它们都被污染了，由此推出地球上所有大洋都具有"已被污染"这一属性。

完全归纳推理的推理形式是：

S_1 是（或不是）P

S_2 是（或不是）P

S_3 是（或不是）P

……

S_n 是（或不是）P

（$S_1, S_2, S_3 …… S_n$　是 S 类的全部对象）

所以，所有的 S 都是（或不是）P

上式中的 S_1、S_2、S_3……S_n，可以表示 S 类的个体对象，也可以表示 S 类的子类。

---

① 从形式、方法上说，它是归纳推理，但实质上是带演绎性质的，属于必然性推理。因此，在许多场合，人们所谓的"归纳推理"是狭义的，特指不完全归纳推理。本段论述取此狭义。

前者,如本章第一节中的例①;后者,如例③。

③ 黄种人不是长生不老的,白种人不是长生不老的,黑种人不是长生不老的,棕种人不是长生不老的;(黄种人、白种人、黑种人、棕种人是地球上的全部人种)所以,地球上的所有人种都不是长生不老的。

二、完全归纳推理的特点和要求

完全归纳推理的前提无一遗漏地考察了一类事物的全部对象,断定了该类中每一对象都具有(或不具有)某种属性,结论断定的是全类事物具有(或不具有)该属性。也就是说,前提所断定的知识范围和结论所断定的知识范围完全相同。因此,前提与结论之间的联系是必然性的,只要前提真实,形式上满足(下述第三点)要求,结论必然真实。换言之,完全归纳推理是一种前提蕴涵结论的必然性推理。

完全归纳推理的要求有三:一是前提所断必须穷尽一类事物的全部对象;二是前提中的所有命题都是真实的;三是前提中每一命题的主项(或关系者项)与结论的主项(或关系者项)之间都必须具有种属关系。

三、完全归纳推理的作用与局限

完全归纳推理在日常生活中经常用到。如"某班的五名班委都考上了研究生""这批彩电全部合格""某校的语文教师全都获得了高级教师的任职资格"等结论,都是通过完全归纳推理获得的。概括地说,完全归纳推理的作用主要有二:一是能够推出新的知识。虽然完全归纳推理的前提所断定的知识范围和结论所断定的知识范围相同,但它仍然可以提供新知识。这是因为,它的前提是个别性知识的命题,而结论则是一般性知识的命题,也就是说,完全归纳推理能使认识从个别上升到一般。二是可以用作论证实践。由于完全归纳推理是一种前提蕴涵结论的必然性推理,因而人们常常用它来证明论点,反驳谬误。

但是,由于其结论必须在考察一类事物的全部对象后才能做出,因而完全归纳推理的适用范围受到局限。表现在:第一,当对某类事物中包含的个体对象的确切数目还不甚明了时,或遇到该类事物中包含的个体对象的数目太大,乃至无穷时,人们就无法进行一一考察,要使用完全归纳推理就很不方便或根本不可能。第二,某类事物中包含的个体对象虽有限,也能考察穷尽,但不宜考察或不必考察(如考察某仓库中的核弹头是否全部有效、考察某药房的某种药片是否全部失效等),这时就不必使用完全归纳推理了。

第三节 不完全归纳推理

不完全归纳推理,又称"不完全归纳法",它是以某类中的部分对象(分子或子类)具有或不具有某一属性为前提,推出以该类全部对象具有或不具有该属性为结论的归纳推理。

传统逻辑所谓的"不完全归纳推理",包括简单枚举归纳推理和科学归纳推理两种。此外,还有属于现代归纳逻辑的两种不完全归纳推理(即概率推理和统计推理),本节从略。

一、简单枚举归纳推理

(一) 简单枚举归纳推理的含义和推理形式

简单枚举归纳推理(又称"简单枚举法")是这样一种不完全归纳推理:根据某类中的部分对象(分子或子类)具有或不具有某一属性(经验中未遇反例)之前提,推出该类全部对象具有或不具有该属性之结论。如,第一节中的例①。又:

① 张三是江苏人,李四是江苏人,王五是江苏人,赵六是江苏人(张、李、王、赵是这个班的部分学生,在考察中未遇反例);所以,这个班的学生都是江苏人。

② 黄鱼是用鳃呼吸的,梭鱼是用鳃呼吸的,巴鱼是用鳃呼吸的,快鱼是用鳃呼吸的,带鱼是用鳃呼吸的,鲤鱼是用鳃呼吸的(黄鱼、梭鱼、巴鱼、快鱼、带鱼、鲤鱼是部分鱼,在考察中未遇反例);所以,所有的鱼都是用鳃呼吸的。

上述两例都是不完全归纳推理。例①对"这个班"的部分学生(分子)进行考察,发现他们都是"江苏人",由此推出"这个班的学生都是江苏人"之结论;例②对"鱼"的部分子类(黄鱼、梭鱼等)进行考察,发现它们都具有"用鳃呼吸"之性质,由此推出所有的鱼都是具有"用鳃呼吸"之性质。

简单枚举归纳推理的推理形式是:

S_1 是(或不是)P

S_2 是(或不是)P

S_3 是(或不是)P

……

S_n 是(或不是)P

(S_1,S_2,S_3……S_n 是 S 类的部分对象,枚举中未遇反例)

所以,所有的 S 都是(或不是)P

上式中的 S_1、S_2、S_3……S_n，可以表示 S 类的个体对象，也可以表示 S 类的子类。前者，如例①；后者，如例②。

（二）简单枚举归纳推理的特点和要求

简单枚举归纳推理的前提考察的只是一类事物的部分对象，断定的是该类中的部分对象具有（或不具有）某种属性，结论断定的是全类事物具有（或不具有）该种属性。也就是说，结论所断定的知识范围超出前提所断定的知识范围。因此，前提与结论之间的联系是或然性的，即前提真实，形式也满足（下述第二点）要求，但结论未必真实。换言之，简单枚举归纳推理是一种或然性推理。

简单枚举归纳推理的要求有二：一是前提中所有的命题必须都是真实的；二是前提中每一命题的主项（或关系者项）与结论的主项（或关系者项）之间必须都具有种属关系。

（三）简单枚举归纳推理的作用和局限

在日常生活中，简单枚举归纳推理运用十分广泛。如"谦虚使人进步，骄傲使人落后""蚂蚁搬家，大雨哗哗""早霞不出门，晚霞行千里""种瓜得瓜，种豆得豆"等格言谚语就是用它概括出来的。在科研工作中，也常常用到简单枚举归纳推理。如物理学中"热胀冷缩""万有引力"等定律的最初的假定，中医中"针灸疗法"的发现，数学中"哥德巴赫猜想"的提出等，都是直接运用简单枚举归纳推理的结果（详细阐述，见下文"假说"部分）。

概括地说，简单枚举归纳推理的作用主要有二：一是能够推出新的知识。由于这一推理的结论所断定的知识范围超出了前提，因而它具有知识创新功能。二是具有辅助论证的作用。虽然这一推理属于或然性推理，其结论是不可靠的，但是它仍可以在论证中在某种程度上对论题起支持作用，从而提高论题的可信度，增强论证说服力。

但是，如前所述，简单枚举归纳推理的根据是在没有遇到反例的情况下的一些同类事实的重复。显然，这一推理的根据是不充分的，因而不能保证结论的真实。如例②中"所有的鱼都是用鳃呼吸的"之结论就是假的。再如，"女人是祸水""哺乳动物都是胎生的""血是红的""棉花是白的""老子英雄儿好汉"等命题，都是人们运用简单枚举归纳推理得出的，但事实证明它们都是不可靠的。

（四）如何提高简单枚举归纳推理结论的可靠程度

如上所述，简单枚举归纳推理不是必然性推理。那么，怎样提高其结论的可靠性呢？对此，逻辑学提出了如下要求：

1. 前提中考察的对象要尽可能多一些

一般地，一类事物中被考察的个体对象愈多，其结论的可靠程度就愈大；被考察的个体对象愈少,其结论的可靠程度就愈小。这是因为:考察的个体对象愈多,就愈能排除反例的存在。

2. 前提中考察对象的范围要尽可能广一些

一般地,一类事物被考察的对象范围愈广,其结论的可靠程度就愈大;被考察的对象范围愈小,其结论的可靠程度就愈小。这是因为:每类事物的个体对象总是存在于各种不同的环境条件中,而且各有特异性,如果考察了在各种各样的条件下,某类的部分个体对象都具有某属性,那就说明得出的结论比较可靠。

其实,考察一类对象,要求范围广和要求数量多是一致的。一般地说,考察的范围广了,考察的数量自然也就多了;反之,考察的数量多了,考察的范围也就相应地广了。诚然,我们在这里讨论的"考察数量的多少、考察范围的大小对结论的影响",也是相对而言的。有时,一类事物中被考察的对象数量较多,对象范围较广,结论却不一定比较可靠;有时,一类事物中被考察的对象数量较少,对象范围较小,结论却不一定不比较可靠。例如:

③ 氦、氖、氩、氪、氙都可以由液态空气分步蒸馏而得,这五种对象是惰性气体这类对象的一部分对象,它们均未遇到不可以由液态空气分步蒸馏而得的情况,所以,凡是惰性气体都可以由液态空气分步蒸馏而得。

④ 氦、氖、氩、氪、氙都可以用降低温度和压缩体积的方法使它们变成液体,这五种对象是气体这类对象的一部分对象,它们均未遇到不可以用降低温度和压缩体积的方法使它们变成液体的情况;所以,凡是气体都可以用降低温度和压缩体积的方法使它变成液体。

相对结论而言,例③的推理者考察的范围比较广、数量比较多(只剩"氡"这一惰性气体未考察,考察范围占总范围的83%),但推出的结论却是假的;而例④的推理者考察的范围比较窄、数量比较少(对作为气体主体的非惰性气体没有考察),但推出的结论却是真的。

3. 注意收集可能出现的相反情况("反例")

如果只顾部分事实,而不顾及相反情况,那么推出的结论是不能成立的。

二、科学归纳推理

(一)科学归纳推理的含义和推理形式

科学归纳推理,又称"科学归纳法",它是以科学分析为主要依据,由某类中部分对象与其属性之间所具有的因果联系,推出该类的全部对象都具有某种属性的归纳推理。例如:

⑤铁受热后体积膨胀,铜受热后体积膨胀,铝受热后体积膨胀……铁、铜、铝是金属中的子类,因为受热后其分子的凝聚力减弱,运动速度加快,分子间的距离增大,从而导致体积膨胀。所以,所有金属受热后体积都会膨胀。

科学归纳推理的推理形式为:

S_1 是 P

S_2 是 P

S_3 是 P

……

S_n 是 P

(S_1,S_2,S_3……S_n 是 S 类的部分对象,它们与 P 之间有因果联系)

所以,所有的 S 都是 P

上式中的 S_1、S_2、S_3……S_n,可以表示 S 类的个体对象,也可以表示 S 类的子类。

(二)科学归纳推理与简单枚举归纳推理的异同

科学归纳推理与简单枚举归纳推理相比,既有相同之处,也有相异之处。其相同之处是:

第一,二者都属于不完全归纳推理。

第二,二者的前提都只是考察了一类中的部分对象。

第三,二者的结论都是对一类事物的全部对象的断定,结论所断定的知识范围都是超出前提的,前提与结论的联系都不是必然的。

科学归纳推理虽然以科学分析为主要依据,但科学分析本身仍然是要受到主客观条件(如研究者所掌握的背景知识、当时的科技水平等)制约的。

二者相异之处是:

第一,推理的依据不同。简单枚举归纳推理是以经验认识为依据,其结论由某种属性在某类事物的部分对象中的不断重复显现,并且没有遇到反例;而科学归纳推理则是以科学分析为主要依据,它需要进一步分析这些对象与其属性之间的因果联系。

第二,前提数量的多少对于结论的意义不同。一般地,对简单枚举归纳推理而言,前提所考察的对象数量越多,结论就越可靠;但对科学归纳推理而言,前提所考察的对象数量的多少对结论的可靠程度不起主要作用,只要是真正揭示了对象与其属性之间的因果联系,即使前提所考察的对象数量不多(甚至只有一个),也能得到较为可靠的结论。

第三,结论的可靠程度不同。虽然二者的结论都是或然的,但科学归纳推理结论的可靠程度比简单枚举归纳推理结论的可靠程度要高。

(三)科学归纳推理的作用和应注意的问题

同简单枚举归纳推理一样,科学归纳推理也广泛地运用于日常生活和科学研究。

其作用也有两个:一是开拓认识领域,获取新知识;二是具有辅助论证的作用。

为了提高科学归纳推理结论的可靠程度,必须注意以下两点:

第一,被考察的对象必须具有典型性。

第二,必须有相应的科学理论作指导,能给对象与其属性之间的因果联系以理论方面的解释。

第四节　探求因果联系的方法

探求事物现象之间的因果联系,是进行科学归纳推理的必要前提,因为科学归纳推理是根据对事物现象之间的因果联系的分析而作出结论的。那么,怎样探求事物现象之间的因果联系呢?本节将就此介绍几种简单的逻辑方法。

一、概述

(一)什么是因果联系

因果联系,是事物现象之间的一种引起与被引起的关系。如果某个现象的存在必然引起另一个现象的发生,那么这两个现象之间就具有因果联系。其中,引起某一现象发生的现象,叫"原因",而被某一现象引起的现象叫"结果"。例如,某金属块被摩擦,它就会发热。被摩擦是这金属块发热的原因,这金属块发热则是它被摩擦的结果。当然,所谓"原因""结果",也是相对而言的。例如,某金属块被摩擦后,发热了,进而体积膨胀了。我们设"某金属块被摩擦"为现象甲、"该金属块发热"为现象乙、"该金属块体积膨胀"为现象丙,那么现象甲、现象乙和现象丙三者之间的因果关系,可用图6-1表示("→"表示"引起")。

图 6-1 中,现象乙既是现象甲的结果,又是现象丙的原因。

图 6-1　三者因果关系图

通过图 6-1 可知,原因还有近因(近原因)和远因(远原因)之分。近因是这样一种原因:在特定的因果链中,它紧靠在要确定其原因的那个现象的前面。近因以外的原因都是远因。图 6-1 中,现象乙是现象丙的近因,而现象甲则是现象丙的远因。因此,要确定某因果联系,必须注意把被确定为研究对象的两个(类)现象放在特定的发展阶段上进行考察。

(二) 因果联系的特性

因果联系具有以下几个特性。

1. **恒常伴随性**

因与果总是恒常伴随的。任何现象都有其产生的原因,也都能引起一定的结果。世界上没有无因之果,也没有无果之因。当人们研究某一现象时,暂时没有发现它所引起的结果,不能说它没有结果。其结果总是存在的,只不过人们暂时没能把它从其他现象中区分出来,或者它被其他原因抵消掉了。例如,对某中学生来说,住院治病会耽误学业,但他通过刻苦自学,没使学业受到影响,住院治病这个原因应产生的结果(耽误学业)就被刻苦自学这一原因抵消了。同样,当人们研究某一现象时,暂时没有找到它产生的原因,也不能说它没有原因。其原因总是存在的,只不过寻找它有一个过程罢了。例如,关于某些动物"集体自杀"的真正原因,至今仍是一个谜,但人类总有一天会解开这个谜。

必须注意:恒常伴随只是我们断定现象之间因果联系的必要条件,但不是充分条件。也就是说,如果现象甲与现象乙没有恒常伴随,那么我们就一定能断定它们之间没有因果联系;如果现象甲与现象乙恒常伴随,我们却不能断定它们之间一定有因果联系。换言之,两个现象,若具有因果联系,则必然恒常伴随;但并非恒常伴随的两个现象就一定存在着因果联系。例如,闪电(先出现)总是与雷声(后出现)恒常伴随,但闪电却不是雷声的原因,雷声也不是闪电的结果。因此,我们不能仅以某两个现象的恒常伴随就断定它们之间具有因果联系;否则,就会犯"以恒常伴随为因果"的逻辑错误。

2. **时间上的先后相继性**

原因和结果在时间上总是前后相继的。原因的发生总是先于结果,结果的发生总是后于原因,二者的时间差哪怕只有万分之一秒。

这就告诉我们,在探求因果联系时,要寻找原因,只能在被研究现象出现之前就已存在的各个情况中去寻找(在某个现象产生之前就已存在的情况,简称"先行情况"或"先行现象");要寻找结果,只能在被研究现象出现之后才发生的各个情况中去寻找(在某个现象出现之后才发生的情况,简称"后行情况"或"后行现象")。

必须注意:先后相继只是我们断定现象之间因果联系的必要条件,但不是充分条件。也就是说,如果现象甲与现象乙没有先后相继,那么我们就一定能断定它们之间没有因果联系;如果现象甲与现象乙先后相继,我们却不能断定它们之间一定有因果联系。换言之,两个现象,若具有因果联系,则必然在时间上具有先后相继性;但并非在时间上先后相继的两个现象就一定存在着因果联系。例如,夏季总是先于秋季,但夏季不是秋季的原因,秋季也不是夏季的结果。因此,我们不能仅以某两个现象在时间上的先后相继就断定它们之间具有因果联系;否则,就会犯"以先后为因果"的逻辑错误。

3. 质、量上的确定性

原因和结果既是共存的,又是共变的。(1)同质的原因必然会引起同质的结果,例如,在通常的一个大气压下,把纯水加热到100℃,它就沸腾。(2)原因的量变必然引起结果的量变。也就是,原因在其量上的扩大(或缩小),如果没有反作用的干预,那么产生的结果在其量上也必然随之扩大(或缩小)。例如,物体受外力作用之后就产生了加速度,加速度的大小与外力的大小成正比。因此,人们可以根据诸现象之间在质上的对应关系或在量上的对应关系来确定它们之间的因果联系。

必须注意:

第一,同因必同果,但同果未必同因。

第二,质量上的共变只是我们断定现象之间因果联系的必要条件,但不是充分条件。也就是说,如果现象甲与现象乙没有出现质或量上的共变,那么我们就一定能断定它们之间没有因果联系;如果现象甲与现象乙出现了质或量上的共变,我们却不能断定它们之间一定有因果联系。换言之,两个现象,若具有因果联系,则必然出现质或量上的共变;但并非出现了质或量上的共变的两个现象就一定存在着因果联系。

4. 复杂多样性

因果联系的情况是复杂多样的。常见的有以下几种。

(1)"一因一果"型。就是只有某一特定原因产生某一特定结果。例如,只有当月球运行于地球和太阳之间并且三者成一直线时才出现日食。

(2)"一因多果"型。就是只有某一特定原因产生多种不同的结果。例如,乱砍滥伐森林,导致了土地沙漠化、动物减少、水土流失等多种结果。

(3)"异因同果"型。就是不同的原因产生同一结果。例如,某同学学习成绩落后,可以是由于主观不努力,也可以是由于学习方法不对,也可以是由于客观上遇到了无法克服的困难,还可以是由于上述三者(或其中二者)共同引起的。

(4)"合因一果"型。就是几种原因的共同作用才能产生某一结果。例如,农作物丰收,就是种子优、土质良、施肥合理、雨水适中、田间管理佳等多种原因共同作用的结果。

(5)"复因复果"型。就是复合的若干种原因产生复合的若干种结果。例如,某个企业不仅取得了很好的经济效益,而且取得了很好的社会效益,往往是由职工和技术人员素质好、经营管理水平高、机器设备先进等诸多因素共同作用的结果。

（6）"互为因果"型。其形式是：A→B→A→B……如人际关系中的"尊重关系"：甲尊重乙是因为乙尊重甲；乙尊重甲是因为甲尊重乙。互为因果也可视为循环因果的特例。

（7）"循环因果"型。其形式是：A→B→C→……→N→A→B→C→……N→……如：发展生产→改善生活→提高积极性→发展生产→……提高积极性→……

因果联系情况的复杂多样性告诉我们，探求事物现象之间的因果联系，是一件非常复杂的事情。它要求我们戒骄戒躁，耐心细致，勤观察，多实验，善于掌握和运用探求因果联系的逻辑方法。

二、探求因果联系的步骤和逻辑方法

探求事物现象之间因果联系的步骤有二：首先是，排除无关现象，确定相关现象。对某一被研究的现象而言，其先行现象（或后行现象）是无限多的，其中有些现象与被研究的现象有关（称为"相关现象"），它们可能是被研究现象的原因（或结果）；有些现象与被研究的现象无关（称为"无关现象"）。因此，要探求因果联系，必须首先根据已有的科学知识判定究竟哪些现象是相关现象，哪些现象是无关现象，从而排除无关现象，确定相关现象。其次是，从相关现象[即被研究现象产生的可能原因（或可能结果）]中探求出被研究现象的真正原因（或结果）。

探求因果联系的逻辑方法，用于上述第二步骤之中，它是这样的一种逻辑方法：根据被研究现象与相关的先行现象（或后行现象）在某些场合里所显示的关系，来断定该被研究现象与那些相关的先行现象（或后行现象）中的一个现象之间具有普遍的必然的因果性联系。

探求因果联系的逻辑方法包括五种：求同法、求异法、求同求异并用法、共变法、剩余法。这五种方法，逻辑史上称为"穆勒五法"，是英国逻辑学家穆勒在总结培根等人的归纳方法基础上提出来的。显然，其中，前四法是针对一因一果型的，操作起来因而也比较简单。

（一）求同法

求同法，也称"契合法"，它是通过在被研究现象出现的若干场合中寻找唯一的一个共有的相关情况来确定现象之间因果联系的逻辑方法。它是基于对因果联系的恒常伴随性特征的认识而提出来的。

如果在被研究现象 a 出现的若干场合中，只有一个相关的先行情况 A 是各场合共同具有的（我们把各个场合中共同具有的先行情况，简称为"共同情况"），而在其他的相关先行情况 B、C、D 等中没有一个是各场合共同具有的，那么该情况 A 就是被研究现象 a 的原因。例如，人们在生活中观察到，新降的雪有 40%～50% 的空气间隙，若有堆积,就能保持地表温度;棉花疏松多孔,具有保温功能;泡沫塑料中间有很多小孔间隙,也能保温不传热。虽然积雪、棉花、泡沫塑料系完全不同的物类,其质地、形状、用途等各不相同,但它们都有一个共同情况,即疏松多孔。于是人们得出结论:疏松多孔的东西可以保温。

求同法的逻辑形式可表示为:

场合	相关的先行(或后行)情况	被研究现象
(1)	A,B,C	a
(2)	A,D,E	a
(3)	A,F,C	a
……		

所以,A 是 a 的原因(或结果)。

运用求同法应该注意以下几点。

1. **在尽可能多的场合进行比较**

运用求同法所得结论的可靠性,与所考察场合的数量有关。考察的场合愈多,各场合中所共有的那个情况接受检验的次数就愈多,各场合共有一个不相干情况的可能性就愈少,从而运用求同法所得的结论就愈可靠。如果比较的场合少了,往往会有一个不相干的情况恰好是各场合中所共有的,人们就会把它误认为被研究现象的原因(或结果)。例如,某年高考,某校获得高分的 10 多名考生都在考前喝过蜂皇浆——他们的出生地、所在班级、家庭条件等各异。于是,有人据此得出结论,喝蜂皇浆是考生取得优异成绩的原因。但是,后来对更多的在高考中取得优异成绩的同学进行考察,发现他们并没有喝过蜂皇浆。

2. **要细心寻找各场合中有无尚未发现的其他共同情况**

在运用求同法时,人们往往在发现了一个"共同情况"后,就轻率地把它当做被研究现象的原因(或结果),而忽略在那些"非共同情况"中可能还隐藏着另一个共同情况,而这个比较隐蔽的共同情况却恰好是被研究现象的真正原因(或结果)。例如,候鸟秋天南飞,春天北回。在诸种场合中,似乎只有气温的升降这一"共同情况"导致候鸟春来秋往,即气温的升降是候鸟迁徙的原因。但是,科学家们怀疑这一结论,他们经过反复研究,发现在候鸟迁徙的诸场合中除了气温升降这个"共同情况"外,还有一个被忽略的"共同情况",即昼夜时间的增减(日照时间的增减)。通过进一步考察、研究,发现导致候鸟迁徙的原因正是昼夜的增减。要反驳一个由求同法得到的因果联系命题,最有力的莫过于指出还存在一个"共同情况"。

(二) 求异法

求异法,也称"差异法",它是通过把被研究现象出现的场合和被研究现象不出现的场合加以比较,寻找唯一不同的相关情况,来确定现象之间因果联系的逻辑方法。它也是基于对因果联系的恒常伴随性特征的认识而提出来的。

如果在被研究现象 a 出现的场合(称"正面场合")有相关的先行(或后行)情况 A 存在,在被研究现象 a 不出现的场合(称"反面场合")没有先行(或后行)情况 A 存在,并且正面场合中除情况 A 以外的其余先行(或后行)情况与反面场合中的先行(或后行)情况完全相同,那么,这个在两个场合中唯一不同的先行(或后行)情况 A 就是被研究现象 a 的原因(或结果)。例如,某农科所把面积为 4 亩的一块试验田,分为甲、乙两块。甲、乙两田在其土质、地势、水分、肥料、田间管理等方面的情况皆相同,但甲田选用"M95"新小麦种,乙田则用普通小麦种。结果,甲田产量明显高于乙田。于是,得出结论,"M95"新麦种是高产麦种。

求异法的逻辑形式可表示为:

场合	相关的先行(或后行)情况	被研究现象
(1)	A,B,C	a
(2)	—,B,C	—

所以,A 是 a 的原因(或结果)。

(上式中的"—"表示 A 或 a 不出现)

较之求同法,求异法的结论的可靠性程度要高一些。其原因有二:(1)它采用了正反两个场合作比较,而比较本身就是一种科学的思维方法。(2)它往往是通过对比实验的方法进行的。运用求异法时要求在正反两个场合中只有一个情况不同,其他情况完全相同。这一要求往往需要在人工控制的条件下才能满足。

运用求异法应该注意以下两点。

1. 注意两个场合中是否还有其他差异情况

运用求异法时,严格要求正面场合中除那个唯一的差异情况以外的其余先行情况,与反面场合中先行(或后行)情况完全相同。如果在除那个唯一的差异情况以外的其他情况中还隐藏着另一个差异情况,那么这个被隐藏着的差异情况,就可能是被研究现象的真正原因(或结果)。例如,某女士每次长时间看电视都会感到胃不舒服,而每当不长时间看电视就不会出现胃不舒服的情况。她以为,是长时间看电视导致了胃不舒服。后来,她发现,胃不舒服的原因是每次长时间看电视都吃了很多话梅。该女士开始时只看到了长时间看电视与不长时间看电视这个差异,而没看到吃了很多话梅与没吃很多话梅的差异,因而没能找到引起胃不舒服的真正原因。要反驳一个由求异法得到的因果联系命题,最有力的莫过于指出还存在一个"差异情况"。

2. 注意两个场合中那个唯一不同的情况是被研究现象的总原因,还是被研究现象的部分原因

在因果联系中,可能存在这样的情况:先行情况 A 只不过是被研究现象 a 的部分原因,而只有先行情况 A、情况 B、情况 C 的复合才是 a 的总原因。总原因的一部分情况不存在,会使被研究现象不出现。在我们已经找到被研究现象的部分原因之后,切不能将此部分原因认作总原因,而应继续深入下去探求被研究现象的总原因。例如,植物光合作用的过程,其原因是复合的。植物吸收太阳光的能、空气中的二氧化碳和水制成碳水化合物,如果没有阳光的辐射供给能量,植物的光合作用就会中断。但是,阳光的辐射供给能量只是引起光合作用的部分原因,并不是总原因。

(三) 求同求异并用法

求同求异并用法,又叫"契合差异并用法",它是这样一种探求因果联系的逻辑方法:有两组事例,一组是由被研究现象出现的若干场合组成的(称"正事例组"),另一组是由被研究现象不出现的若干场合组成的(称"负事例组")。如果在正事例组中只有一个先行(或后行)情况是其各场合所共同具有的,而且这个情况在负事例组的各场合里都不存在;那么这个情况就是被研究现象的原因(或结果)。例如,对同一中学同一年级的学生的学习成绩进行调查,先调查快班的 5 位同学,后调查慢班的 5 位同学。这 10 位同学在年龄、年级、性别、任课教师、家庭条件等方面的情况有同有异。但快班的 5 位同学成绩优秀,慢班的 5 位同学成绩较差。成绩好的 5 名同学都有一个共同点,就是学习目的明确,态度端正,且勤奋刻苦;成绩差的 5 名同学也有一个共同点,就是学习目的不明确,态度不端正,不勤奋刻苦。于是得出结论,学习目的明确,态度端正且勤奋刻苦是取得好成绩的原因。

求同求异并用法的逻辑形式可表示为:

场合	相关的先行(或后行)情况	被研究现象	
(1)	A,B,C,D	a	
(2)	A,H,E,F	a	正事例组
(3)	A,B,E,L	a	
……			
(1′)	—,B,H,E	—	
(2′)	—,C,H,D	—	负事例组
(3′)	—,C,F,G	—	
……			

所以,A 是 a 的原因(或结果)。

(上式中的"—"表示 A 或 a 不出现)

运用求同求异并用法,要经过三步:第一步是比较正事例组的各个场合,得出"凡有情况 A 出现就有现象 a 出现"的认识;第二步是比较负事例组的各个场合,得出"凡无情况 A 出现就无现象 a 出现"的认识;第三步是比较正负事例组,根据有情况 A 就有现象 a,没有情况 A 就没有现象 a,推出情况 A 是现象 a 的原因(或结果)。纵观整个过程,实质上第一步用的是求同法,第二步用的还是求同法(只不过有点特殊罢了),第三步用的是求异法。因此,求同求异并用法实际上是求同法和求异法的有机结合。显然,较之求同法和求异法,求同求异并用法是一种更为先进的研究方法,它可以避免单一使用求同法或求异法的不足,提高结论的可靠程度。

运用求同求异并用法应该注意以下两点。

1. 在正、负事例组中,应尽可能多地选择一些场合进行比较

因为比较的场合愈多,就愈能排除偶然因素的影响,愈能提高结论的可靠程度。

2. 对于负事例组的各个场合,应尽可能选择与正事例组场合较为相似的来进行比较

因为负事例组中的场合在数量上可以是无限多的,有些与正事例组相差太远的负事例场合对于探求被研究现象产生的原因不起什么作用,只有考察那些与正事例相似的场合才是有意义的。只有尽量提高正、负事例组的相似程度,才能提高结论的可靠程度。

(四) 共变法

共变法,是通过在被研究现象发生变化的若干场合中寻找与之发生共变关系的相关的先行情况,来确定现象之间因果联系的逻辑方法。共变法是基于对因果联系的质、量上的确定性特征的认识而提出来的。具体地说,就是根据原因的变化必然引起结果的变化这一原理来探求因果联系。如果在被研究现象 a 发生着变化的若干场合中,只有一个相关的先行(或后行)情况 A 与之(现象 a)发生共变,其他先行(或后行)情况在各个场合均相同且保持不变,那么该情况 A 就是被研究现象 a 的原因(或结果)。例如,某个生产台灯的企业,第一季度的资金利用率为 50%,利润是 10 万元。第二季度的资金利用率为 55%,利润是 11 万元。第三季度的资金利用率为 60%,利润是 12 万元。第四季度的资金利用率为 70%,利润是 14 万元。该企业在管理、人员素质、生产设备等其他方面的情况没有改变。于是,得出结论:资金利用率的提高是利润增加的原因。

共变法的逻辑形式可表示为:

场合	相关的先行(或后行)情况	被研究现象
(1)	A_1, B, C	a_1
(2)	A_2, B, C	a_2
(3)	A_3, B, C	a_3
……		

所以,A 是 a 的原因(或结果)。

上式中,A_1、A_2、A_3……表示情况 A 的各种变化状态,a_1、a_2、a_3……表示现象 a 的各种变化状态。

在上式的各个场合中,其他先行(或后行)情况(如 B,C 等)均保持不变,只有情况 A 和现象 a 发生了共变。这种共变的具体情况有以下三种:

1. 同向共变

它是指如果作为原因现象的量一直递加,那么作为结果现象的量也随之一直递加。例如,在其他情况不变的条件下,潜水越深,压力就越大;反之,压力就越小。

2. 异向共变

它是指如果作为原因现象的量一直递加,那么作为结果现象的量则随之一直递减。例如,一定质量的气体,在其他情况不变的条件下,该气体所受的压强愈大,其体积就愈小;反之,其体积就愈大。

3. 既同向又异向的共变

它是指如果作为原因现象的量一直递加,那么作为结果现象的量并不是一直随之递加,而是递加到一定程度后反而递减。例如,在炼铁时增加碳元素的比例会加大铁的硬度,从而增加铁的强度;但是,碳元素增到一定量后就不能再增了,如果再增,铁就会逐步变脆,韧度降低,从而降低铁的强度。

运用共变法应该注意以下几点。

第一,注意与被研究现象发生共变的情况是否为唯一的。如果与被研究现象发生共变的先行(或后行)情况不止一个,那么就很难确定被研究现象究竟与哪一种情况有因果联系。这时,就需要作出进一步考察(必要时采取人工控制的方式),排除那些虽然"参与共变"但与被研究现象无关的情况。

有时人们遇到这样的情况:某个发生共变的现象与被研究现象之间并不具有因果关系,倒是其他某个隐藏着的现象在与它们一起发生共变。例如,电闪和雷鸣之间存在着共变现象,电闪的光愈强,雷声愈大,于是人们认为电闪是雷鸣的原因。其实,电闪和雷鸣并不具有因果关系,而是自然放电现象在与它们发生共变,自然放电愈大,电闪、雷鸣就愈强。自然放电是电闪和雷鸣的原因。要反驳一个由共变法得到的因果联系命题,最有力的莫过于指出还存在一个"共变情况"。

第二,注意各场合中那个唯一变化的情况与被研究现象之间,是一种不可逆的单向作用,还是可逆的双向作用。所谓"不可逆的单向作用",是指原因的变化引起结果的变化,而结果的变化并不能引起原因的变化。如,太阳上出现黑子、耀斑的剧烈活动,会引起地球上的气候变化,但地球上的气候变化并不能影响太阳黑子、耀斑的活动。所谓"可逆的双向作用",是指原因引起结果,而结果又作用于原因,两个现象互为因果。就是说,要注意还存在互为因果的情况。

第三,注意两个现象之间的共变有一定的限度,超过这个限度,原来的共变关系就会消失,或者产生一种相反的共变关系。前者,例如,在其他条件不变的情况下,汞的电阻随温度的下降而减少,但是当温度降至约 $-270\ ℃$ 时,汞的电阻完全消失。后者,例如,在其他条件不变的情况下,农作物的种植密度在一定限度内,密度愈高,产量愈高;但如果超出这个限度,密度愈高,产量愈低。

共变法与求异法既有区别,又有联系。若两个具有共变关系的现象变化到极限,就达到求异法要求的条件。例如,在含有空气的玻璃罩内通电敲铃,随着抽取空气的量的变化(即玻璃罩内的空气量的不断减少),铃声越来越小。在这里,运用的是共变法。但等到把玻璃罩内的空气全部抽完,尽管看到敲铃,却听不到声音了——到这个时候,运用的就不再是共变法,而是求异法了。由此可见,求异法是一种特殊的共变法。

(五) 剩余法

剩余法是这样探求现象之间的因果联系的:如果已知复合现象甲是复合现象乙的原因(或结果),并且还知道复合现象甲中的某一部分是复合现象乙中的某一部分的原因(或结果),那么就可断定复合现象甲的剩余部分是复合现象乙的剩余部分的原因(或结果)。例如,1885年,德国夫顿堡矿业学院的矿物学教授威斯巴克发现了一种新矿石。他首先请当时著名的化学家李希特对矿石作定性分析,发现其中含有银、硫和微量的汞等。后来,又请文克勒做一次精确的定量分析。文克勒分析的结果,一方面证明李希特对矿物成分的分析是正确的,但另一方面又发现,把各种化验出来的已知成分按百分比加起来,始终只得到 93%,还有 7% 的含量找不到下落。文克勒认为,既然已知成分之和只有 93%,那么剩下的 7% 的成分必定是由矿物中含有的某种未知元素所构成。于是,他对矿石进行了分离和提纯,终于得到了新元素。

剩余法的逻辑形式可表示为:

复合现象甲(A,B,C,D)是复合现象乙(a,b,c,d)的原因(或结果)

A 是 a 的原因(或结果)

B 是 b 的原因(或结果)

C 是 c 的原因(或结果)

所以,D 是 d 的原因(或结果)。

上式中,D 和 d 可能是单一情况,也可能是复合情况。

剩余法主要用于对复因复果情况的分析,而且必须在判明了被研究对象的全部原因(或结果)中的一部分原因(或结果)的基础上才能被使用。因此,它的使用是以其他几种求因果联系方法的使用为前提的。

运用剩余法应该注意以下两点。

第一,必须确认复合现象甲的一部分(A,B,C)是复合现象乙的一部分(a,b,c)的原因(或结果),而复合现象甲的剩余部分(D)不可能是复合现象乙的这一部分(a,b,c)的原因(或结果)。如果不是这样,那么就无法判定 D 与 d 之因果联系,就无从推出"D 是 d 的原因(或结果)"之结论。

第二,复合现象甲的剩余部分(D)和复合现象乙的剩余部分(d)不一定是一个单一的情况,还可能是一个复合情况。如果是后者,就得作进一步研究,直到把剩余部分的全部因果关系分析完为止。

上述五种探求因果联系的逻辑方法,都各有自己的特点。求同法是"从异中求同";求异法是"从同中求异";求同求异并用法则是求同法和求异法的有机结合,即"既识同又辨异";共变法是"从相应之变中求因(或果)";剩余法是"从余果(或余因)中求余因(或余果)"。在科学研究中,这五法既可以单独运用,也可以综合运用,而综合运用获得的结论更为可靠。

第五节 收集和整理经验材料的方法

要对某一课题进行研究,首先必须广泛收集并占有大量直接的或间接的经验材料,并对它们进行鉴定、整理和加工。本节简略地介绍一下收集和整理经验材料的方法。

一、收集经验材料的方法

收集和占有经验材料的方法,主要有观察、实验和调查等。

(一)观察

观察,是一种凭借感官或某些仪器,直接地、有目的有计划地认识在自然状态下各种现象的发生发展过程,从而获取经验材料的方法。观察是一种有意识的积极而主动的感知,因而具有目的性、计划性和选择性特点。

采用观察法,应注意:(1)要有目的,有计划;(2)要注意合理选择观察对象、观察内容;(3)要仔细、专注;(4)要全面、系统、深入;(5)要客观、冷静,力戒主观主义;(6)要善于使用观察仪器;(7)要注意做好详细记录。

(二)实验

客观事物、现象十分复杂,有的是能够直接观察的,有的是不能或不便直接观察的。这就要进行实验。实验,是一种根据研究的目的,在人工控制的条件下进行观察和研究的方法。比起在自然条件下的观察来,通过实验获得的直接经验材料更为准确、可靠。因为,实验是在人工控制的条件下进行的,通过人工控制来净化被观察对象的存在和发展变化的环境,从而使观察得以排除偶然因素的干扰。较之观察,实验具有三个特点:(1)使被观察对象以纯粹的形态出现;(2)优化了观察条件,创造了在自然状态下难以得到或难以利用的特殊观察条件;(3)一般能够模拟、重复和再现观察对象。然而,并不是任何研究对象都能用实验法进行观察的,有些自然现象(如日食月食、火山爆发等)是难以用人工条件使之重复或再现的。因此,许多经验材料往往是通过观察法和实验法的配合运用获得的。

采用实验法,应注意:(1)要做好实验设计工作;(2)敏于观察,不放过任何一个细节;(3)要以客观的态度对待实验结果和实验资料;(4)要注意做好详细记录;(5)经常分析、整理实验数据,并捕捉思想火花。

(三)调查

调查,是一种直接地收集和分析有关资料、寻求问题答案的研究方法。它包括文献调查和社会调查两类。

1. 文献调查

文献调查,即查阅文献资料。文献资料包括网络中的电子文献资料,图书馆、档案馆等所藏的电子或非电子文献资料等。查阅文献资料应注意:(1)要了解与课题有关的文献资料的来源、分布,弄清其重要程度,明确阅读顺序。(2)要紧扣课题研读,切实按计划完成研读任务。(3)要处理好精读与博读的关系,经典著作、权威文献要精读——所谓"精读",即读慢、读深、读细。(4)要留下读书痕迹——做笔记、做摘要。(5)要批判性地读,创造性地读,及时记下自己的思考。

2. 社会调查

狭义上的"调查"往往特指社会调查。具体方法包括普遍调查法、抽样调查法、典型调查法等。社会调查应注意:(1)要制订调查计划,明确调查的目的、调查的对象、调查的内容(包括各级详细指标)以及调查的途径、方法、方式、措施等。(2)准备好调查的工具,包括器具性的工具(如照相机、录音机、录像机等),也包括文书性的工具(如访问提纲、调查表等)。(3)要客观、详细地做好记录,重视数据统计。(4)要重视运用有关科学理论和方法对记录和数据作出理论分析,揭示事物的本质、规律和发展趋势。

显然,观察、实验、调查这三种方法是相互联系、彼此渗透的。

二、整理经验材料的逻辑方法

通过观察、实验和调查所获得的经验材料,必须经过加工、整理,才能形成正确的经验性判断。加工、整理经验材料的方法,主要有比较、归类、分析与综合、抽象与概括等。

(一) 比较

比较,是一种用来确定对象之间共同点和差异点的研究方法。识同和辨异是比较的基本目的。重要的"识同",应是在极不相似的对象中找出共同点(属性);重要的"辨异",应是在极其相似的对象中找出差异点(属性)。客观事物之间的联系与区别,是比较法存在的客观基础。按研究的目的分,比较可分为相同点比较、相异点比较和同异点综合比较三种;按方法的不同分,比较可分为横向比较、纵向比较和纵横向综合比较三种。比较是归类的基础,没有比较就无从归类。

运用比较法时应该注意:(1)在越不相同的对象中探求相同点,或在越相同的对象中探求相异点,它对科学发现的意义就越大。(2)共同的背景(关系)是比较的基础,因此比较必须在共同的背景(关系)下进行。"共同的背景",是指进行比较的两个(类)对象必须具有类同性。类同性是相关性和相似性的统一。"相关"是指被比较的两个(类)对象的属性彼此相关;"相似"是指被比较的两个(类)对象的性质、结构、功能等方面的相近或相似。(3)要重视在对象的本质属性方面进行比较。(4)要重视对处于运动中的对象进行比较。

(二) 归类

归类,是根据若干对象(或若干较小的类)之间存在的共同点和差异点把这若干对象(或若干较小的类)区分为不同的类(或大类)的一种逻辑方法。显然,归类是建立在比较基础上的。归类是否科学,关键在于比较是否科学。只有比较是在对象的本质属性方面进行的,才能保证归类的科学。归类与概念的划分是两种不同的逻辑方法。它们的区别首先表现在思维进程的方向不同。概念的划分是从较大的类过渡到较小的类;归类则恰恰相反,它是从无类到有类,从较小的类到较大的类。其次,二者的作用不同,概念的划分是明确概念外延的一种逻辑方法,其作用是明确概念的外延,从而更好地使用概念;而归类则是加工、整理经验材料的一种逻辑方法,其作用是使杂乱无章的经验材料条理化、系统化,从而使认识由感性上升到理性,使知识从个别(特殊)过渡到一般。

归类的标准是类性。所谓"类性"就是某类事物所具有的特有属性、本质属性。根据其描述的是事物的质还是量分,类性可分为定性类性和定量类性。描述的是事物的质的类性,就是定性类性。如,"商品"的定性类性是"用来交换的劳动产品"。描述的是事物的量的类性,就是定量类性。如,"小雪"的定量类性是"24小时降雪量小于或等于2.5毫米的雪";"中雪"的定量类性是"24小时降雪量达2.5~5毫米的雪";"大雪"的定量类性是"24小时降雪达5毫米以上的雪"。根据其在归类中的作用不同分,类性分为并类性和或类性。"并类性",是指在归类中那些必不可少的类性。如,要把某物品归入"商品"类,则"用来交换的""劳动产品"这两个类性缺一不可,它们都是并类性。"或类性",是指归类的一个条件,缺了它还有其他条件可以帮助归类。如,供词的类性是"受审者所陈述的或所写的与案情有关的话"。其中,"受审者所陈述的与案情有关的话"是或类性,"受审者所写的与案情有关的话"也是或类性。

(三) 分析与综合

分析,是一种在思维中把作为整体的对象分解为各个部分(它是"各个部分""各个方面""各个阶段""各个因素"等的统称)进而分别加以考察和认识的方法。例如,研究某工厂倒闭的原因,可以从领导班子和职工素质、生产设施、产品结构、管理水平等方面逐一进行考察,这就是分析。任何事物都具有复杂的结构,都由部分、方面、阶段、因素构成,因此,任何事物都是可分析的。分析是一种重要的理性认识活动,没有分析,人们对事物只能是一个混沌的认识。认识对象各个部分的特有属性、本质属性,是分析的根本任务。

分析是一种知性活动,它不同于利用感觉器官这一分析器所作的感觉分析活动。因此,分析必须以必要的背景知识为前提,以科学实践为基础;没有必要的背景知识和科学实践,头脑一片空白,什么分析都无法进行。分析有定性分析、定量分析之分,有结构分析、要素分析之别,有简单分析、系统分析之异。运用分析法应该注意:(1)分析到最基本成分,即对象的最简单的要素或构件;(2)要善于抓矛盾的主要方面;(3)要揭示出对象各个部分的特有属性、本质属性。

人们仅有对对象的各个部分的认识是远远不够的,只有既认识对象的各个部分,又认识对象的全貌,才能真正把握该对象。为此,人们还需要运用综合的方法。综合,是在思维中把已有的关于对象的各个部分的认识结合为一个整体加以考察,从而形成对该对象的整体性认识的一种方法。例如,当我们对某倒闭工厂的领导班子和职工素质、生产设施、产品结构、管理水平等方面进行详细分析之后,就需要在脑海中把分析所得成果加以整合,使从整体上把握该厂倒闭的原因。必须指出,综合并不是把分析所得成果机械相加,而是把这些分析所得成果有机地结合在一块,明确地归纳出对象的各个部分在整体中的地位和作用。认识对象的本质属性是综合的根本任务。综合并不限于对自己分析所得成果的综合,也可以对他人的研究成果进行综合。

分析和综合是两种不同的逻辑方法,它们在认识的方向上是相反的。分析的认识方向是从整体到部分,而综合的认识方向是从部分到整体。但是,它们又是相互依存,不可分离的。首先,分析是综合的基础,没有分析就没有综合;而综合是分析的目的,离开综合的分析是没有价值的。其次,分析中实际上含有综合的因素,分析总是以一定的综合作指导的。因此,只有把分析与综合结合起来,才有可能完成对事物本质的认识。

(四) 抽象与概括

抽象,是一种在思维中舍弃对象的偶有属性、非特有属性、非本质属性,抽取对象的固有属性、特有属性、本质属性的方法。科学抽象的任务,就是在思维中舍弃对象的非特有属性、非本质属性,抽取对象的特有属性、本质属性。例如,考察部分黄种人,发现有许多属性,如"有性别""需要进食""繁衍后代""能运用语言思维""能制造高级生产工具"等。我们通过抽象,撇开了其中的非特有属性、非本质属性(如"有性别""需要进食""繁衍后代"等),抽取了其中的特有属性、本质属性(如"能运用语言思维""能制造高级生产工具"),从而获得了对这部分黄种人的科学认识。抽象的主要环节有三个:分离—分析—抽取。分离,就是暂时不考虑对象与其他各个对象之间的种种联系而把对象从它所在的环境中分离出来。抽取,就是在分析的基础上,抽取对象的固有属性、特有属性、本质属性。

运用抽象法应该注意:(1)抽象有形式抽象和内容抽象之分。本节所讲的是"内容抽象"。(2)抽象必须抽取出普遍性的东西。

抽象的成果有待于概括。概括,是一种在思维中把对一类事物的部分对象的特有属性、本质属性推广到该类所有的其他对象上去的方法。例如,我们可以把部分黄种人所具有的上述特有属性、本质属性推广到所有的黄种人从而推广到全人类,得出"所有的黄种人都是能运用语言思维和能制造高级生产工具的人"的结论,从而得出"所有的人都是能运用语言思维和能制造高级生产工具的人"的结论。

抽象与概括是紧密相关、不可分割的;抽象的同时实际上也在进行着概括。上面的举例,只是为了便于把问题说清楚,事实上,此两例所反映的思维是浑然一体的。

第六节 类比推理和假说

一、类比推理

(一) 什么是类比推理

类比推理就是这样一种推理:已知两个(或两类)对象在某些属性上相同或相似,

而且还知道其中的一个(或一类)对象还具有其他特定属性,于是推出另一个(或另一类)对象也具有该特定属性。例如:

⑥"江苏师大印刷厂与卫东印刷厂在技术力量、工人素质、设施设备、管理水平等方面大体相同,都是上乘的;既然卫东印刷厂的业务能打入国际市场,那么江苏师大印刷厂的业务为什么不能打入国际市场?"

这就是类比推理。其推理过程可整理为:

卫东印刷厂的技术力量较强、工人素质较高、设施设备较好、管理水平较先进,业务打入了国际市场;

江苏师大印刷厂的技术力量较强、工人素质较高、设施设备较好、管理水平较先进;

所以,江苏师大印刷厂的业务也能打入国际市场。

类比推理的逻辑形式可表示为:

对象 A 具有属性 a、b、c、d;

对象 B 具有属性 a、b、c;

所以,对象 B 也具有属性 d。

或表示为:

对象 A 具有属性 a、b、c、d;

对象 B 具有属性 a'、b'、c';

所以,对象 B 也具有属性 d'。

上式中的 A 和 B,可以表示两个个体;也可以表示两个类;还可以其中一个表示类,另一个表示异类的某个体。d 表示类推属性;"d'"表示与 d 相似("a'"也表示与 a 相似;类推)。

类比推理是有其客观依据的。客观事物无不具有众多的属性,而这众多属性中的每一个属性,都不是孤立存在的,而是相互联系的。对象 A 的 a、b、c 属性与 d 属性之间的联系可能是内在的、本质的,而不是外在的、非本质的,因此,当对象 B 具有与对象 A 相同的 a、b、c 属性(或相似的 a'、b'、c'属性)时,对象 B 也可能同样具有 d 属性(或 d'属性)。客观事物内部的众多属性之间的这种相互联系,正是类比推理的客观基础。

类比推理具有以下两个特点。

第一,它是一种由特殊到特殊的推理。类比推理的前提和结论或者都是关于个别事物对象的断定,或者是关于某类事物对象的断定。其思维进程表现为,或者是由个别到个别,或者是从这一类到那一类。类比推理的结论,其知识的一般性程度与前提知识的一般性程度是相同的。因此,从本质上说,类比推理是一种由特殊到特殊的推理。

第二,类比推理的结论是或然的。这是因为:(1)类比推理是在 A、B 两个(类)对象之间进行的,尽管这两个(类)对象具有若干相同(或相似)属性,但毕竟是两个(类)不同的对象,因而它们总是还具有相异属性的。因此,作为类推属性的 d,既有可能是 A、B 两个(类)对象之间的相同属性,也有可能是 A、B 两个(类)对象之间的相异属性。如果是第一种情况,那么由真的前提可以推出真的结论;如果是第二种情况,那么由真的前提也会推出假的结论。(2)对象 A 的众多属性中,有的是固有属性,有的是偶有属性。如果类推属性 d 是对象 A 的固有属性,那么对象 B 可能也有属性 d;如果类推属性 d 不是对象 A 的固有属性,而是偶有属性,那么对象 B 是否也有属性 d,是无法推断的。(3)对象的众多属性之间相互联系的性质、形式、程度是多种多样的,有些属性之间的联系是直接的、紧密相关的,有些属性之间的联系是间接的、疏远的。如果类推属性 d 与对象 A 中的 a、b、c 等属性关系疏远,相关程度低,那么推出对象 B 也具有属性 d,就不可靠了。总之,类比推理结论所断定的知识范围超出了前提所断定的知识范围,因而它也是一种或然性推理。

类比推理不同于比喻。表现在:(1)二者的功能和目的不同。类比推理是由已知推出未知,旨在获得新知。比喻是增强表达效果。通过比喻或增强语言表达的形象性、生动性;或借助具体形象的事物、为人熟悉的事物,把抽象、深奥的道理说得浅显明白。(2)二者的要求不同。类比推理要求所使用的材料必须是真实的;而比喻则无此要求,它所使用的材料可以是人们虚构出来的。类比推理要求两个对象所具有的相同(或相似)的属性越多越好;而比喻只要求本体和喻体在某一方面有鲜明的相似点即可,如果相似点太多,反而会影响比喻的效果。

(二)如何提高类比推理结论的可靠性

类比推理和不完全归纳推理都是或然性推理。但从前面的分析中可以看到,较之不完全归纳推理,类比推理的结论的可靠性程度更低。为了提高类比推理结论的可靠性,我们应注意以下几点。

1. 前提所确认的两个(类)对象的相同属性要尽可能多一些

前提所确认的两个(类)对象的相同属性愈多,结论的可靠性就愈大。因为两个(类)对象的相同属性愈多,就愈表明它们在自然领域中的地位愈接近,类推属性 d 也就有较大的可能为两个(类)对象所共有。例如,一种新药问世,往往首先在白鼠、兔子、狗、猴子、猩猩等动物身上做试验,直到得出满意的结果,才尝试在人身上使用。因为这些动物——特别是猴子、猩猩这样的高等动物比其他动物更接近于人类,在生理机能等方面与人类有着更多相同的属性,用它们做实验类推出的结论显然比用其他动物做实验而类推出的结论更可靠。

2. 尽可能选择两个(类)对象较为本质的属性进行类比

前提中确认的相同(或相似)属性愈是本质的,它们与类推属性(d)之间的相关程度就愈高,结论的可靠程度就愈高。因为对象的本质属性在其众多的属性中处于统帅地位,本质属性制约着其他属性,其他属性是由本质属性决定的;而且在本质属性内部,若干本质属性之间也是紧密联系、互相制约的。因此,作为类比根据的相同属性(a、b、c)愈是本质的,类推属性(d)就愈可能为其所制约,愈可能为两个(类)对象所共同具有。如,本节开头所引的那个类比推理,就是一个结论的可靠性程度较高的类比推理。因为,技术力量、工人素质、设施设备、管理水平等条件是工厂业务能打入国际市场所需条件之中的本质性条件。

3. 前提中所提供的相同(或相似)属性与类推属性之间的关系要尽可能密切一些

如果前提中所提供的相同(或相似)属性与类推属性d密切相关,那么结论的可靠性程度就高。例如,人们将猿猴与海豚进行类比,推出海豚是海洋中的"智能动物"之结论,其推理过程是:"猿猴的脑子很发达,绝对重量大,与体重相比的相对重量也大,而且在形状上脑子被复杂的沟回(大脑表面曲折为皱褶的皮质,称为'沟回')所覆盖,猿猴能进行智能活动;海豚的脑子与猿猴相似,绝对重量大,相对重量也大,而且具有更广泛的沟回,简直可以与人脑相匹敌;所以海豚也能进行智能活动。"这个推理的结论的可靠性程度较高,因为高等动物的智能活动与大脑的发达程度,特别是与大脑表面的沟回密切相关。如果前提中所提供的相同属性与类推属性d关系不密切,那么结论的可靠性就低。

4. 在研究两个(类)对象的相同(或相似)属性的同时,要注意研究这两个(类)对象存在的相异属性;分析那些相异属性是否与类推属性相容

在前提中,如果出现与类推属性(d)不相容的"相异属性",那么,即使相同(或相似)属性再多,结论也是不能成立的。例如,地球和月球有很多相似之处:都是太阳系的星球,都有自转和公转,本身都不发光。但能否据此由"地球上有动物生存"而推出"月球上也有动物生存"呢?不能。因为地球与月球还存在相异之处:月球上没有水、空气稀薄、严重缺氧、昼夜温差大(白天135℃,夜晚-160℃)。这些情况都不适合动物生存。

在类比推理中,人们最易犯的逻辑错误就是"机械类比"。犯"机械类比"错误的根本原因,就是在进行类比推理时没有按上述四条要求去做。例如:

⑦ 基督教神学家认为,宇宙是由许多部分构成的一个和谐整体,正如钟表是由许多部分构成的和谐的整体一样,而钟表有一个创造者,所以宇宙也有一个创造者。

基督教神学家的这个推理就犯了"机械类比"的错误。对照上述4条要求,我们可以从不同角度找到其错误根源。如,对照"要求2",发现其错误根源在于其前提中提供的相似属性不是类比对象"钟表"的本质属性。对照"要求3",发现其错误根源在于其前提中提供的相似属性与类推属性没有关系。

(三)类比推理的功用

类比推理在人们认识世界和改造世界的活动中,具有极其重要的价值。

1. 类比推理是获取新知识、新发明的工具

类比推理可以开拓人的思路,为人们提供认识事物的金钥匙。例如,人们对自然放电现象的认识,就是类比推理的结果。其推理过程是:带有不同性质电的两个物体接触时,会产生火花、声响和电流,那是一种放电现象;而雷鸣闪电时,也有巨响、火花;所以雷鸣闪电也是一种放电现象。对社会现象的认识也常常运用类比推理。例如,摩尔根对于北美印第安人的氏族制度的科学见解,就是他把北美印第安人的生活、文明、血缘氏族关系同原始人进行类比而获得的。

人们对未知世界的认识,起初往往是以假说的形式出现,而假说的提出又常常是运用类比推理的结果。如魏格纳的"大陆漂移"假说、施旺的"动物细胞有细胞核"的假说、哈维的血液循环假说、门捷列夫的化学元素的周期运动假说、达尔文的生物进化假说、惠更斯的光的波动假说、卢瑟福的原子模型假说等,它们都是运用类比推理的结果(详见下文"假说"部分)。

类比推理还是人们认识未来的工具。例如,根据摩托车的发展过程,来类推家用轿车的发展趋势;根据甲项技术发展的经历,来类推乙项技术的发展前景;根据过去某种做法能取得成功,来推断今天的这种做法也能取得成功;根据帝国主义发动第二次世界大战的失败,来推断帝国主义若发动第三次世界大战也将失败;等等。

类比推理是一种创造性思维,是人类发明创造的工具。例如,英国医生詹纳运用类比推理发明了预防天花病的方法:既然挤奶女工感染了牛天花菌而不患天花病,那么人为地把牛天花菌移植人体("种牛痘"),就能使人不患天花病。又如,广东海康药品公司的工作人员运用类比推理发明了通过在牛胆内人工插片来生产牛黄的方法。其思维过程是:"河蚌与牛都是动物,河蚌体内因进入异物并以此为核心经过长期分泌液体形成了珍珠;现已知河蚌经过人工插片能够育出珍珠;牛体内因胆有结石并以此为核心经过长期分泌液体形成了牛黄。因此,牛经过人工插片也能育出牛黄。"

类比推理的运用有助于仿生学的发展。仿生学是一门介于生物科学与技术科学之间的边缘学科,是近六七十年发展起来的。它把各种生物系统所具有的功能原理和作用机理作为生物模型进行研究,希望在技术发展中能够利用这些原理和机理,以实现新的技术设计并制造出更好的新型仪器、机械等。宏观地看,仿生学的一个重要的

思维模式就是类比。例如,青蛙的眼睛是跟踪运动目标(如飞虫、跳虫等)的成效卓越的器官。人们研究蛙眼的构造、功能和机理,并设计出模拟蛙眼的电子模型——技术仿生系统。这样的"电子蛙眼"能跟踪天上的卫星和监视空中的飞机。又如,人们模仿人的膝关节制成了可以自行走动的液压模型;模仿蚊、蝇等昆虫的楫翅制成了用于高速飞机和火箭的"振动陀螺仪";模仿水母,造成了自动漂流的浮标站;模仿企鹅的特殊运动方式制成了时速达 50 公里的极地雪地专用汽车;模仿袋鼠的运动,制成了在沙漠中行驶的无轮汽车——跳跃机。假定用 a、b、c 表示生物原型与技术仿生模型共有的属性,用 d 表示生物原型所显示的性能,那么由自然原型向技术模型过渡所作的推理形式可表示为:

自然原型具有 a、b、c、d;

技术模型具有 a、b、c;

所以,技术模型也具有 d。

模拟方法(也称"模拟法"或"模型实验法"),是目前自然科学和技术科学中被广泛运用的一种实验方法。这种方法就是:用模型代替原型(原型,包括自然原型和需研制的人工原型两种),通过模型间接地研究原型的规律。例如,过去人们对地球上的生命起源问题一直争论不休,因为生命起源的原始状态无法直接考察。在 20 世纪 50 年代,米勒设计了一个生命起源的模拟实验。他在一个密封的容器中放进了生命起源时原始状态中应有的化学元素,又模拟了原始大气环境,几天之后在容器中出现了生命的迹象,发现了氨基酸的存在。又如,在研究设计北京工人体育馆(建筑物直径达 94 米)大型悬索结构的过程中,工程师们先后制作了直径为 5 米、18 米的两个模型,进行力学实验。通过实验掌握了大量的科学数据,为该馆的设计提供了可靠的依据。

运用模拟方法的过程,实际上是运用类比推理的过程。设 a、b、c 为模型与原型的共同属性(相似的内部结构与相似的外部条件),设 d 为模型试验所显示的性能,那么这种由模型向原型过渡的类比推理形式可表示为:

模型具有 a、b、c、d;

原型具有 a、b、c;

所以,原型也具有 d。

2. 类比推理是论辩实践的辅助工具

类比推理可用作论辩(论证和反驳)实践的辅助工具。

首先,它可以作为论证的辅助工具,以增强论证的说服力。例如,《邹忌讽齐王纳谏》一文中就有关于邹忌运用类比推理来说服齐威王纳谏的叙述:

于是入朝见威王,曰:"臣诚知不如徐公美。臣之妻私臣,臣之妾畏臣,臣之客欲有求于臣,皆以美于徐公。今齐地方千里,百二十城,宫妇左右莫不私王,朝廷之臣莫不畏王,四境之内莫不有求于王:由此观之,王之蔽甚矣。"

在这里,邹忌把自己的"令人私""令人畏""令人有求"而"受蔽",与齐威王的"令人私""令人畏""令人有求"加以比较,类推齐威王也会"受蔽"。

其次,类比推理还可以用来反驳一个无效的(论证的)推理形式。其方法是:以其人之道还治其人之身,就是用与论敌类似的(论证的)推理形式推出其本人不愿意接受的荒谬的结论,从而说明该形式的无效。譬如,听到这样的推理:"如果所有的商品都是有价值的,那么所有有价值的都是商品。"我们可以这样反驳:"照你这么说,如果所有的猴子都是动物,那么就可以推出'所有的动物都是猴子'了?"(类比推理反驳功能的阐述,详见第八章"归谬法"部分)。

总之,类比推理是一种应用十分广泛的思维模式。

二、假说

(一) 什么是假说

假说(Hypothese),也叫"假设",是以已有的事实材料和科学知识为依据的、关于未知的事物或规律的猜测性解释和说明。假说具有以下三个显著特征:

1. 假说是以事实和科学知识为根据的

假说产生的基础是客观事实和已有的科学知识。[①] 例如,魏格纳的"大陆漂移"假说的提出就是这样。提出该假说的客观事实基础有四个:第一,各个大陆块可以像拼板玩具那样合起来,大陆块边缘之间的吻合程度是非常高的。第二,大西洋两岸以及印度洋两岸彼此相对地区的地层构造是相同的。第三,大西洋两岸的植物化石和动物化石几乎完全相同。第四,留在岩层中的痕迹表明,在3.5亿年前至2.5亿年前之间,今天的北极地区曾经一度是气候很热的沙漠,而今天的赤道地区曾经为冰川所覆盖;这些陆块古时所处的气候带与今天所处的气候带恰好相反。提出该假说的科学知识基础是几何学知识、地质学知识、古生物学知识、古气候学知识等。离开客观事实和科学知识而提出的关于某种未知事物或规律的猜测性解释,不叫"假说",而叫"胡说"。在一些宗教教义、宗教故事、神话传说中,也有对某些现象或规律作出解释的,但这些解释都不是假说;因为它们或者脱离客观事实,或者脱离科学知识。

2. 假说具有猜想的性质

假说不同于业已得到证实的科学理论,它仅仅是对未知事物或规律的猜想,是尚

---

① 虽然其所依据的事实是不系统、不完整、不充分的,所依据的科学知识也不足以解释、说明这些事实。

未达到确实可靠的认识,因而还有待于验证。"假说"一旦被证实,就不再是假说,而是真理了。

3. 假说是人的认识接近客观真理的方式

假说作为对未知事物或规律的猜测性的解释,它是否真正把握了客观真理,是有待于证实的。但是,由于它的这种猜测性的解释又是建立在客观事实和已有科学知识基础上的,因而它会随着人们实践活动的不断深化而不断获得修改、补充、更新,从而不断趋于接近真理。也就是说,在认识活动中人们往往都是经由假说的不断提出和假说的不断检验之方式或途径,来达到对事物认识的不断深化并从而建立相应的科学理论的。

假说的内容结构可以是比较简单的。如,某村民被人杀害,公安人员作出如下推测:如果某人是凶手,那么他一定是与被害人有深仇的人,张三与被害人有深仇,所以,张三可能是凶手。于是,张三被作为凶犯嫌疑人而传讯。在这里,公安人员关于"张三可能是凶手"的假说,其内容结构是非常简单的。但是,绝大部分假说,特别是科学假说(即本节要着重阐述的"假说"),其内容结构通常表现为一个比较复杂的体系。其中,既包含确实可靠的内容,又包含真实性尚待判定的内容。例如,在魏格纳的"大陆漂移"假说中,既包含一系列的关于非洲和南美洲等可以拼合的确实可靠的事实和若干科学原理,这是提出假说的前提和出发点;又包含表示推测的"大陆漂移"这一基本观念,这是假说的核心内容;还包含运用假说的基本观念对大西洋两岸古生物物种何以会几乎全相同等一系列事实的解释,这是支撑基本观念的重要内容。

但是,逻辑学并不研究(也没有能力研究)各种假说的具体内容,它只研究假说中的逻辑问题,着重研究在假说的形成过程中主要运用何种推理以及应注意的事项,假说的验证方法以及应注意的事项。

(二)假说的形成

1. 假说形成的两个阶段

一般地说,假说的形成大致要经历如下两个阶段:初始阶段和完成阶段。

(1)初始阶段。依据业已掌握的为数不多的事实材料和已知的科学知识,通过一系列创造性思维活动(主要是推理活动),对未知事物或规律作出一个初步假定。

(2)完成阶段。从初步假定出发,利用有关的科学知识、理论和尽可能多的事实材料,进行广泛的论证,使这个初步假定在其内容结构上得到最大限度的充实、丰富,从而成为一个内容结构比较完整而稳定的系统,即比较完整的科学假说。

2. 假说形成过程中应注意的事项

假说的形成过程往往是极其复杂的,也是极富创造性的,没有什么固定的程序和规则可循。但是,根据假说的最根本的特征,在其形成的过程中,有些问题是必须注意的。

(1) 形成假说应当以事实做根据,但不应等待事实材料全面系统地积累起来以后才作出假说。受到主客观条件的制约,人们往往不可能在短期内一下掌握系统、完备的事实材料,因而总是一方面继续通过调查、观察、实验等手段不断搜索事实材料,另一方面充分发挥主观能动性,开展积极的理论思维,分析研究现有事实材料,并最大限度地用以作出初步假定。例如,19世纪60年代,在已知的元素只有63种的情况下门捷列夫就毅然提出了元素周期律假说。以前,化学元素的发现,大多是偶然的和盲目的,而在此假说提出之后,情形就很不相同了。人们开始以假说为指导,系统地、有目的地探索新元素,从而极大地推进了新元素的发现工作。

(2) 假说的形成必须以已有的科学知识为依据,但又不能受传统观念的束缚。这里所谓的"传统观念",有两层含义:一是指伪科学,即提出假说时,人们以为那个观念是真理,其实是谬误;二是指具有一定局限性的知识、原理。如前所述,从本质上说,假说是人的认识接近客观真理的方式,是科学发展的一种形式。因此,我们在形成假说时,应勇于向传统观念挑战。只有勇于向传统观念挑战,才能推翻谬误,或修正原有的理论所存在的缺陷,才能提出富有科学价值的假说,从而推动认识的深化和科学的发展。哥白尼之提出"太阳中心说"的过程、达尔文之提出"物种进化论"的过程、爱因斯坦之提出"相对论"的过程、魏格纳之提出"大陆漂移说"的过程等,无一不是向传统观念宣战的过程。没有向传统观念的宣战,就没有科学的进步和发展。

(3) 假说应能比较圆满地解释有关已知的事实(现象),应包含预见未知事实(现象)的新结论。能对已有事实作出较为成功、较为满意的解释,是假说功能上的一个基本特征。如果一个假说不能解释已知的有关事实(现象),那么它就不是一个真正的"假说",因而也就没有保留的必要。例如,地球上的某些庞大山脉(如洛基山脉、安第斯山脉、喜马拉雅山脉等)是如何形成的呢?这是一个谜。在19世纪以前,人们就当时的科学知识无法解开这个谜。直到20世纪初魏格纳提出了大陆漂移假说后,才借以作出比较圆满的解释。其解释是:当大陆漂移时,其前缘如果受到阻力就会发生褶皱,就好像船在水上行驶时,在船头前面产生波浪那样。向西推进的南北美大陆,一方面在其东面形成了大西洋,另一方面由于上述理由,在其西岸形成连绵不断的洛基山脉和安第斯山脉。另外,随着原始古陆的分裂而向北漂移的印度大陆和亚洲大陆相撞就形成了喜马拉雅山脉。

作为一种富含科学价值的假说,仅能对已有事实(现象)作出令人耳目一新的解释还是不够的,它还须对未知的事实(现象)作出预测性的新的结论,借以表明本假说具有较多的解释未知事实(现象)、解决未必遇到但可能遇到的问题的能力。例如1869

年门捷列夫的元素周期律假说,不仅对当时发现的63种化学元素作出了全新的理论性解释,而且还预言今后定会发现"类铝""类硼"和"类硅"这三种新元素。后来的发现证实了这一预言。

在假说的内容结构中,关于未知事实(现象)的结论(即预言),远远要比关于已知事实的结论(即解释)重要。

(三)假说的验证

检验一个假说是不是真理,其标准不是人们的信仰和公认的理论,而是实践。科学假说,首先必须经过科学实践(观察和实验)的检验,才有可能成为科学理论。

假说的验证过程并不都是在建立假说后才开始的,往往在孕育假说之初就已经对验证有所设想,并且,一有可能就会将验证的设想付诸行动,对个别内容进行初步的验证。但是,对假说的真理性具有决定意义的验证,应该说是在假说建立之后所进行的全面的、严格的验证。

1. 假说验证的步骤

假说的验证是一个极其复杂的过程。大致说来,可分以下两个步骤。

第一步:从假说的基本观念出发引申出关于事实的结论。完成这一步,是一个逻辑推演的过程。可用下面的公式表示:

$(p \wedge r) \rightarrow q$

公式中的"p"既可以表示假说基本观念的整体,也可以表示假说基本观念的某一部分;"r"表示现有的背景知识;"q"表示关于事实的命题(可能是关于已知事实的结论——解释已有事实;也可能是关于未知事实的结论——预言未知的事实)。整个公式表示:如果假说的基本观念(p)是真实的,那么由它结合现有的背景知识(r)所作出的有关事实的命题(q)也必然是真实的。

第二步:通过社会实践检验那个(些)被引申出来的结论是否真实。完成这一步是假说被证实或被证伪的关键。在方式上,可以采用经验的直接对照方式,也可以采用经验的间接对照方式。例如,达尔文根据生物进化之假说,认为人类是由类人猿进化而来的,并推断地层里有类人猿的遗骸。1891年至1892年荷兰人类学家杜布瓦果然在爪哇岛的地层中,发现了类人猿的一副头盖骨、大腿骨和几枚牙齿。这一发现使达尔文关于类人猿遗骸的推断得到了证实。有时要验证假说的某一推断,必须采用经验的间接对照方式。如,根据"海底扩张"之假说,引申出以下一个推断:离中央海岭(海底山脉)越近的海底越年轻,离中央海岭越远的海底越年老。由于海底的移动速度极慢(每年约几厘米),因此,海底物质从中央海岭涌出,然后一直移动到海沟(海洋的最深部)又降回地球内部,全部过程约需2亿～3亿年时间。要检验上述有关海底年龄的推断,就不能用经验的直接对照方式,只能用经验的间接对照方式。即:人们依据岩层中所含的微量放射性元素的自然衰变现象,依据放射性元素的衰变期和数量来计算岩层的年龄。正是通过此方式,人们对海洋中有关岛屿的岩龄进行测定,证实了"离中央海岭越近的海底越年轻,离中央海岭越远的海底越年老"这一推断。

2. 假说验证过程中应注意的问题

(1) 不仅要验证假说关于已知事实的解释,更重要的是要验证假说关于未知事实的预言。

(2) 假说的验证是一个历史的过程。一个假说不论是证实,还是证伪,往往不是靠一两次实践活动就能完成的。这是因为:

第一,验证假说时用于确证的推理形式并不是有效式,用于证伪的推理形式虽然是有效式,但其结论是一个选言命题(详见下文"在假说验证过程中所运用的推理"部分)。

第二,验证假说时,人们往往会受到主、客观条件的制约,使验证存在这样或那样的方法上的、技术上的问题,从而不能保证验证本身的严格、严密、精确无误。例如,17世纪化学家波义耳提出了"存在燃素"之假说,乃是基于这样一个验证操作:把容器里的金属加热,经过测定,金属加热后的重量增加了。这一验证操作其实出了差错:他没有估计到容器里的一部分气体和炽热的金属化合,并且在打开容器盖子时,外界的空气又补充进来了。到了18世纪,化学家们校验了波义耳的实验,在加热后不打开容器盖子,而把金属和容器一起称,结果重量没有改变,从而证明并没有什么"燃素"钻进容器中与金属结合。可见,由于波义耳验证的失误,使"燃素说"的淘汰推迟了许多年。

第三,假说的内容结构往往是非常复杂的,因而验证所获得的经验证据(在此,不妨假定它们都是可靠的)也常常是复杂的,有的是正例证据(就是使假说的一部分内容得到肯定的证据),有的则是负例证据(又称"反例证据",就是使假说的一部分内容受到否定的证据)。这样,研究者就会对假说内容有一个修改、补充,从而使之完善的过程;同时也有一个使修改后的假说重新接受验证的过程。

总之,接纳一个假说或淘汰一个假说都是一个长期的和曲折的过程,假说的真理性只有在人类社会历史实践的长期考验中才能最终被判定。

(3) 假说的验证具有相对性。由于社会实践总是具有历史局限性,因此,假说的验证只具有相对的意义,不具有绝对的意义。虽然,假说一经证实,就可转化为科学理论,但由假说上升而来的科学理论,绝不是僵化的,绝不是绝对的,它只是相对的真理。

(四) 形成和验证假说过程中所运用的推理

假说作为一种思维过程,它同论证一样是始终离不开概念、判断、推理等三种基本思维形式的。这里仅就其形成和验证过程中所运用的推理情况略作介绍。

1. 在假说形成过程中所运用的推理

在假说形成过程中所运用的推理,主要是类比推理和归纳推理。

假说的形成是一种创造性思维过程,而类比推理则是创造性思维的工具之一。尤其在假说形成的初始阶段,类比推理是用得最多的,因为初始假定的主要过程实际上就是从他事物联想类比到此事物的过程。例如,施旺提出"动物细胞有细胞核"的假说,就是运用类比推理的结果。19世纪德国动物学家施旺和植物学家施莱登分别发现了动物和植物都是由细胞组成的,以后施莱登又在植物细胞中发现了细胞核。于是,施旺作了类推:如果动物和植物的相似不是表面的,而是实质的,那么,动物细胞也会有细胞核。后来,借助显微镜果然发现了动物细胞核的存在。又如,17世纪英国生理学家哈维三次借助类比推理建立了血液循环假说。他认为太阳是宇宙的中心,天体作圆周运动,心脏是人体的中心,血液的运动也可能是作圆周运动。他认为,潮湿的土地受到太阳的照射,产生蒸气,蒸气上升凝聚,又变成雨降到地面,再湿润土地,然后再经太阳照射,又成为蒸气升空,如此环循往复,周而复始,大自然是循环的,血液的运动也可能是循环的。此外,他还认为,水往低处流,而水泵能把水从低处抽到高处,心脏的作用同水泵的作用是一样的。这第三次把水泵与心脏的类比是提出血液循环假说的关键。人类科学史上,科学家们运用类比推理提出假说的事例举不胜举。

假说在其形成过程中往往也需运用归纳推理。因为假说是对已知事实(现象)的概括和系统化,而已知事实(现象)往往不是少量的,而是大量的。要对大量的事实(现象)作出概括(即,从中找出共性),必须借助归纳推理。例如,18世纪末,法国科学家普鲁斯特提出"固定组成"假说就是运用归纳推理的结果。普鲁斯特在研究中发现天然孔雀石所含的碳酸铜与人工合成的碳酸铜的重量组成一样,其中氧化铜含量为69.4%,二氧化碳的含量为25%,水的含量为5.6%;发现西班牙的朱砂和日本的朱砂重量组成一样,其中汞的含量为86.2%,硫的含量为13.8%;发现秘鲁的氯化银和西伯利亚的氯化银重量组成一样,其中氢的含量为11.2%,氧的含量为88.8%;等等。于是,普鲁斯特借助归纳推理得出结论:任何化合物都有固定的重量组成。又如,著名的哥德巴赫猜想也是通过归纳推理得来的。1742年法国数学家哥德巴赫把许多偶数分解成两个素数之和,如$4=2+2,6=3+3,8=3+5,10=5+5,12=7+5,14=7+7,16=5+11$等,进而通过归纳推理提出了"每个大于2的偶数都是两个素数之和"这一猜想。归纳推理(完全归纳推理除外),由于其结论所断定的知识范围超出了前提所断定的知识范围,因而它也是进行创造性思维的不可或缺的工具之一。

提出假说的过程中,有时也需要借助演绎推理。例如,英国物理学家狄拉克提出的反粒子假说,就是根据爱因斯坦相对论的观点演绎而来的。相对论指出:粒子运动时,它的总能量有正负二值,即存在着负能量。狄拉克由此提出:可能存在负能粒子。这里,实际上运用了充分条件假言直言推理的肯定前件式。有时,对同一事实(现象)可能会作出几个不同的假定。研究人员总要对这些假定进行筛选,剔去其中的一部分,保留其中的另一部分,那些被保留的假定都是很有可能成立的假定。这一筛选过程,实际上是运用选言推理的过程。

2. 在假说验证过程中所运用的推理

在假说验证过程中所运用的推理主要是演绎推理。具体推理形式有两种。其一是:

$(p \wedge r) \rightarrow q$

$\underline{q}$

$\therefore p$

上式系简略式,其结论本应是 $p \wedge r$,由于由 $p \wedge r$ 可推出 p,故结论只写作 p。其中 p 表示假说的基本观念,q 表示关于事实的命题,r 表示现有的背景知识(科学知识)。

上面的推理式表明:如果实践结果与假说所推演出来的关于事实的命题(q)相符,那么假说(p)就能成立。例如,魏格纳在提出"大陆漂移"假说后曾结合已有科学知识作了下列推演:如果大陆是漂移的(现在的几个大洲是原始大陆破裂的产物),那么,各大洲相对的边缘处,在地层构造方面的情况应该大致相同;如果大陆是漂移的,那么各大洲相对应的地区的生物物种应该大致相同;如果大陆是漂移的,那么造成原始大陆破裂的力量现在应该依然存在。魏格纳在进一步的考察中发现了上述三个假言命题其后件所反映的情况是客观存在的。于是确信"大陆是漂移的"。

显然,上面这个推理式是供假说的确证(证实)用的。然而,遗憾的是,它不是一个有效的推理式——充分条件假言直言推理不能采取"由肯定后件到肯定前件"的推演,其结论不具有必然性。但是,不管怎么说,这个推理式仍不失为验证假说的一种极其重要的工具,它能为假说的证实提供某种程度的支持。不言而喻,从假说所推演出来的关于事实的命题(q)被确证得越多,假说被证实的可能性也就越大。同时,还应该看到,关于事实的命题(q)有两种:一种是关于已知事实的命题,一种是关于未知事实的命题。前者的被确证远不如后者的被确证重要。较之前者,后者的被确证对假说证实的支持程度较高。

这里再次告诉我们,要证实一个假说,绝非易事;不经过长期的、反反复复的验证,是不能把假说认作真理的。

用于假说验证的第二种推理形式是:

$$(p \wedge r) \rightarrow q$$
$$\neg q$$
$$\therefore \neg p \vee \neg r$$

上式中 p、q、r 表示的内容同前。上面的推理式表明,如果实践结果与假说所推演出来的关于事实的命题(q)不相符,那么假说(p)可能不成立。例如,蝙蝠能在夜间快速飞行而不碰撞障碍物。对此事实,人们提出了"蝙蝠视力特强"的假说。根据这一假说,可推演出如下结论:如果蝙蝠视力特别强,那么它在眼睛被蒙上的情况下快飞就会碰撞障碍物。后来,有人设计了这样一个实验:在一个密布着纵横交错的钢丝且每根钢丝上系上铃铛的暗室中,让蒙着眼睛的蝙蝠飞行。观察到的情况是,蝙蝠十分准确地穿行于钢丝之间,往返数十次,而碰上钢丝的情况,一次也没有。这一实验的结果与"蝙蝠在眼睛被蒙上的情况下快飞会碰撞障碍物"的命题不相符,因而"蝙蝠视力特强"的假说可能是假的——事实上就是假的。

显然,上面这个推理式是供假说的证伪用的。但是,从逻辑的角度看,这个推理式并不能必然地给假说证伪。因为它的结论是"$\neg p \vee \neg r$"。而"$\neg p \vee \neg r$"在以下三种情况下均为真:(1)$\neg p$ 真而 $\neg r$ 假;(2)$\neg p$ 假而 $\neg r$ 真;(3)$\neg p$ 真 $\neg r$ 也真。如果是第(2)种情况,那么 p 就没被证伪。例如,牛顿在 1665—1666 年间就已提出万有引力的假说。根据这一假说,他结合其他知识计算出月球的运行情况。但对月球的观察使他大失所望,因为他发现观察的结果与他的计算不符。这使他当时没能公布这一假说。直到 1686 年法国的一个实地考察团对地球的圆周作出新的测量,牛顿才发现他以前计算时作为根据的数字有错误,而修改后的数字正是证实他的设想所渴求的。这次验证使他欣然发表了他的"万有引力"定律。这个例子告诉我们,在验证假说时,可能存在"$\neg p$ 假而 $\neg r$ 真"的情况。务必切记:由 $\neg q$ 不能必然推出 $\neg p$。

这里再次告诉我们,要证伪一个假说,也并非易事;切不可通过一两次实践活动就轻易地把它认作谬误。

假说在人们认识世界的过程中起着非常重要的作用。它不仅是科学理论创立和发展的必要工具,也是由事实(现象)通往科学原理的桥梁,还是由一个理论通往另一个理论的桥梁。人类的科学史以无数事实证明,任何科学研究和理论创建都离不开假说,假说是探索真理的必由之路。另外,人们在日常生活和工作中也总要借助假说。这主要表现在人们的司法活动、决策活动和管理活动中。例如,公安人员在破案活动中,往往需要先作出假说,而后根据这一假说来解释已知事实,预测未知事实,接着有目的、有计划地组织一系列侦探活动,以验证这一假说,即确认罪犯对象。

思考与练习

一、思考题

1. 什么是完全归纳推理？它的逻辑形式是怎样的？

2. 什么是简单枚举归纳推理、科学归纳推理？二者的区别在哪里？其逻辑形式是怎样的？

3. 什么是因果联系？其特性有哪些？试分别举例说明。

4. 什么是求同法、求异法、求同求异并用法、共变法、剩余法？写出它们的逻辑形式，并逐一举例说明；再分别说说运用此五种方法时应注意的问题。

5. 收集和整理经验材料的方法主要有哪些？什么是观察法、实验法、调查法？使用这三种方法应注意哪些问题？什么是比较法、归类法、分析与综合法、抽象与概括法？试分别举例说明。

6. 什么是类比推理？其特点是什么？写出类比推理的逻辑形式，并举例说明。

7. 举例说明如何提高类比推理结论的可靠性。

8. 什么是模拟方法？试举例说明它是如何运用类比推理这一思维形式的。

9. 什么是假说？它有哪三个显著特征？简述假说的形成过程以及在假说形成过程中应注意的问题；简述假说验证的步骤以及在假说验证过程中应注意的问题；举例说说在假说验证过程中所运用的推理形式。

二、练习题

（一）阅读下面各段文字，指出其中包含的推理是哪种（或哪几种）推理，并写出推理形式。

1. 人们观察了大量向日葵，发现它们的花总是朝着太阳。经研究发现，向日葵茎部含有一种植物生长素，它可以刺激生长，又具有背光的特性。生长素常常在背着太阳的一面，使得茎部背光的一面生长快于向阳的一面，于是开在顶端的花就总是朝着太阳。

2. 华罗庚的《数学归纳法》中有这样一段文字："从一个袋里摸出来的第一个是红玻璃球，第二个是红玻璃球，甚至第三个、第四个、第五个都是红玻璃球的时候，我们立刻会出现一种猜想：'是不是这个袋里的东西全部都是红玻璃球？'但是，当我们有一次摸出一个白玻璃球的时候，这个猜想失败了。这时，我们会出现另一个猜想：'是不是袋里的东西全都是玻璃球？'但是，当有一次摸出来的是一个木球的时候，这个猜想又失败了。那时,我们又会出现第三个猜想:'是不是袋里的东西都是球?'这个猜想对不对,还必须继续加以检验,要把袋里的全部东西摸出来,才能见个分晓。"

3. 某植棉能手观察到:在甜瓜苗刚长出两片真叶时就打顶,能使它的真叶的腋心里长出两根蔓来,坐瓜早,结瓜多,又不脱落。于是,他想:甜瓜和棉花都是大田作物,都喜温热、干燥、阳光,如果在棉花刚长出两片真叶时就打顶,让棉花长出两个杆,那么也能早出蕾,多挂铃,提高产量。

(二)下列两例所运用的探求因果联系的方法以及运用该方法所获得的具体结论各是什么?(要求:写出相应的逻辑形式)

1. 为了寻找脉搏跳动、呼吸次数、肺活量与参加体育活动的关系,有关研究人员以游泳运动员、体操运动员、自行车运动员各一人为一组,以机关干部、普通教师、翻译人员各一人为另一组,两组相比。结果发现:运动员组的三个人,脉搏跳动和呼吸次数都比一般人少,肺活量则比一般人大,而非运动员组三个人脉搏跳动和呼吸次数都比运动员组多,肺活量比运动员组小。

2. 某地发生一起杀人案件。被害者身上除被木棍等钝器重击的伤痕以外,致命处还有一个刀刺的伤口。已捕的几个作案人如实供认,他们没有携带匕首一类锐器去殴打被害人,调查结果也证实他们没有杀死被害人的动机。于是,有关公安人员认为,真正的杀人犯还没有归案。后经过深入侦察,终于抓到了真正的杀人犯。

(三)分析题

1. 某制药厂研制了用以治疗 SMR 病的甲、乙两种新药。为了比较它们的疗效,该厂安排 SMR 患者张三做试验。其方法是:先让张三服甲种药一天,并作好疗效记录;再让张三服乙种药一天,并作好疗效记录;然后对两次疗效记录进行比较,从而确认甲、乙两种新药的孰优孰劣。请分析这个安排是否恰当,为什么?

2. (原材料)某农科所从 1954 年开始研究害虫褐飞虱。当时,人们普遍相信日本学者村田藤七的观点,认为褐飞虱是以成虫或幼虫的形态过冬。在一次搜集成虫的过程中,农科所的研究人员又来到了他们曾发现有成虫的一个地方。望着水边的游草,他们想到一个问题:那些成虫在下雪前可以找到,下雪后就不见了,如果是成虫或幼虫过冬的话,总得有安身之处,而这安身之处为何找不到呢?于是,他们作了大胆推测:褐飞虱也许是以卵的形态过冬的。如果是以卵的形态过冬,那么又该到哪里去找虫卵呢?他们记得下雪的前几天,很多成虫还在游草里。根据这种虫在炎热天的田里生长的特点,要是把游草移入养虫室培养,增加温度孵化出虫来,不就可以证明自己的推测了吗?于是,他们就地取了一些游草,放到温室,调节温度和湿度,做孵化试验。10 天后,发现了一个幼虫,又过了几天,大批成虫出现了。他们的推测得到了证实。

阅读这个材料,回答:① 这个材料中包含哪些假说?② 农科所的研究人员是根据什么提出自己的假说的？③ 农科所的研究人员是如何验证自己的假说的？其中运用了什么推理？（要求在回答第二、第三问时把推理形式写出来）

（四）选择题（在每小题的四个或五个备选答案中，选出一个正确答案）

1. 因船舶遇难落水的人在水中最多能坚持多久？有人研究发现，会水的人在水温0℃时可坚持15分钟；在2.5℃时，是30分钟；在5℃时，是1小时；10℃时是3小时；25℃时是1昼夜。可见，人在水中坚持的时间长短与水温高低有因果联系。获得这一结论运用的探求因果联系的方法是（ C ）。

A. 求同法　B. 求异法　C. 共变法　D. 剩余法　E. 求同求异并用法

2. 19世纪有一位英国改革家发现：每一个勤劳的农夫，都至少拥有两头牛；那些没有牛的，通常是些好吃懒做的人。于是，他提出的改革方案是：国家给每一个没有牛的农夫两头牛，这样整个国家就没有好吃懒做的人了。这位改革家明显犯了一个逻辑错误。

以下哪项论证中出现的逻辑错误与题干中出现的类似？（ D ）

A. 瓜熟蒂落，所以瓜熟是蒂落的原因。
B. 这是一本好书，因为它的作者曾获诺贝尔奖。
C. 你是一个犯过罪的人，有什么资格说我不懂哲学？
D. 有些发达国家一周只工作四天或实行弹性工作制，为了缩短与发达国家的差距，我国也应该照此办理。
E. 你说谎，所以我不相信你的话。因为我不相信你的话，所以你说谎是徒劳的。

3. 一个研究人员发现免疫系统活性水平较低的人在心理健康测试中得到的分数比免疫系统活性水平正常或较高的人低。该研究人员从这个实验中得出结论：免疫系统既能抵御肉体上的疾病也能抵御心理疾病。

以下哪项如果为真，该研究人员的结论将受到最有力的削弱？（ E ）

A. 该实验性研究的完成与开始实验本身之间有一年的间隔时间。
B. 人们的免疫系统活性水平没有受到他们服用的药物的影响。
C. 免疫系统活性高的一些人在心理测试方面的得分与免疫系统活性正常的人的得分一样。
D. 与免疫系统活性正常或高的人相比，免疫系统活性低的人更易得过滤性毒菌引起的感染。
E. 高度压力首先导致心理疾病，然后导致正常人的免疫系统活性的降低。

4. 有人认为鸡蛋黄的黄色跟鸡所吃的绿色植物性饲料有关。为了验证这个结论，下面哪种实验方法最可靠？（ C ）

A. 选择一批优良品种的蛋鸡进行实验。

B. 化验比较植物性饲料和非植物性饲料的营养成分。

C. 选择品种等级完全相同的蛋鸡,一半喂食植物性饲料,一半喂食非植物性饲料。

D. 对同一批蛋鸡逐渐增加(或减少)植物性饲料的比例。

5. "在若干要求离婚的案件中,情况各不相同,但双方感情破裂是相同的。可见,双方感情破裂是要求离婚的重要原因。"上述因果关系的判定是用(A)得出的。

　A. 求同法　B. 求异法　C. 求同存异并用法　D. 共变法　E. 剩余法

6. 京华大学的30名学生近日答应参加一项旨在提高约会技巧的计划。在参加这项计划前一个月,他们平均都已经有过一次约会。30名学生被分成两组:第一组与6名不同的志愿者进行6次"实习性约会",并从约会对象得到对其外表和行为的看法的反馈;第二组仅为对照组。在进行实习性约会前,每一组都要分别填写社交忧惧调查表,并对自己的社交技巧评定分数。进行实习性约会后,第一组需要再次填写调查表。根据第一组再次填写的调查表,第一组较之对照组表现出更少社交忧惧,在社交场合有更多自信,以及更易进行约会。显然,实际进行约会能够提高我们的社交交往水平。

以下哪项如果为真,最可能质疑上述推断?(C)

A. 这种训练计划能否普遍开展,专家们对此有不同的看法。

B. 参加这项训练计划的学生并非随机抽取的,但是所有报名的学生并不知道实验计划将要包括的内容。

C. 对照组在事后一直抱怨他们并不知道计划已经开始,因此,他们所填写的调查表因对未来有期待而填得比较忧惧。

D. 填写社交忧惧调查表时,学生需要对约会对象的情况进行一定的回忆,男学生普遍对约会对象评价较为客观,而女学生则显得比较感性。

E. 约会对象是志愿者,他们在事先并不了解计划的全过程,也不认识约会的实验对象。

7. 在一项实验中,实验对象的一半作为实验组,食用了大量的味精,而作为对照组的另一半没有食用这种味精。结果,实验组的认知能力比对照组差得多。这一不利结果是由于这种味精的一种主要成分——谷氨酸造成的。

以下哪项如果为真,最有助于证明味精中某些成分造成这一实验结论?(E)

A. 大多数味精消费者不像实验中的人那样食用大量的味精。

B. 上述结论中提到的谷氨酸在所有蛋白质中都有,为了保证营养必须摄入一定量的这种谷氨酸。

C. 实验组的人所食用的味精数量是在政府食品条例规定的安全用量之内的。

D. 第二次实验时,只给一组食用大量味精作为实验组,而不设食用味精的对照组。

E. 两组实验对象是在实验前按其认知能力均等划分的。

8. 地球和月球有许多共同属性,如它们都属太阳系星体,都是球形的,都有自转和公转等。既然地球上有生物存在,因此,月球上也很可能有生物存在。

以下哪项如果为真,最能削弱上述推论的可靠性?（ B ）

A. 地球和月球大小不同。

B. 月球上同一地点温度变化极大,白天可上升到135℃,晚上又降至零下160℃。

C. 月球距地球很远,不可能有生物存在。

D. 地球和月球生成时间不同。

E. 地球和月球旋转速度不同。

第七章 逻辑基本规律

第一节 逻辑基本规律概述

逻辑规律（又称"思维形式的结构规律""思维的逻辑形式的规律"），即思维法则，就是人们在运用思维形式时必须遵循的各种法则。按其对思维形式所起的作用不同，逻辑规律可分为逻辑基本规律和逻辑特殊规律两大类。逻辑基本规律，就是对各种思维形式均有制约作用的逻辑规律，它包括同一律、（不）矛盾律和排中律三种[①]。逻辑特殊规律就是只能对某个思维形式有制约作用，而不能对所有思维形式都起制约作用的逻辑规律。前面各章所涉及的各种各样的"规则"都属于逻辑特殊规律。逻辑基本规律和逻辑特殊规律之间的根本区别在于对思维形式是否具有普适性。后者不具有普适性，它只适用于某种思维形式。例如，定义的规则只适用于对概念进行定义，划分的规则只适用于对概念进行划分，人们如要进行三段论推理、选言推理是无须遵守它们的。逻辑基本规律是具有普适性的，它普遍适用于各种思维形式。如同一律，人们在运用概念时、在作出判断时、在进行推理时，都得遵守它；否则，就会出现偷换概念（或混淆概念）、偷换论题（或混淆论题）的逻辑错误。

在思维过程中，人们必须既遵循逻辑基本规律，又遵循逻辑特殊规律。也就是说，遵循这两种规律是正确思维的必要条件。

遵循逻辑基本规律，是人们进行正确有效思维和表达思维成果——思想的最基本的要求。人们要进行有效思维或有效表达思想，必须满足这样一个前提条件，即：思维具有确定性、无矛盾性、明确性和论证性。而逻辑基本规律正是对这一前提条件的科学概括。

逻辑基本规律客观地存在于正确和有效思维的活动中，它是支配主体思维的规律，而不是作为第一性的客体本身的规律。然而，这并不意味着逻辑基本规律与作为第一性的客观事物本身的规律性无关。逻辑基本规律是作为第一性的客观事物的质的相对固定性在人们思维活动中的反映。任何作为第一性的客观事物的发展都有着

[①] 学界也有人认为，逻辑基本规律还包括充足理由律。本书认为，该规律只用于论证，其内容全部包含于"论证的规则"内（将在下章得到具体阐述）。为了追求理论的简洁和避免内容的重复，本书不把该规律视为逻辑基本规律。

两种状态：相对静止和显著变化。处于相对静止状态的事物，只有量变，没有质变。也就是说，处于相对静止状态的客观事物具有质的相对固定性。而这质的相对固定性反映到人们的思维中，就体现为思维的确定性、无矛盾性、明确性和论证性。因此，逻辑基本规律不是先验的或约定俗成的，而是客观事物本身的规律性在思维活动中的反映和体现。不管人们对它认识或不认识，承认或不承认，它总是在人们的思维活动中起作用，决不因为人们意志的转移而转移。

第二节　同一律

一、同一律的内容和公式

同一律的内容是：在同一思维过程中，每一思想必须保持自身同一。"同一思维过程"中的"同一"，是指对象、时间和关系的同一。同一律的公式是：

A 是 A。

公式中的"A"表示同一思维过程中的任何一个思想，即任一概念、任一判断（命题）或其他思维形式。"A 是 A"表示，在同一思维过程中，任何一个概念、判断（命题）或其他思维形式都必须是一贯性的、确定的。

二、同一律的要求和违反同一律的逻辑错误

1. 在同一思维过程中，概念必须保持自身同一

由于概念的载体是语词（词项），因而所谓"概念必须保持自身同一"，具体地说，就是所使用的语词（词或短语）的意义不能随意变换。如，在同一讲话或作文中，某个语词可能多次重复使用，每次使用必须保证其内涵意义和外延意义的同一，首次使用规定它有什么含义，包括哪些对象，后面的几次使用都必须始终保持原先的这个规定。

违反同一律关于"概念必须保持自身同一"的要求所犯的逻辑错误，叫"偷换概念"（或"混淆概念"），例如：

① 变是绝对的，不变是相对的。我们考上大学，肯定也会变，只有认真学习，不断加强修养，才能保持不变。

在这段话中，四次使用"变"这一概念。粗略地看，似乎无明显毛病，但稍加分析，就会发现它们在文中的含义并不同一。在"变是绝对的，不变是相对的"中，"变"指的是"发展变化"，包括"向好处发展变化"，也包括"向坏处发展变化"；而在"我们考上大学，肯定也会变，只有认真学习，不断加强修养，才能保持不变"中，"变"则特指"向坏的

方面发展变化"。所以,上述这段话犯了"混淆概念"的逻辑错误。又如:

② 甲:你信不信,我半年不吃饭也饿不死。

乙:你又不是神仙,莫说是半年,就是半个月你也活不了。

甲:我不吃饭,难道不可以吃馒头吗?

例②中,甲前面说的"半年不吃饭"中"饭"通常是指"食物",而在后面说的"我不吃饭"中的"饭"则特指用米或其他粮食制成的干饭。显然,甲犯了"偷换概念"的逻辑错误。

必须说明:所谓"不许偷换概念",仅仅是指不允许偷偷地换概念。如果在话语的上下文中有所交代,告诉受话人"我要变换所用语词的含义了",那么就不算违反同一律。

另外,还得顺便提一下:在许多人看来,"混淆概念"与"偷换概念"是两种不同的逻辑错误。他们认为,混淆概念是无意违反同一律关于"概念必须保持自身同一"的要求所犯的逻辑错误;而偷换概念则是有意违反同一律关于"概念必须保持自身同一"的要求所犯的逻辑错误。我们认为,"混淆概念"与"偷换概念",实质上是同一种逻辑错误,在称谓上不宜加以区分。思维实践也证明,在许多情况下要区分"有意违反"和"无意违反"是困难的。在后文中,本书一律称作"偷换概念"。

2. 在同一思维过程中,判断必须保持自身的同一

具体地说,就是所使用的语句的语义不能随意变换,如,在同一讲话或作文中,某个语句可能多次重复使用,每次使用必须保证其语义的同一;你原先对某个对象、某类事物有什么断定,就有什么断定,不能在接下来的话语或行文中随意变更。

违反同一律关于"判断必须保持自身同一"的要求所犯的逻辑错误,叫"偷换论题"(或称"转移论题")。例如:

③ 我觉得文艺作品是有阶级性的。请看:列宁称赞《国际歌》是"全世界无产阶级的歌"。"一个有觉悟的工人,不管他来到哪个国家,不管命运把他抛到哪里……他都可以凭《国际歌》熟悉的曲调,给自己找到同志和朋友。"由此可见,《国际歌》是有思想性的。美术作品也是有思想性的。据说,八大山人朱耷画鸟有"白眼向人"的姿态,画兰花都露出根须,表示国土无存,以寄托他怀念明朝,对抗清朝统治的意向。由此可见,美术作品表现思想感情都是极其隐晦曲折的。又例如,盲人阿炳的二胡曲子,刘天华的《良宵》《病中吟》和《光明行》,也是表现了作者不同思想感情的。可见,同一种艺术形式也可以表达不同的思想感情。总而言之,文艺作品都是有思想性的。

这段议论中,作者的论题(这里就是言者的判断)是游移不定的。开始提出"文艺

作品是有阶级性的"这一论题,可是在援引列宁的话(即论据)后,得出的结论则是"歌曲是有思想性的"("《国际歌》是有思想性的");接着提出了"美术作品也是有思想性的"这一论题,可在举例之后,得出的结论则是"美术作品表现思想感情都是极其隐晦曲折的";然后举阿炳和刘天华作品的例子,又得出"同一种艺术形式也可以表达不同的思想感情"之结论;最后总结说"文艺作品都是有思想性的"。显然,这段议论犯了转移论题的逻辑错误。又如:

④ 1972年2月18日,原日本首相佐藤荣作表示:"台湾是中国的领土,是理所当然的。"到了第二天,他改口说:"可以理解中国宣称台湾是它领土的一部分的立场。"第三天,又退一步说:"日本不应该就台湾在法律上的归属问题说三道四,发表意见。"

这里,对于"台湾是中国的领土"之命题,佐藤荣作第一天采取肯定断定的态度,第二天采取转述的态度,第三天则采取放弃表态的态度。这实际上是一个政客在偷换论题。

人们在日常交流或论辩中出现的"答非所问",有的也属于"偷换论题"。例如:

⑤ 甲:为什么要对青少年坚持正面教育?

乙:因为当代青少年思想活跃,对新东西接受很快,如果管得过死,就会束缚他们的身心发展。

这里,乙的回答是一个论证,其论题(论点)是"对青少年不宜管得过死",而甲的提问旨在让乙论证"对青少年要坚持正面教育"之论题。也就是说,乙的答非所问犯了"偷换论题"的逻辑错误。

还有,在学生的作文中(或某些公开发表的文章中)出现的"离题""跑题""文不对题"的问题,有的也属于"偷换论题"的问题。

必须注意:同一律的要求与"论证的规则"在内容上是交叉的,读者还可参见第八章。

另外,还得顺便提一下:在许多人看来,"偷换论题"与"转移论题"是两种不同的逻辑错误。他们认为,转移论题是无意违反同一律关于"判断必须保持自身同一"的要求所犯的逻辑错误;而偷换论题则是有意违反同一律关于"判断必须保持自身同一"的要求所犯的逻辑错误。我们认为,"转移论题"与"偷换论题"实质上是同一种逻辑错误,在称谓上也不宜加以区分。思维实践也证明,在许多情况下要区分"有意违反"和"无意违反"是有困难的。在后文中,本书一律称作"偷换论题"。

偷换论题,往往产生于偷换概念,或者说偷换论题往往是因为偷换概念引起的。

三、逻辑学之"同一"与形而上学之"同一"的区别

逻辑学之"同一"与形而上学之"同一"是不同的。二者的区别有以下两点。

1. 含义不同

逻辑学之"同一",即同一律,是指在同一思维过程中,概念、判断或其他思维形式要始终保持同一,不得随意改变,公式"A 是 A"所表示的含义也是这样;而形而上学之"同一",是指客观事物永远与自身绝对同一,永远不变。形而上学也使用"A 是 A"这一公式,但所赋予的含义完全不同,即 A 永远是 A,固定不变。

2. 性质不同

逻辑学之"同一"是逻辑范畴,不是世界观,不是对事物的根本看法,不涉及也不否定事物的发展变化。逻辑学的"同一"也不是方法论,不是被用以指导人们认识和实践的根本方法,而仅仅是人们正确思维和有效表达思想的一种规则。而形而上学之"同一"是哲学范畴,属于世界观,它是对事物的一种根本看法,它从根本上否定事物的发展变化。形而上学之"同一"也是一种方法论,但这种方法论是背离唯物辩证法的,用以指导人们的认识和实践,只能导致失败。

四、同一律的作用及其起作用的条件

（一）同一律的作用

同一律的主要作用是确保思维的确定性。确定性是正确思维的一个最基本的前提条件,思维只有保持确定,才能形成正确的概念,作出正确的判断,进行有效地推理和有序地表达思想、论证思想。如果同一语词在上文表达含义甲,而在下文又偷偷变成表达含义乙,或者对某一对象,上文作出的断定是 p,而在下文又作出了与它不同的断定 q;那么思想交流就无法进行,因为受话人不知道你要表达什么。

其次,同一律是揭露谬误,特别是诡辩的有力工具。许多诡辩论者为了维护假丑恶,攻击真善美,往往玩弄偷换概念、偷换论题的伎俩,掌握了同一律这一武器,就可用以揭露之,现其诡辩原形。当然,也有一些人或因认识水平低,或因语言表达能力欠缺,而犯"偷换概念"或"偷换论题"之逻辑错误的。对此,我们也只有借助同一律这一工具,帮助他们解剖谬误,使其明辨是非,认同真理。

（二）同一律起作用的条件

同一律之要求的"思想自身的同一",是在"三同一"（同一对象、同一时间、同一关系）前提下说的;如果离开"三同一"之前提,这一要求就是多余的。换言之,如果离开"三同一"之前提,同一律就起不了任何作用。例如,下列两个语段就没有违反同一律。

⑥ 自从新中国成立后学习马克思主义以来,我逐步接受了"文艺起源于劳动"的观念,基本上放弃了文艺起源于游戏的说法。但是,近来我又重新研究谐隐与文字游戏,旧思想又有些"回潮",似乎觉得游戏说还不可一笔抹杀。

⑦ 人是能制造和运用高级工具的动物。……人是具有23对染色体的动物。科学家们……("……"表示论证部分的文字被省略)

例⑥中作者对同一思维对象"游戏说",作出了两个不同的判断:(A)游戏说基本上是一种不正确的文艺起源观("我逐步接受了'文艺起源于劳动'的观念,基本上放弃了文艺起源于游戏的说法");(B)游戏说是一种有一定合理成分的文艺起源观("觉得游戏说,还不可一笔抹杀")。这两个判断虽然是很不一致的,但由于是作者在不同时间之条件下作出的,所以我们不能说作者犯了"偷换论题"的逻辑错误。必须注意:同一律并不否认思维对象或思想本身在超出了"同一时间"的情况下是发展变化的。

例⑦中的作者对同一思维对象"人"作出了两个不同的判断:(A)"人是能制造和运用高级工具的动物";(B)"人是具有23对染色体的动物"。显然,这两个判断也是很不相同的;但由于它们来自作者对人这一对象的两个方面(社会属性方面和自然属性方面)所作的断定,因此,我们也不能说作者犯了"偷换论题"的错误。——"同一律"理论中所谓的"同一关系",主要是指同一方面。

第三节 矛盾律

一、矛盾律的内容和公式

矛盾律,应该称作"不矛盾律"或"禁止矛盾律",其内容是:在同一思维过程中,两个彼此之间具有矛盾关系或反对关系的命题不能同真,其中必有一假。这里,"同一思维过程"中的"同一"是指对象、时间和关系的同一。矛盾律的公式是:

并非"A 且非 A"。

公式中的"A"表示任一命题,"非 A"表示与"A"之间具有矛盾关系或反对关系的命题。

二、矛盾律的要求和违反矛盾律的逻辑错误

矛盾律对思维的要求是:在同一思维过程中,对于两个彼此具有矛盾关系或反对关系的命题,不能同时加以肯定,必须否定其一。

违反矛盾律的这一要求所犯的逻辑错误,叫"自相矛盾"。从语言形式上看,思维

的"自相矛盾"的载体,可以是词或短语(如"未婚妻""共产主义国家""铁制木具""五彩红旗"等),可以是单句(如,"此工程花了一年多的时间""他是很多死难者中幸免的一个"等),可以是复句(如"实践固然是检验真理的唯一标准,但马列主义也是检验真理的标准""我是有信心做好此事的,只是感到没有把握"等)。更多的载体当然是句群、话段、章节和整个文本,因为这些载体(特别是篇幅比较大的话段、章节、文本)承载的内容多,言者或作者稍不留心就会忘记前面所言内容,而在后面说了与上文相矛盾的话。例如:

① 警察:你为什么吸强力胶?

某甲:我是好奇才吸的,是偶犯。

警察:强力胶是从哪里来的?

某甲:从张某那里廉价买来的。

警察:怎么认识张某的?

某甲:李某介绍我去他那里买强力胶。

警察:以后又去张某那里买过几次?

某甲:记不清了。

警察:这五年间,你从张某那里买强力胶的次数已经多得数不清了,怎么是偶犯呢?

在这里,某甲的话是自相矛盾的:前面说"自己是偶犯(偶然吸食强力胶)",后面又说"自己购买强力胶的次数记不清了"。

又如,有一本逻辑教材,在"概念"这一章的开头说:"判定某个语词表达何种概念,不能在它处于孤立的情况下进行,只能在它处于某种语境之情况下进行"。而在后面讨论"集合概念"时,却又离开语境直接孤零零地列出"森林""群岛""书籍"等语词,说它们表达的是集合概念。编者的这一做法等于说:"判定某个语词表达何种概念是可以在它处于孤立的情况下进行的"。也就是说,编者的思维是自相矛盾的——这属于言行矛盾。

在人们的思维实践中,存在着不少违反矛盾律的情况。其中,有些是简单的(它们只占少数),只要稍加留心就会发现症结所在;有些是复杂的(它们占多数),需要我们仔细加以分析、引申、推导,才能找到症结所在。

需要注意的是,违反矛盾律所犯的"自相矛盾"的逻辑错误与违反同一律所犯的"偷换论题"的逻辑错误是有严格区别的。虽然"偷换论题"有时也表现为同时肯定两个不同的命题("三同一"下的命题),即前面肯定命题 p,后面肯定命题 p_1 或 q。p 与 p_1 相似,但不是同一个命题;p 与 q 则是两个内容完全不同的命题。不过,无论如何 p 与

p_1 之间都不会是矛盾关系或反对关系，p 与 q 也不会是矛盾关系或反对关系。如果 p 与 p_1（或 p 与 q）之间具有矛盾关系或反对关系，那么这个议论违反的就不是同一律，而是矛盾律了，即犯了"自相矛盾"的逻辑错误。

三、逻辑矛盾与辩证矛盾的区别

逻辑矛盾与辩证矛盾之间的相同之处是：二者都是思维的产物，都具有主观性。二者的区别主要有以下几点。

1. 性质不同

逻辑矛盾是因思维违反矛盾律而产生的一种逻辑错误，是思维混乱的表现。逻辑学主张排除逻辑矛盾。辩证矛盾是思维对客观事物内在矛盾性的正确反映，客观事物的内在矛盾性反映在人的思维中就形成思维中的辩证矛盾。逻辑学中的矛盾律理论，既不否认客观事物内在的矛盾性及其发展变化，也不否认反映客观事物的内在矛盾性及其发展变化，即辩证矛盾。也就是说，逻辑学不主张排除辩证矛盾。

2. 内在关系不同

构成逻辑矛盾的两个命题是相互否定的和不可同真必有一假的关系，因而它们之间不存在相互依存、相互转化的关系。构成辩证矛盾的两个命题是既相互否定又相互肯定的关系，是可以同真的关系，因而它们之间是存在相互依存、相互转化的关系的。

3. 立足点不同

逻辑矛盾产生于思维混乱，无客观基础（客观事物的质的规定性是矛盾律的客观基础，而不是逻辑矛盾的客观基础）；辩证矛盾产生于、立足于客观事物内在的矛盾，有客观基础。

4. 解决问题的工具不同

解决逻辑矛盾的工具是逻辑学的矛盾律，依据逻辑学的矛盾律来消灭逻辑矛盾；解决辩证矛盾的工具是辩证矛盾律，即依据辩证矛盾律将辩证矛盾双方的状态由对立转向统一，从而形成辩证思维形式。可以解决辩证矛盾，但不能消灭辩证矛盾。

四、矛盾律的作用及其起作用的条件

（一）矛盾律的作用

矛盾律的主要作用是确保思维首尾一贯，无矛盾性。思维的不矛盾性也是正确思维的最基本的前提条件。无论研究任何问题（或论证任何思想），如果违反矛盾律的要求，出现了逻辑矛盾，那么就不可能获得正确的认识，得出正确的结论（或使论证获得论证性和说服力）。任何一个理论体系，如果其中包含了逻辑矛盾，那么该体系就不会

为人们所接受。

其次,矛盾律是反驳的有力工具或逻辑依据。在间接反驳中,要驳倒对方的判断"p",可以先证明与 p 具有反对关系或矛盾关系的判断"非 p"为真,然后运用矛盾律,可以从"非 p"之真,推知"p"之假。在"归谬法"中,有多种归谬形式,其中之一是:从被反驳的判断(p)中引申出两个彼此之间具有反对关系或矛盾关系的判断(q 并且非 q),然后运用矛盾律驳倒被反驳的判断。其反驳过程是:

被反驳的判断:p

归谬:如果 p,那么 q 并且非 q;

并非"q 并且非 q"(根据矛盾律);

所以非 p。

(请读者参见第八章"反驳"部分)

至于用直接指出对方在论证过程中存在逻辑矛盾(即论点与论点、或论据与论据、或论点与论据之间存在逻辑矛盾)的方法来反驳,更不用说需借助于矛盾律了。

(二)矛盾律起作用的条件

矛盾律之要求的"两个彼此之间具有矛盾关系或反对关系的命题不能同真",是在"三同一"(同一对象、同一时间、同一关系)前提下说的;如果离开"三同一"之前提,这一要求就是多余的。换言之,如果离开"三同一"之前提,矛盾律就起不了任何作用。例如,在关于社会主义革命能否在单独一个国家内取得胜利的问题上,马克思和恩格斯曾断言:"社会主义在单独一个国家内不可能胜利,它只有在所有的或大多数的资本主义文明国家里同时举行才能胜利。"后来列宁则断言:"社会主义完全可能在单独一个国家内取得胜利;而在一切国家或大多数文明国家内同时胜利是不可能的。"对这样两个相互否定的断言,能否以矛盾律为据,说"马列主义理论中存在逻辑矛盾"呢?不能。因为这两个断言是在不同的历史条件下作出的,前者作于资本主义自由竞争阶段,此时资本主义的发展处于相对平衡状态,后者作于资本主义发展到了帝国主义阶段,此时资本主义的发展处于相对不平衡状态。也就是说,这两个断言并非作于同一时间,矛盾律对它不起作用。① 又如,有人对蛇作出了这样的评价:"蛇既对人有害,又对人有益。"② 我们也不能以矛盾律为据说"这是一个自相矛盾的评价"。因为这个评价并非作于"同一关系"下,它是对同一对象(蛇)的两个不同的方面所作的断定。说"蛇对人有害"是就蛇有时伤人的一面而言,说"蛇对人有益"是就蛇灭鼠的一面而言。以上两例再次说明,矛盾律是承认客观事物内在的矛盾性及其发展变化的,是允许客观

---

① 还有诸如"时间贵如黄金——不,它比黄金更贵"之类的修辞性表达,也是这种情况。

② 类似的还有"公开的秘密""甜蜜的痛苦"等修辞性表达。

事物的矛盾性及其发展变化被反映到思维中的。矛盾律否认逻辑矛盾,承认辩证矛盾。

第四节 排中律

一、排中律的内容和公式

排中律的内容是:在同一思维过程中,两个彼此之间具有矛盾关系的命题不能同假,其中必有一真。这里,"同一思维过程"中的"同一",是指对象、时间和关系的同一。排中律的公式是:

A 或者非 A。

公式中的"A"表示任一命题,"非 A"表示与"A"具有矛盾关系的命题。

二、排中律的要求和违反排中律的逻辑错误

排中律的要求是:在同一思维过程中,不能同时否定对同一对象所作出的两个彼此之间具有矛盾关系的命题。违反排中律的这一要求,就会犯"两不可"的逻辑错误。例如:

① 记者:这就是说你们厂完成了生产任务?

厂长:说我们厂完成了任务是不对的!

记者:那么,你是说你们厂没有完成任务?

厂长:说我们厂没有完成任务同样是不对的!

例①中,"我们厂完成了任务"和"我们厂没有完成任务"是彼此具有矛盾关系的两个命题,而厂长对这两个命题都加以否定,这就违反了排中律的要求,犯了"两不可"的逻辑错误。

三、排中律的作用及其起作用的条件和适用范围

(一)排中律的作用

排中律的主要作用是确保思维的明确性。思维明确是获得正确认识的最基本的前提条件,任何正确的认识都不可能产生于"两不可"思维。面临"A 和非 A"这两个彼此矛盾的命题,如果我们的思想摇摆于两个否定之间,既不承认 A 真,又不承认"非 A"真,那么就会造成思想不清晰,从而也就不能获得确定的认识,更谈不上获得正确的认识了。

其次,排中律是进行间接证明的有力工具或逻辑依据。在间接证明中,要确定论题(断言)"P"的真实性,可以先证明与"P"具有矛盾关系的判断"非P"为假,然后运用排中律,从"非P"为假推知"P"为真。

(二)排中律起作用的条件和适用范围

1. 排中律起作用的条件

排中律之要求的"两个彼此之间具有矛盾关系的命题不能同假",是在"三同一"(同一对象、同一时间、同一关系)前提下说的;如果离开"三同一"之前提,这一要求就是多余的。换言之,如果离开"三同一"之前提,排中律就起不了任何作用。例如:

② 过去有人说"他是W的情敌",我是否定的;现在又有人说"他不是W的情敌",我也是否定的。

③ 甲:从目前掌握的情况来看,还不能说张三是作案者。

乙:那么,他不是作案者了?

甲:也不能说他不是作案者。

例②中,讲话人虽然对"他是W的情敌"和"他不是W的情敌"这样两个彼此具有矛盾关系的判断都加以否定,但不能说讲话人违反了排中律。因为讲话人的这两次否定(一次是在"过去",另一次是在"现在")不是在"同一时间"条件下进行的,同一律对它们不起作用。例③中,甲虽然对"张三是作案者"和"张三不是作案者"这两个彼此具有矛盾关系的命题都加以否定,但他并不违反排中律,因为甲的这两次否定不是在"同一关系"条件下进行的。"不能说张三是作案者"这个否定是针对目前掌握的情况中的一部分情况而作出的;"不能说张三不是作案者"这个否定是针对目前掌握的情况中的另一部分情况而作出的。

在思维过程中,运用排中律务必要注意它起作用的条件。

2. 排中律的适用范围

(1) 排中律只适用于两个彼此之间具有矛盾关系的命题,而不适用于两个彼此之间具有反对关系的命题。请看下面这段对话。

④ 甲:你这个月奖金拿得很多吧?

乙:不是很多。

甲:是否拿得很少?

乙:也不是很少。

甲:怕别人借你钱花,还是咋的?你的回答违反了排中律,知道不知道!

乙的回答真的违反排中律了吗?不是的。因为乙的回答,实际上是对"月奖拿得很多"和"月奖拿得很少"这样两个命题的否定,而这两个命题之间的关系是反对关系,两个具有反对关系的命题是可以同假的。

(2) 排中律指出,在同一思维过程中两个彼此具有矛盾关系的命题"不能同假,必有一真",但并未要求"在两个彼此具有矛盾关系的命题中必须断定其中一个为真"。也就是说,排中律不适用于"不置可否""王顾左右而言他"或"拒绝回答"等情况。请看下面三例。

⑤ 甲:〔急切地〕你同意把此马借我吗?

乙:〔慢吞吞地〕骑马有骑马的好处,骑骆驼有骑骆驼的好处。譬如,打仗吧——

甲:〔不耐烦地〕你不同意把此马借我吗?

乙:〔慢吞吞地〕譬如打仗吧,抗战时期……

⑥ A:到底有没有外星人?

B:到底有没有外星人,我说不清。

⑦ 张三:你后来拿到回扣了吗?

李四:对不起,张三先生,你的问题我无从回答。

例⑤中,乙对甲的提问采取了"王顾左右而言他"的态度。面对"同意把此马借给甲"和"不同意把此马借给甲"这两个彼此具有矛盾关系的命题,乙扯以其他话题,拒绝从中选择一个为真。这不能说乙违反了排中律,因为,排中律并未要求"在两个彼此具有矛盾关系的命题中必须断定其中一个为真"。例⑥中,B对A的提问采取了"不置可否"的态度。面对"有外星人"和"没有外星人"这两个彼此具有矛盾关系的命题,B采以"说不清"作答的办法,拒绝从中选择一个为真。这也不能说B违反了排中律,理由同于例⑤。例⑦中,李四对张三的提问采取了"拒绝回答"的态度。面对"李四后来拿到了回扣"和"李四后来没有拿到回扣"这两个彼此具有矛盾关系的命题,李四以"无从回答"作答的办法,拒绝从中选择一个为真。这也不能说李四违反了排中律,理由也同于例⑤。例⑦涉及"复杂问语"问题。所谓"复杂问语",是这样一种问语:问语本身隐含着一个假定的命题,不论你对该问语作简单的肯定回答或否定回答,其结果都得承认这个假定的命题为真。例⑦中,张三的问语是一个"复杂问语",其中暗含着这样一个假定的命题"李四曾要过回扣",无论李四(简单地)回答"拿到了"还是"没拿到",他都得承认该命题为真。所以,对张三的这个复杂问语,无论是李四确曾要过回扣而不愿承认,还是李四未曾要过回扣而无以承认,李四都可拒绝回答。即使李四曾要过回扣而不愿承认,从而拒绝回答,他也没有违反排中律,因为排中律只是一种思维规律、一种思维法则,而不是一种伦理法则。

顺便说一下,并不是隐含了某一命题的所有问语都可以称"复杂问语"。看一个问语是不是复杂问语,需要结合语境考察。如果一个问语中隐含有一个命题,不管这个命题是真的还是假的,都是已被回答者一方明确承认(即"认定为真")过的。这种情况下,此问语就不能称作"复杂问题"。如:"你(李四)后来拿到回扣了吗?"如果李四事实上曾要过回扣,而且先前他也明确承认"要过",那么此问语就不属于复杂问语。如果李四事实上不曾要过回扣,可由于种种原因他先前却承认"要过",那么此问语仍然不属于复杂问语。如果一个问语中隐含一个命题,不管这个命题是真的还是假的,回答者先前都没有明确承认这个命题为真。这种情况下,该问语才属于复杂问语。——例⑦有个假定,即李四之前没有明确承认"要过回扣"。

排中律之所以未提出"在两个彼此具有矛盾关系的命题中必须断定其中一个为真"之要求,是因为事物是复杂的,人的认识过程也是复杂的。在思维过程中,人们对某一事物具有或不具有什么属性,一时还看不清楚,需要作进一步的调查、研究、分析,才能作出断定。

四、同一律、矛盾律和排中律三者之间的关系

(一) 三者的联系

一方面,三者的客观基础是共同的,这就是客观事物内部的质的规定性。另一方面,三者的宗旨是共同的,就是确保思维的确定性。思维确定性的要求,在同一律那里被表述为"A 是 A",即每一思想与其自身应是同一的、一贯的和确定的;在矛盾律那里被表述为"并非 A 且非 A",即每一思想应是前后一贯的、无矛盾的;在排中律那里被表述为"A 或者非 A",即每一思想应是明确的,是排除了两个彼此矛盾的命题的中间可能性的。可见,三者的目的是一致的。

(二) 三者的区别

三者虽然都是关于思维确定性的规律,但它们所处的地位又是不同的。同一律是从肯定方面表述的,要求思想的自身同一。同一律在三者中处于最基础的和核心的地位。矛盾律则是在同一律的基础上,进一步从否定方面表述的,要求思想的一贯和非矛盾性。排中律又从另一个侧面表述的,要求思想的明确和非模糊。同一律、矛盾律和排中律三者内容的不同,决定了它们在要求、作用、适用范围等方面的不同。

由于同一律与矛盾律、排中律的区别较为明显,故本书略于讨论。下面着重谈谈矛盾律与排中律的区别。

第一,内容不同。矛盾律只是指出在同一思维过程中两个彼此否定的命题不能同真,必有一假,但并未指出它们必有一真,也未指出它们只有一假;排中律只是指出在同一思维过程中两个彼此矛盾的命题不能同假,必有一真,但并未指出它们必有一假。

第二,适用范围不同。矛盾律适用于两个彼此之间具有矛盾关系或反对关系的命

题,而排中律只适用于两个彼此之间具有矛盾关系的命题。

第三,功能不同。矛盾律指出,在同一思维过程中,两个彼此之间具有矛盾关系或反对关系的命题不能同真,据此可由其中一个之真推知另一个之假;排中律指出,在同一思维过程中两个彼此之间具有矛盾关系的命题不能同假,据此可由其中一个之假推知另一个之真。

第四,违反两条规律的表现不同。违反矛盾律表现为"两可",违反排中律表现为"两不可"。

思考与练习

一、思考题

1. 什么是逻辑规律?逻辑基本规律和特殊规律的根本区别是什么?
2. 简述同一律的内容、要求和作用,并举例说说违反同一律的要求所产生的逻辑错误的类型。
3. 简述矛盾律的内容、要求和作用,并举例说说"自相矛盾"这一逻辑错误的主要表现。
4. 简述排中律的内容、要求和作用,并举例说说什么是"两不可"的逻辑错误。
5. 简述同一律、矛盾律、排中律三者之间的关系。

二、练习题

(一)下列言论均来自日常交际实践,运用逻辑知识说说它们是否违反逻辑规律。

1. 我的意思是"只有他不去,我才去",而不是"我去,他也去"。
2. 说"这种现象是物质现象",这显然不对,但说"这种现象是精神现象",也是不对的。
3. 我过去学过俄语,但现在全忘光了,依稀只记得几个简单的句子。
4. 辩证唯物主义告诉我们,存在决定意识。他身上存在严重的个人主义,决定了他做出损公肥私的事。
5. 或问文章有体乎?曰:无。又问无体乎?曰:有。然则果如何?曰:定体则无,大体则有。
6. 这座山从来没人上去过,上去的人也从来没有回来的。
7. 我们必须坚持民主集中制,否则的话,群众就不拥护我们。因此,我们要努力向群众学习,做群众的小学生。

8. 新诗基本上都是不讲平仄的。

9. 我很相信一位哲学家的名言:"世界上没有任何东西是可信的。"

10. "什么阶级说什么话",在阶级社会,语言总是具有阶级性的。

11. 凡是你没有失掉的,就是你有的,你没有失掉尾巴,所以你长有尾巴。

12. 严禁捕食这种变异之蛙,此蛙肉有剧毒,食者必死,违者法办。

13. 经验主义不能一概都反对,例如工作经验、生产经验等,就不应该反对。

14. 长城是中华民族智慧的结晶,也是我国的天然屏障。

15. 说物质是不灭的,这不符合事实。因为地球上的动、植物,甚至宇宙中的恒星都是有生有灭的。

16. 三连的射击成绩之所以显著,其原因就是三连平时严格训练的结果。

17. 要不要实行联产承包责任制,是促进农业高速发展的重要途径。

18. 她已年过花甲,作为演员年龄是大了些。可是,只要听她唱,她还很年轻。

19. 1999年夏,该村连续遭受40多天的干旱,近400余亩棉田受灾。

20. 被告的辩护律师说:"被告在犯罪前曾经荣立三等功,按照刑法第63条规定,有立功表现的可以减轻或免除处罚,希望法庭在量刑时予以考虑。"

21. 从古墓中出土的汉代陶器,图案精致,色彩协调,可惜都有损坏,不能展出。经过陶瓷工人的努力,现在已将它们一一复制出来,终于使这些汉代陶器能与广大观众见面了。

22. 如果飞行员被医生断定有精神病,他可以不参加作战飞行,不过在他退出作战之前,其本人应提出不参加战斗的理由;而假如他意识到自己有病不能参加战斗,那就证明他头脑健全,没患精神病。

23. 文字成为记录文化的有效工具是从意音文字开始的。美索不达米亚的钉头字,埃及的圣书字,中美洲的玛雅字,中国的汉字都是意音文字。它们在各自地区留下早期文化的灿烂记录。现在,所有这些著名的意音文字都成历史陈迹了。在今天的世界上巍然独存的意音文字,只有汉字。

(二)下列对话中是否隐含违反逻辑规律的情况?请说明理由。

1. 甲:小A不是小偷。

   乙:小A是少年犯。

   丙:所有少年犯都是小偷。

   丁:我同意甲、乙、丙的意见。

2. 甲:如果让老李当书记,那么就让老张当主任。

   乙:不让老张当主任。

   丙:让老李当书记。

丁：你们的意见我同意。

3. 甲：我一定能夺得冠军。

   乙：你这话不对。

   甲：你的意思是,我不可能夺得冠军?

   乙：你这话也不对。

   甲：你的话违反逻辑规律。

   乙：你的话不合逻辑。

4. 甲：照你说来,就没有什么信念之类的东西了。

   乙：没有,根本没有。

   甲：你是这样确信的吗?

   乙：是的。

5. 甲：你们的产品怎么这样质次价高?

   乙：怎么价高了。我们一直是这个价。

6. 张青：李卫,课堂上不要讲话。

   李卫：张青,你不也讲话了吗?

7. 甲：A、B两队都不会出线。

   乙：或A队出线,或B队出线。

   丙：甲、乙二人的讲法都不对。

8. A：只有党风好了,社会风气才会好。

   B：只要党风好,社会风气就一定好。

   C：即使党风不好,社会风气也可能好。

   D：即使党风好了,社会风气也不一定好。

   E：我要讲的,A、B、C、D都讲了。我同意他们的意见。

   F：我不同意E的看法。因为A、B、C、D的看法都有片面性,都各执一端。我认为,如果把A与C的意见综合一下,再把B与D的意见综合一下,那么我们的认识会更全面一些。

(三) 综合运用逻辑规律知识和各种推理知识解题。

1. 已知：① 如果甲班有些人是团员,那么乙班所有的人都是团员；② 甲班有些人是团员,乙班有些人不是团员；③ 或者甲班所有的人都是团员,或者乙班所有的人都是团员。以上三个判断只有一真。据此,你能推出什么结论?写出推导过程。

2. 关于强化班的英语六级通过情况有如下猜测：

   (1) 该班班长通过了。

   (2) 该班所有的人都通过了。

(3) 该班有人通过了。

(4) 该班有人没有通过。

事后证实,上述猜测只有两个正确。哪两个正确?请写出推导过程。

3. S 先生去 M 国旅游,遇到三个 M 国人士。他们是琼斯、凯迪和彼得。聊天时,琼斯提醒 S 先生说:"凯迪和彼得都是说谎者。"凯迪坚决否认自己是说谎者。但是彼得对 S 先生说:"凯迪确实是个说谎者。"已知,M 国居民只有两种——说谎者和不说谎者。问:琼斯、凯迪、彼得三人中有几个说谎者?写出推导过程。

4. 有 ABCD 四名实习医生替甲、乙、丙、丁四人看病。四名实习医生对病人的诊断如下:

甲:A 诊断为疟疾,B 诊断为流感。

乙:B 诊断为胃炎,C 诊断为溃疡。

丙:C 诊断为痢疾,D 诊断为肠炎。

丁:D 诊断为肺结核,A 诊断为气管炎。

主治医生复诊后说:每位病人都有一种诊断正确;四位实习医生中,有一位其诊断全对,有一位其诊断全错,C 医生的诊断不全对。化验结果,发现病人甲血液中有疟原虫,病人丙大便中有痢疾杆菌。问:甲、乙、丙、丁各患什么病?哪位实习医生全对?哪位实习医生全错?写出推导过程。

(四)选择题(在每小题的四个或五个备选答案中,选出一个正确答案)

1. 甲、乙、丙、丁四人在一起议论本班同学申请建行学生贷款的情况。

甲:我班所有同学都已申请了贷款。

乙:如果班长申请了贷款,那么学习委员就没申请。

丙:班长申请了贷款。

丁:我班有人没有申请贷款。

已知四人中只有一个说假话,则可推出以下哪项结论?(　E　)

A. 甲说假话,班长没有申请。

B. 乙说假话,学习委员没有申请。

C. 丙说假话,班长没申请。

D. 丁说假话,学习委员申请了。

E. 甲说假话,学习委员没申请。

2. 古代一位国王和他的张、王、李、赵、钱五位将军一同出外打猎,每个人的箭上都刻有自己的姓氏。打猎中,一只鹿中箭倒下,但不知是何人所射。

张说:或者是我射中的,或者是李将军射中的。

王说:不是钱将军射中的。

李说：如果不是赵将军射中的，那么一定是王将军射中的。

赵说：既不是我射中的，也不是王将军射中的。

钱说：既不是李将军射中的，也不是张将军射中的。

国王让人把射中鹿的箭拿来，看了看，说："你们五位将军的猜测，只有两个人的话是真的。"请根据国王的话，判定以下哪项是真的？（　E　）

A. 张将军射中此鹿。

B. 王将军射中此鹿。

C. 李将军射中此鹿。

D. 赵将军射中此鹿。

E. 钱将军射中此鹿。

第八章 论 辩

第一节 论辩概述

<u>论辩,是人们就某一具体话题,以对立的立场和说理的方式对对方的观点进行质疑或否定,同时确立和强化己方的观点的一种语言交流样式。</u>论辩往往是主体间就同一话题阐述彼此对立的主张,进行针锋相对、相互交替的提问和回答,因而它具有鲜明的对抗性。论辩总是就对方(或某一方)的主张展开话题,在受制于对方的同时又制约着对方,因而它具有较强的互动性和互制性。

论辩是一种以说理的方式展开于主体间的、以消除意见分歧和谋求共识为旨趣的言语行为。论辩产生于意见分歧。在文明社会,人与人之间存在着政治立场上的差异、经济利益关系上的差异、价值观念上的差异、知识和认识水平上的差异、思维方式上的差异、语言理解上的差异等,这些差异使意见分歧不可避免。要消除意见分歧,就要进行论辩。没有意见分歧,就不会有论辩。《墨子·经下》云:"辩也者,或谓之是,或谓之非。当者,胜也。"是说,论辩起因于有的人认为某观点对,有的人认为某(该)观点不对,申说或驳辩合理者为胜。论辩是一种以谋求共识为目的的说服性言语行为。对每一个参与者而言,他参与论辩的目的都是为了说服,即说服对方接受己方的主张或接受己方的质疑、否定。有的(如法庭辩论、辩论比赛等)则是为了说服第三方(如法官、法庭听众、辩论赛听众等)接受自己的主张。论辩是一种以理服人的对话。由于论辩旨在说服,而不是旨在压服,因而论辩的基本方式是理性的方式,即"摆事实,讲道理"以理服人的方式。推理是确定主张正确与否的最根本和最重要的理性手段,是有说服力地表达主张的必要条件,因此它是论辩的核心。论辩中必然包含推理,不包含推理的言语行为都不是论辩。

按照不同的标准,可对论辩作出不同的分类。按参与方的数量多少之标准,分为双方论辩和多方论辩:双方论辩即参与方仅限于两个(正方和反方)的论辩,多方论辩即参与方在三个或三个以上的论辩。按媒质不同之标准,分为口头论辩和书面论辩:口头论辩即以语音为媒质的论辩;书面论辩即以文字为媒质的论辩。按说服的对象是否仅限于对方之标准,分为当众论辩和非当众论辩:当众论辩即面对公众的论辩,其说服的对象不限于对方,还包括听众;非当众论辩即交际者个人之间的论辩,其说服的对象仅限于对方。按双方是否都有举证职责之标准,分为对称性论辩和非对称性论辩:对称性论辩即论辩双方都有举证职责(双方都要就自己的主张提出论据)的论辩;非对称性论辩即只有一方有举证职责(仅一方需要就争论的主张提出论据)的论辩。

论辩的思维方式是论证和反驳,逻辑学着眼于论辩的思维方式的研究。

论证是引用一个或一组判断通过逻辑推理来确定某一判断的真实性的思维过程;反驳是引用一个或一组判断通过逻辑推理来确定某一判断的虚假性或确定相关论证不能成立的思维过程。① 在论辩过程中,论证和反驳是对立统一的两个方面。说它们是对立的,是因为二者系两种不同的思维过程。论证是"立论",是确定某一判断为真,其主要作用是探求真理,宣传真理;反驳是"驳论",是确定某一判断为假,或确定某一论证不能成立,其主要作用是揭露谬误,维护真理。说它们是统一的,是因为二者是相互依存、互为补充的。论证谓之"立",反驳谓之"破",不有所"破"就不能有所"立",要有所"立"就得有所"破"。论证某一判断,就意味着反驳与之具有反对关系或矛盾关系的判断;反驳某一判断,就意味着论证与之具有矛盾关系的判断。② 实践证明,在对称性论辩过程中,论证与反驳几乎总是交互进行的。

第二节 论 证

一、论证概述

(一)论证的构成

论证是引用一个或一组判断通过逻辑推理来确定某一判断的真实性的思维过程。一个书面形式的论证,可以由一个复句或句群表达,也可以由一个或几个段落表达,还可以由整个文本表达。论证的构成要素有三个:论题、论据和论证方式。

论题,是其真实性需要被确定的判断,就是论证者所要阐述的主张、见解、观点,它回答的是"论证什么"的问题,如下例:

① 学习科技知识,要么刻苦钻研,要么马马虎虎应付。马马虎虎应付是不行的。因为任何一门科技知识都是科学家们高级智力活动的产物,不是那么容易一学就会的。因此,学习科技知识,要刻苦钻研。

上例中的论题就是"学习科技知识,要刻苦钻研"。

---

① "判断的真实性"常常是就某个价值系统(即价值的可能世界)而言的,它可以是"正确的""合理的"的同义词。下文所讲的论辩中的"真""假",有的是依据客观事实而言,有的是依据公众所能接受的共同准则或价值观而言。
② 唯其如此,为行文简洁计,下文所谓的"论证"有时包括反驳。

在一段表达论证的话语中,其论题的表达式前往往冠以"所以""因此""因而""那么""于是""由此可见""如此说来""这说明""这表明""这证明""这意味着""其结论是""我们认为""我们相信"等语词。

论题有两类:一类是其真实性已被证实的判断,如各种教科书中的定理、定律、原理等。对这类论题的论证,旨在宣扬、传播真理。另一类是其真实性未被证实的判断,如各种科学领域中的假说、新观点、新主张等。对这类论题的论证,旨在探索真理。

在一篇议论文或一段议论性文字中,论题往往还有总论题和分论题的区别。处于全文(或全段)统帅地位的论题是总论题;处于某一部分(或句群)统帅地位的论题是分论题。有时分论题下可能还有分论题。所有分论题实际上都是总论题的论据。如,例①中就有这样一个分论题:"(学习科技知识)马马虎虎是不行的。"论题不等于文章或段落的标题。

<u>论据,即用来确定论题真实性的判断,就是用来论证言者的主张、见解、观点的理由和根据</u>,它回答的是"用什么来论证"的问题。如例①中除"学习科技知识,要刻苦钻研"这一论题外的其余判断都是论据。

在一段表达论证的话语中,其论据的表达式前常常冠以"因为""理由是""依据是""既然""如果""原因是"等语词。在一个论证中,论题只有一个(因为所谓的"分论题"实质上是论据),而论据可以有几个、十几个、几十个、几百个。

在论辩实践中,充当论据的判断不外乎以下5种。

(1)公理,即不证自明的判断。

(2)公认的价值判断、道义判断。

(3)经验事实判断,即人们在长期的生产斗争、社会斗争和科学实践中得来的经验知识,主要包括常识性判断,科学经验命题(如各门学科中的定义、原理、定理、定律等)、专家的断定等。

(4)证人的证言。

(5)非专家的个人断定或论证者自己的断定。

论辩学家把这5种判断归为两类:一是真实性明显或可信度高的,即(1)(2)(3);二是真实性不明显或可信度低的,即(4)(5)。第一类判断常常用作基本论据(即不再为之提供论据的论据。例①中的"学习科技知识,要么刻苦钻研,要么马马虎虎应付""任何一门科技知识都是科学家们高级智力活动的产物,不是那么容易一学就会的"属此)。第二类判断常常用作非基本论据(即还要为之提供论据的论据。例①中的"马马虎虎是不行的"属此)。具体地说,用第二类判断作论据时,必须进一步为它提供论据,即第二层论据。如果第二层论据仍然是真实性不明显或可信度低的判断,那么还得再进一步为之提供论据,即第三层论据……直到最后一层论据为真实性明显或可信度高的判断为止。如,例①中,由于第一层论据"(学习科技知识)马马虎虎应付是不行的"系论证者自己的断定,其可信度低,于是又为之提供第二层论据"任何一门科技知识都是科学家们高级智力活动的产物,不是那么容易一学就会的"。

在一个较为复杂的论证中,往往有多层论证关系,存在多层论据。下面是某一个较为复杂的论证的论据结构形式:

$$p\begin{cases}f\begin{cases}q\text{-}w\\r\end{cases}\\g\begin{cases}s\\t\begin{cases}u\\v\end{cases}\end{cases}\end{cases}$$

上式中,p 为总论题,f、g 是总论题的第一层论据,q、r、s、t 是总论题的第二层论据,u、v、w 是总论题的第三层论据。其中,w、r、s、u、v 为基本论据,f、g、q、t 为非基本论据。

显然,论题与论据的区分是相对的。上式中,相对于 p 而言,f、g、q、r、s、t、w、u、v 都是论据;但相对于 q、r 而言,f 就是论题,相对于 s、t 而言,g 就是论题,相对于 w 而言,q 就是论题,相对于 u、v 而言,t 为论题。这里称 f、g 为二级论题,称 q、t 为三级论题。

<u>论证方式</u>,即论据和论题之间的联系方式,一般是指论证过程中采用哪种(些)推理形式使论据推出论题,它回答的是"如何论证"的问题。如例①的论证方式是两次使用演绎推理,即:

凡是科学家们高级智力活动的产物都不是那么容易一学就会的(被省略);所有的科技知识都是科学家们高级智力活动的产物;所以,所有的科技知识都不是那么容易一学就会的。

学习科技知识,要么刻苦钻研,要么马马虎虎应付;学习科技知识,不能马马虎虎应付;所以,学习科技知识,要刻苦钻研。

仅仅有论题、论据并不等于作出了论证。论证是要从论据的真实性推出论题的真实性,它必须有一个推演过程。论证的推演过程总要借助一定的推理形式。这就是说,论证方式最终会表现为推理形式。一个论证,最少应包含一个推理形式,多则不限。

(二)论证和推理

论证和推理是密切联系的。推理是论证的工具,论证是对推理的应用,任何论证都必须借助推理。从构成上看,论证的论题相当于推理的结论;论证的论据相当于推理的前提;论证的论证方式相当于推理形式。

论证与推理的区别主要表现在以下几点。

1. 二者思维进程的方向不同

论证一般是先提出论题,然后围绕论题用论据来确定论题的真实性;而推理则是先有前提,后有结论,从前提推出结论。

2. 论证的逻辑结构往往比推理复杂

论证常常是对各种推理和逻辑方法的综合运用,一个论证往往由多个推理(并且其种类往往也不相同)构成。

3. 论证的要求高于推理

论证不仅要断定论据与论题之间的逻辑关系,还要断定论据[①]和论题的真实性;推理只需断定前提与结论之间的逻辑关系,无须断定前提的真实性——推理中,前提之真常常是被假定的。例如,人们可以根据假说进行推理;但不能用假说作论据进行论证,这是因为假说的真实性没有得到确认。因此,一个论证必然同时是一个(或几个)推理,但一个推理却未必同时是一个论证。

(三) 论证的作用

论证是理性认识的一种方式。它在认识上的作用,主要表现为以下几点。

1. 论证是求取新知的重要手段

知识有两种:一种是感知的(包括通过实验获得的),另一种是推知的。推知的知识,来自于逻辑论证,逻辑论证可以先于实践起着探求新知的作用。科学史上的许多发现往往归功于基于已有知识的逻辑论证。

2. 论证是形成理论、建立科学体系的重要手段

对已被实践证实的一些正确判断,人们往往是知其然却不知其所以然,看不到它们之间的内在联系。这时,对认识的目标而言,它们是肤浅的、零散的、不系统的。这就需要借助论证,只有借助论证,才能使它们形成深刻、完整而系统的理论,从而建成一个科学体系。

3. 论证是宣传真理、捍卫真理的重要手段

许多真理是明显的,它们早已获得实践检验。但是,真理的明显性又是相对的。同一判断,在张三看来是明显的,其真实性根本不需要论证,而在李四看来却可能是难以理喻的,其真实性需要作专门论证。因此,生活中,人们总是离不开论证的,通过论证来宣传和捍卫真理,驳斥谬误。

4. 论证是认识指导实践的重要手段

未付诸实践检验的预见性判断,需要逻辑论证来明确其正确性,使之获得指导实

---

① "比喻论证"(实即类比论证)中的"论据真",是指比喻物的各内在要素之间的关系的真。

践的资格。如,人们制订的各种计划、行动方案,在其实施之前,一般都要对它的可行性作出评估(即论证);至于一些重大工程,在开工前更是要对其工程设计进行反复的严密的逻辑论证。

(四)论证与实践检验的关系

就其本质而言,逻辑论证是理性认识阶段上的一种思维活动,因此,它与实践检验的关系,实质上是一种认识与实践的关系。认识来源于实践,接受实践的检验,并且指导实践;实践是认识的基础,检验着认识,并接受认识的指导。逻辑论证与实践检验的关系亦然。一方面,实践检验是逻辑论证的基础,逻辑论证所引用的论据须是经实践检验为真的判断,所使用的各种推理形式都是在人类长期实践过程中形成的并被证明为正确的,经过逻辑论证的论题的真理性最终还需要接受实践的检验;另一方面,逻辑论证是实践检验的前导,是实践检验的中介环节和辅助工具。

二、论证的种类

本节对论证种类的划分,主要着眼于论证的方式、方法。根据不同的标准可对论证作出不同的分类。

(一)必然论证和或然论证

按论证方式是否具有必然有效性,论证可分为必然论证和或然论证。

1. 必然论证

必然论证,即其论证方式具有必然有效性的论证,就是通过运用必然性推理来确定其论题的真实性的论证。它包括演绎论证和完全归纳论证两种。演绎论证,就是通过运用演绎推理来确定其论题的真实性的论证。如,例①中所用的论证方式就属于演绎论证(见上文分析)。在一些精密科学(特别是数学和数理逻辑)中,普遍运用着公理法。在一个用公理法构建起来的学科中,以若干初始概念和公理为基础演绎推导出一系列定义、定理、定律,所运用的也正是演绎论证。完全归纳论证,就是通过运用完全归纳推理来确定其论题的真实性的论证。演绎论证和完全归纳论证的有效性是不容置疑的,因为其论据蕴涵论题,只要论据完备而且真实,就能完全有效地确定论题的真实。

必然论证,有足够强的论证性和说服力,是论证的主要种类,也是论证的主要方法。

2. 或然论证

或然论证,即其论证方式不具有必然有效性的论证,就是通过运用或然性推理来确定其论题的真实性的论证。它也包括两种:不完全归纳论证和类比论证。不完全归纳论证,就是运用不完全归纳推理形式而进行的论证。类比论证,就是运用类比推理形式而进行的论证。

由于或然论证不能使论据蕴涵论题(论据只能给论题以某种程度的支持),因而这种论证只能作为必然论证的补充(或辅助)种类来使用。在一个具体的论证中,人们总是把必然论证和或然论证综合在一起的,以确保论证的有效和具体生动。

(二) 直接论证和间接论证

按论证方法是否具有直接性,论证可分为直接论证和间接论证。

1. 直接论证

直接论证,就是引用论据直接确定论题的真实性的论证。其根本特点是,不借助否定性思维做中介。例①就是直接论证。

必须指出,所谓"引用论据直接确定论题的真实性",并不意味着整个论证只有一个层次,即只存在"第一层论据"。

② 死海是淹不死人的。因为,死海海水含盐量很大。据统计,死海海水中有135.46亿吨氯化钠,有63.7亿吨氯化钙,有20亿吨氯化钾……各种盐加在一起占死海全部海水重量的23%~25%。由于死海海水的含盐量大,以致它的比重超过了人的比重,以致人到海里会自然漂起来,沉不下去。

此论证属于直接论证,但它包含4个层次:因为死海海水中"有135.46亿吨氯化钠……的23%~25%"(第四层论据),所以"海水的含盐量大"(第三层论据),所以"(海水的)比重超过了人的比重"(第二层论据),所以"人到海里会自然漂起来,沉不下去"(第一层论据),所以"死海是淹不死人的"(论题)。

2. 间接论证

间接论证,就是通过论证与论题相关的其他判断为假,从而论证该论题为真。其根本特点是,借助否定性思维做中介。间接论证,又可分为反证法论证和选言证法论证两种。

(1) **反证法论证**,是通过论证与论题相矛盾的判断为假从而论证该论题为真的间接论证。其思维模式为:

论题:p

① 设反论题:非 p

② 论证"非 p"为假:

  如果非 p,则 q

  非 q

  所以,并非非 p(即"非 p"为假)

③ 根据排中律,"非 p"假,所以 p 真。

理解上述模式必须注意:第一,"非 p"与 p 之间必须是矛盾关系,而不是反对关系,因为具有反对关系的两个判断不适用于排中律。第二,非 p 必须确实能够推出 q,即非 p 蕴涵 q。第三,q 的虚假性,必须是明显的。q 的虚假性或表现为它与确知的事实相矛盾,或表现为它与公认的价值判断、法规、公理、各门学科的原理、定理、定义等相矛盾,或表现为它与已知条件(即已被认定为真的断定)相矛盾,或表现为它的自相矛盾(即矛盾命题)。如果 q 的虚假性不明显,那么还需作进一步推导。这样,"论证'非 p'为假"这一步,就需要作两次推理——假言连锁推理(下式中,我们假定该推理的假言前提只有两个命题)和充分条件假言推理,即:(第一次)如果非 p,则 q;如果 q,则 r;所以,如果非 r,则非非 p。(第二次)如果非 r,则非非 p;显然非 r;所以,非非 p。第四,在表达时,上述模式中的某些环节可以省略。

③ 嗟呼!孟尝君特鸡鸣狗盗之雄耳,岂足以言得士?不然,擅齐之强,得一士焉,宜可以南面而制秦,尚取鸡鸣狗盗之力哉?(王安石《读孟尝君传》)

这是一个反证法论证。其需要证明的论题是"孟尝君(只不过是学鸡鸣狗盗者的首领罢了)没有得到贤士"。为了证明这一论题,作者先设定了一个与之相矛盾的反论题,即"孟尝君得到贤士"("不然");然后从这一反论题出发进行推导,得出"'擅齐之强,得一士焉,宜可以南面而制秦',而不必'取鸡鸣狗盗之力'"之结论;然后由这个结论之不符合事实推出该反论题为假;最后根据排中律,由该反论题之假推出需要证明的论题为真(表达时,后两步内容被省略)。

反证法论证,是一种以证明"非此不行"来证明"应该如此"的论证,其说服力强且操作简便,因而应用十分广泛。特别是,当某些论题难以进行直接论证时,使用反证法论证往往能收到避难就易、弃繁就简、事半功倍的效果。

(2) **选言证法论证,是通过否定与论题相关的其他判断为真,从而推断该论题为真的间接论证**。其思维模式为:

论题:p。

① 构建选言判断:或者 p,或者 q,或者 r。

② 论证:

    或者 p,或者 q,或者 r;

    非 q 并且非 r;

    所以 p。

理解上述模式时,应注意:第一,所构建的以论题为其一选言支的选言判断必须是穷尽了所有可能情况的(上式假定了 p、q、r 穷尽了一切可能情况),是真实的。第二,必须对除论题以外的其他选言支都加以否定,不能有所遗漏;其否定的理由必须充分。第三,选言推理的形式只能是否定肯定式。

④(处理国际关系)和平共处五项原则是最好的方式。其他方式,如"大家庭"方式,"集团政治"方式,"势力范围"方式,都会带来矛盾,激化国际局势。总结国际关系的实践,最具有强大生命力的就是和平共处五项原则。(邓小平《和平共处原则具有强大生命力》)

这就是一个选言证法论证。其论题是"和平共处五项原则是处理国际关系的最好的方式"。为了论证这一论题,作者先断定处理国际关系的方式不外乎四种——"和平共处五项原则""大家庭""集团政治"和"势力范围",即构成一个以论题为其一选言支的选言判断:"处理国际关系,或采取和平共处五项原则的方式,或采取大家庭的方式,或采取集团政治的方式,或采取势力范围的方式"(此内容在表达时被省略)。然后,通过对铁的事实的陈述——"'大家庭'方式,'集团政治'方式,'势力范围'方式,都会带来矛盾,激化国际局势",从而否定了除论题以外的其他三个选言支。最后,运用选言推理的否定肯定式推断"处理国际关系采取和平共处五项原则的方式"这一选言支为真。

在具体论辩实践中,直接论证、间接论证往往是结合在一起的。

三、论证的规则

要确保论证的正确、有效,必须遵守有关论证规则。论证包括论题、论据和论证方式三个方面,论证的规则也可从这三个方面阐述。

(一)关于论题的规则

1. 论题必须明确

"论题明确"是指论证中的论题必须让人一目了然,论题的含义必须明白确切。违反这一规则的逻辑错误,叫"论题不明"或"论旨含混"。其表现有以下两点。

(1)旗帜不鲜明,赞成什么,反对什么,模棱两可,如下例:

⑤大学生谈恋爱有什么不好!它可以激发当事人的上进心,对促进校园和谐乃至于社会和谐都有好处。当然,我也不赞成他们谈恋爱,因为据我所知,高校里的学习任务还是很重的,谈恋爱毕竟是要耗费时间和精力的,在这方面付出太多就会影响学业。

(2)乱发一通议论,让人分不清哪一个判断是其论题,如下例:

⑥ 在新诗创作实践中,要运用形象思维和灵感思维,要用比兴手法。形象思维与逻辑思维关系密切。作为思维类型之一,形象思维也是有规律的,因为所有思维都属于理性活动,而理性活动是有规律的。灵感思维和逻辑思维不是对立的。现有的分歧在于:是否承认形象思维有不同于逻辑思维的心理学规律和特征。那么,究竟怎样来运用形象思维呢?……

(3) 论题的含义模糊。论题都是判断,而判断均由概念构成,因而"论题的含义模糊",实际上属于组成论题的概念模糊。因此,要克服此病,就要注意:不要使用模糊概念,必要时应运用定义、限制等逻辑方法来明确论题中的有关概念。

论题明确,是进行有效论证的先决条件。如果论题不明确,那么论证的目的就不明确,而如果论证的目的不明确,那么整个论证也就失去意义和价值了。

2. 论题必须保持同一

论题必须保持同一,是指在同一个论证过程中,论题必须自始至终保持不变,做到前后一贯。这条规则是同一律的要求在论证中的体现。违反这条规则所犯的逻辑错误,叫"偷换论题"(或"转移论题")。其具体表现有以下几点。

(1) 实际所论证的论题和原论题是完全不同的两个判断,如下例:

⑦ 欧洲国家不都在地中海周围。欧洲国家仅在地中海北岸,而东岸有土耳其、叙利亚等亚洲国家,南岸有埃及、摩洛哥等非洲国家。

这里,实际论证的论题是"地中海周围不都是欧洲国家",而原论题却是"欧洲国家不都在地中海周围"。

(2) 实际论证的论题比原论题断定得多。这就是所谓的"论证过多""扩大论题"。例如,本来要论证的论题是"要重视作文教学中的德育渗透",而实际上论证的论题则是"要重视语文教学中的德育渗透"。显然,后者比前者所断定的内容多。

(3) 实际论证的论题比原论题断定得少。这就是所谓的"论证过少""缩小论题",如下例:

⑧ 任举曰:"夫美也者,上下、内外、大小、远近皆无害焉,故曰美。"(《国语·楚语上》)也就是说对上下、内外、大小、远近无害有益就是美。可见,美与善是紧密相关的。

这里,实际论证的论题是"美与善是紧密相关的",而原论题却是"美与善、真是紧密相关的"。显然,其实际论证的论题比原论题断定得少。

偷换论题往往与偷换概念(或混淆概念)是联系在一起的,在许多情况下,偷换论题常常表现为偷换了论题中的某个(些)重要概念。

从思维实践看,产生"偷换论题"逻辑错误的主要原因,或者在于论题本身不明确;或者在于论题过大,需要论证的内容过多,过于复杂,以致论者稍有疏忽就出差错;或者在于论者动机不纯,故意耍诡辩。

(二)关于论据的规则

1. 论据必须真实,或者能够为论辩双方所共认

在论证中,论据是论题得以成立的根据。如果论据本身是虚假的,那么就不能据此确定论题的真实性。违反"论据必须真实"所犯的逻辑错误,叫"论据虚假"或"理由虚假"。

值得一提的是,论证中常常存在着论据被省略的情况,被省略的论据有时可能是假的。

话还得往回说,由于认识在不断发展,某个命题是否真往往很难说清。因此,在实际论辩中,某命题只要为论辩双方所共认,原则上它就可以用作论据。

2. 论据的真实性必须是已知的

论证中,所用论据的真实性必须是已知的。如果不是这样,而是用那些想象为真或希望为真的判断做论据,那么其论证就是没有说服力的、不可信的。违反这一规则所犯的逻辑错误,叫"预期理由"或"以假定作论据",如下例:

⑨ 师:"X 与负 X 哪个大?"生:"X 大。"师:"为什么?"生:"因为 X 是正的,负 X 是负的,正数自然比负数大了。"

这里,"X 是正的,负 X 是负的"这一论据的真实性是未知的,是尚未得到证实的。该生用以证明论题"X 比负 X 大",犯了"预期理由"的错误。由于论据的真假不能确定,因而它能否给论题以支持也就不得而知,其论证自然也是没有说服力的。

顺便指出,科学假说之所以不宜单独用作论据,也是因为:虽然它们是根据大量事实和一定的科学原理提出的,但是其真实性毕竟还没有得到最后的证明。

3. 论据之间必须彼此相容

一个论题往往由一组论据来支撑,论据之间必须彼此一致,彼此相容,不存在任何逻辑矛盾。违反这一规则所犯的逻辑错误,叫"理由不一致"。例如,在"半费之讼"这一经典性论辩中,智者普罗达哥拉斯的论证如下:

⑩ 欧提勒士应该付我另一半学费。因为,如果他打赢这场官司,那么按照合同,他应该付我另一半学费;如果他打输这场官司,那么按照法庭裁决,他也应该付我另一半学费;这场官司或者他打赢,或者他打输。

这是一个诡辩!人们可以从多个角度加以揭露。如果从论据方面剖析,可以说此

论证犯了"理由不一致"的错误。在"如果他打赢这场官司,那么按照合同,他应该付我另一半学费;如果他打输这场官司,那么按照法庭裁决,他也应该付我另一半学费"这一理由中,包含了两个不同的标准(即合同的约定和法庭的裁决),它们是不相容的。

4. 论据的真实性不得依赖论题来支持

在论证中,论题的真实性是依赖论据来确定的。如果论据的真实性还得依靠论题来支持,那就会形成论题的真实性是用论题自身来确定的情况,就等于什么也没有证明。违反这一规则所犯的逻辑错误,叫"循环论证"或"无进展论证"。它包括简单式的和复杂式的两种。复杂式的循环论证,是具有二层或多层论据的多层次论证,其特点是,推论过程构成一个或长或短的封闭链。其一般形式是:p,因为q;q,因为r;r……因为p(不管r后面还有多少环节,其末层论据一定是p)。以下是中世纪经院哲学家托马斯·阿奎的一个论证:

⑪ 上帝是存在的,因为上帝是十全十美的,而十全十美中首先就必须包括存在这个性质,因为,不存在是不完美的,存在才是完美的。

此例的实际论证可简化为:"上帝是存在的,因为他十全十美,而他之所以十全十美,是因为他存在。"这里,论题和论据互为论据,原地兜圈,等于什么也没有证明。较之简单式,复杂式的循环论证具有更大的迷惑性和欺骗性,因为它的中间环节繁多,易于使人产生"论据确凿"的感觉。

(三) 关于论证方式的规则

论证方式的规则①是:论据与论题之间必须具有蕴涵关系或者具有较强的支持关系。具体地说:(1)如果论证模式为必然论证,那么必须确保推理形式有效,必须遵守有关推理规则和要求,确保论据必然蕴涵论题;(2)如果论证模式为或然论证,那么必须遵守有关推理规则和要求,确保论据对论题有较强的支持力度。

违反论证方式的规则所犯的逻辑错误叫"推不出"。对应于上述(1),"推不出"主要表现为推理形式无效;对应于上述(2),"推不出"表现为论据对论题的支持力度太小或根本不支持②。

⑫ 此物体的降落一定没有受到外力影响。因为如果此物体降落时不受外力影响,那么它就不会改变降落的方向,而它的这次降落没有改变其降落的方向。

⑬ 交通部门的头头脑脑没有一个不是腐败分子,××省的交通厅长昨天被"双规"了,××市的交通局长上周被判了12年,××县交通局的行政科长上个月畏罪自

---

① 必须指出,本节讨论论证方式的规则有一个预设,即"论据是真的"。
② "推不出"具体表现还有许多,见本章第五节。

杀了。

例⑫是一个演绎论证。虽然其论据不妨假定为真,但不能由此必然推出论题的真实性,因为其推理形式(充分条件假言推理的肯定后件式)无效。例⑬是一个不完全归纳论证。其论据也不妨假定为真,但论据对论题的支持力度太小,因为论证者所列举的交通部门的三个领导只占全体的极小部分。

第三节 反驳

一、反驳概述

反驳是引用一个或一组判断通过逻辑推理来确定某一判断的虚假性或确定相关论证不能成立的思维过程。反驳不同于批判。反驳是驳斥虚假的判断,推翻错误的论证;而批判则除了要指出论敌的判断之虚假或错误外,还要进一步揭露其错误的性质、根源、危害等。一个反驳,书面上可以由一个复句或句群表达,也可以由一个或几个段落表达,还可以由整个文本表达。

与论证相对应,反驳的构成要素也有三个,即:被反驳的判断、反驳的论据和反驳方式。

被反驳的判断,是指被反驳者确定为虚假的那个判断。反驳的论据,是指在反驳中用来作为反驳根据的判断;它回答的是"用什么来反驳"的问题,如下例:

① 领导我们的国家,有人主张用"收"的方法。这是不对的。因为,"收"就是不许人家说不同的意见,不许人家发表错误的意见,发表了就"一棍子打死"。这不是解决矛盾的办法,而是扩大矛盾的办法。而用扩大矛盾的办法是领导不了我们这个国家的。

此例中,被反驳的判断是"应该用'收'的方法来领导我们的国家";"因为"后面的所有判断都是反驳的论据。

反驳方式,是指用来反驳的论据和与那个被反驳的判断具有矛盾关系或反对关系的判断(即"反论题")之间的联系方式,主要是指反驳过程中采用何种推理形式,由反驳的论据的真实性推出"反论题"的真实性。如,例①的反驳方式是两个三段论(请读者自行分析)。

反驳方式具体表现为推理形式。一个反驳最少应包含一个推理形式,多则不限。

二、反驳的方法与种类

本节名义上在讨论反驳的方法,实际上也在讨论反驳的种类,所以称之为"反驳的方法与种类"。根据不同的标准可对反驳作出不同的分类。

(一)反驳论题、反驳论据和反驳论证方式

这是按反驳的着眼点(对象)的不同所作的分类。反驳,就是抨击谬误,揭露诡辩。谬误和诡辩可能存在于一个孤立的判断之中,但更多的存在于一个完整的论证之中。由于论证由论题、论据和论证方式构成,所以反驳可以从此三个方面进行,有反驳论题、反驳论据和反驳论证方式三种。

1. 反驳论题

反驳论题,就是确定敌论题的虚假或揭露其含混不清。论题是论证的灵魂,敌论题被驳倒了,敌论证也就不能成立了。因此,敌论题应作为反驳的主要对象。反驳论题的一般模式为:

敌论证:A 真,因为 B。(B 是一个命题集)

反　驳:A 假,因为 C。(C 是一个命题集,其中的每个命题与 A 之间具有矛盾关系或反对关系)

例①反驳的对象就是敌论题,即"应该用'收'的方法来领导我们的国家"。

2. 反驳论据

反驳论据,就是确定敌论据的虚假或不成立。论据是论题赖以成立的基石,敌论据被推倒了,敌论证也就不能成立了。因此,敌论据应作为反驳的重要对象。反驳论据实际上是一种釜底抽薪。其一般思维模式为:

敌论证:A 真,因为 B。

反　驳:B 假,因为 C。(B、C 均为命题集,彼此具有矛盾关系或反对关系)

反驳论据可以从以下三个方面着手:(1)揭露"论据是虚假的";(2)揭露"论据是预期的";(3)揭露"论据是彼此矛盾的"。兹就(2)举一例:

② 上海的教授对人讲文学,以为文学当描写永远不变的人性,否则便不久长。例如英国,莎士比亚和别的一两个人所写的是永久不变的人性,所以至今流传,其余的不这样,就都消灭了。这真是所谓"你不说我倒还明白,你越说我越糊涂了"。英国有许多先前的文章不流传,我想,这是总会有的,但竟没有想到它们的消灭,乃因为不写永久不变的人性。现在既然知道了这一层,却更不解它们既已消灭,现在的教授何从看见,却居然断定它们所写的都不是永久不变的人性了。

例②中,第二层的敌论据是"其余的不这样,就都消灭了"(第一层的敌论据是"否则便不久长")。其反驳,直接揭露这一论据的"预期"性质,指出:"那些已经消灭了的作品写的不是永久不变的人性"完全是一种想当然的说法("它们既已消灭,现在的教授何从看见,却居然断定它们所写的都不是永久不变的人性了")。

应该注意,一个论证,其论据的虚假或不成立并不意味着其论题一定虚假或不成立。因此,驳倒了其论据,并不等于驳倒了其论题,而只表明敌论证不能成立,其论题没有得到真实论据的支持。

以论据为反驳对象,主要有这样两种考虑:(1)旨在驳倒敌论题,把反驳敌论题与反驳敌论据结合起来,把后者作为前者的辅助手段,以增加反驳力度,使反驳更为彻底;(2)旨在推倒敌论证,此时敌论题真实(或值得赞同),而其论据虚假或不成立。

3. 反驳论证方式

反驳论证方式,就是揭露对方在论证过程中违反了关于论证方式的规则,指出其论证犯了"推不出"的逻辑错误。其一般模式为:

敌论证:A真,因为B能推出A。(B是一个命题集)

反　驳:并非B能推出A。

③ 有些人用建设社会主义过程中犯过错误出现过曲折等作为论据,来论证社会主义不如资本主义,这是完全站不住脚的。社会主义制度并不等于建设社会主义的具体做法。建设社会主义缺乏经验,走了弯路,犯了错误,并不能得出社会主义制度就没有优越性的结论,更得不出社会主义不如资本主义的结论。

这个反驳的后两句话揭露了有些人关于"社会主义不如资本主义"这一论题的论证犯了"推不出"的逻辑错误,准确地说,揭露了该论证中出现的"论据与论题不相干"情况。

论证方式也是反驳的重要对象。驳倒敌论证方式,可以说明敌论证不能成立,说明敌论题的真实性没有得到有效论证,使之受到严重质疑。注意:驳倒敌论证方式,并不能必然确定敌论题的虚假。

选取反驳论证方式,主要有两种考虑:一是旨在推倒对方的论证。此时对方的论题和论据皆真,但其论证方式尚有漏洞,于是,以此为突破口组织反驳。二是,旨在驳倒对方的论题。此时,敌论据没有问题,但敌论题的真实性很值得怀疑,其论证方式也有漏洞,为使反驳酣畅淋漓,遂把反驳论题与反驳论证方式结合起来,把后者作为前者的辅助手段。

在论辩实践中,反驳论题、反驳论据、反驳论证方式往往是综合进行的。

(二) 必然反驳和或然反驳

按反驳方式是否具有必然有效性,反驳可分为必然反驳和或然反驳。

1. 必然反驳

必然反驳,即其反驳方式具有必然有效性的反驳,就是通过运用必然性推理来确定被反驳判断的虚假性的反驳。它包括演绎反驳和完全归纳反驳两种。演绎反驳,就是通过运用演绎推理来确定被反驳判断的虚假性的反驳。如,例①。完全归纳反驳,就是通过运用完全归纳推理来确定被反驳判断的虚假性的反驳。完全归纳反驳的有效性是不容置疑的,因为其论据蕴涵反论题,只要论据完备而且真实,就能完全有效地确定反论题的真实。

必然反驳,有足够强的反驳性和说服力,是反驳的主要种类,也是反驳的主要方法。

2. 或然反驳

或然反驳,即其反驳方式不具有必然有效性的反驳,就是通过运用或然性推理来确定被反驳判断的虚假性的反驳。它包括不完全归纳反驳和类比反驳两种。不完全归纳反驳,就是通过运用不完全归纳推理来确定被反驳判断的虚假性的反驳。类比反驳,就是通过运用类比推理来确定被反驳判断的虚假性的反驳。

在论辩实践中,必然反驳和或然反驳常常是结合进行的。

(三) 直接反驳和间接反驳

按反驳是否从正面进行,可分为直接反驳和间接反驳。

1. 直接反驳

直接反驳,即从正面进行的反驳,就是直接引用与被反驳判断具有矛盾关系或反对关系的判断作为反驳的论据来确定被反驳判断的虚假性。其思维模式可表示为:

被反驳的判断:p。

反驳:

① 用来反驳的论据"非p"真;

② 根据矛盾律,由"非p"真推出p假。

理解上述模式应注意:第一,"非p"与p具有矛盾关系或反对关系;第二,"非p真"不是通过理论推导而获得的;第三,反驳实践中,该模式的第②步往往被省略。前文例①、例②、例③等都属于直接反驳。

2. 间接反驳

间接反驳,即从反面进行的反驳,就是通过采取论证被反驳的判断的反论题之真的方法,或通过采取从被反驳的判断或原推理的结构导出荒谬的方法,来间接引出被反驳的判断之假。它包括两种:独立证明间接反驳和归谬反驳。

(1) 独立证明间接反驳(简称"独立证明法")。就是借助矛盾律,通过论证被反驳的判断的反论题之真间接导出被反驳的判断之假。其思维模式可表示为:

被反驳的判断:p。

反驳:

① 设反论题:非 p(非 p 与 p 或系矛盾关系,或系反对关系);

② 证明非 p 真;

③ 根据矛盾律,推出 p 假(具体表达时,此环节可省略)。

④ 你说"我的儿子才14周岁,他犯重伤罪可以不负刑事责任",这是错误的。你的儿子是应负刑事责任的。因为,我国《刑法》第十七条明文规定:"已满十四周岁不满十六周岁的人,犯故意杀人、故意伤害致人重伤或者死亡、强奸、抢劫、贩卖毒品、放火、爆炸、投毒罪的,应当负刑事责任。"

在这个反驳中,反驳者正是通过论证与被反驳的判断"儿子可以不负刑事责任"具有矛盾关系的判断"儿子应负刑事责任"为真,来组织反驳的。由于证明了"儿子应负刑事责任"为真,根据矛盾律推出"儿子可以不负刑事责任"之判断为假(这一部分内容在表达时被省略)。

独立证明间接反驳与反证法论证是有区别的:第一,二者的作用不同,前者是用来确定某一判断的虚假性,而后者是用来确定某一判断的真实性;第二,二者的反论题范围不同,前者的反论题与被反驳的判断可以是矛盾关系,也可以是反对关系;而后者的反论题与原论题的关系只能是矛盾关系。第三,二者的逻辑依据不同,前者依据的是矛盾律,后者依据的是排中律。

(2)归谬反驳(又称"归谬法")。就是通过从被反驳的判断或原推理的结构导出荒谬(包括虚假判断、逻辑矛盾和错误的推理结构),来间接引出被反驳的判断之假。其一般步骤是:首先假定被反驳的判断为真;然后从这一假定出发进行推演,构成一个(或一系列)充分条件假言判断,这个充分条件假言判断(或系列判断的第一个充分条件假言判断)的前件,就是被反驳的判断,后件(或系列判断的最后一个充分条件假言判断的后件)是一个虚假性很明显的判断;最后,进行充分条件假言推理(或充分条件假言连锁推理),推出被反驳的判断的虚假。例如,针对某些资产阶级自由化言论(如主张"有示威、游行的自由""搞多党竞选政治"等),邓小平反驳道:

⑤"中国人多,如果今天这个示威,明天那个示威,三百六十五天,天天会有示威游行,那么就根本谈不上搞经济建设了。……如果我们现在十亿人搞多党竞选,一定会出现'文化大革命'中那样'全面内战'的混乱局面。"(邓小平《压倒一切的是稳定》)

例⑤中,被反驳的判断有二:(1)"应允许示威";(2)"应搞多党竞选"。这里只分析对(1)的反驳过程:作者先假定"应允许示威"成立,然后从"应允许示威"推演出"(现在的中国)就根本谈不上搞经济建设了",进而推出"'应允许示威'为假"。最后一部分的内容在表述时被省略。

归谬反驳的一般模式可表示如下：

被反驳的判断：p。

反驳：

① 设 p 真并推论：如果 p，那么 q。

② 证明 p 假：如果 p，那么 q

　　　　　　　非 q
　　　　　　―――――――
　　所以，非 p（即 p 假）。

理解上述模式应注意：第一，第①步推论的结果，可能表现为一个充分条件假言判断，也可能表现为几个（这里假定为两个）充分条件假言判断，后者的形式为：如果 p，那么 q；如果 q，那么 r。第二，q（或 r）可以是简单判断，也可以是复合判断。第三，q（或 r）的虚假性必须非常明显。第四，第②步的"证明 p 假"，可能是一个假言推理，也可能是两个假言推理。后者的形式为：如果 p，那么 q；如果 q，那么 r；所以，如果非 r，那么非 p。如果非 r，那么非 p；非 r，所以，非 p。第五，在实际表述中，上述程式中的某些环节往往被省略。

显然，在上述模式中，第①步是关键。而在第①步中从假定被反驳的判断为真导出荒谬，一般有两种情况：

第一种情况，从假定被反驳的判断为真导出虚假判断（其语言形式同于"反证法论证"，见上文）。其思维形式可概括为：

如果 p，那么 f。（f 为虚假判断；p 蕴涵 f）

如例⑤，为反驳"应搞多党竞选"，作者先假定它成立，进而从该判断出发推论出"一定会出现'文化大革命'中那样'全面内战'的混乱局面"。

注意：在运用这一思维形式时，p 与 f 之间必须具有蕴涵关系。例如："甲：'吸烟过多易得癌症'。乙：'照你这么说，不吸烟的就不得癌症了！'"这里，乙的归谬显然违反了这一要求，从"吸烟过多易得癌症"，推不出"不吸烟的不得癌症"。

第二种情况，从假定被反驳的判断为真导出逻辑矛盾。它又包括两种情形：

其一，从假定被反驳的判断为真导出两个互相否定的判断（即彼此具有矛盾关系或反对关系的判断）。其思维形式可概括为：

如果 p，那么 m 且非 m。

⑥ 亚里士多德有一个命题，即"物体越重下落速度越快"。伽利略的反驳是：按照此观点，如果把两块轻重不同的石头捆绑在一起，让它从空中自由下落，那么就会出现两种彼此矛盾的情况：一是它下落的速度加快，因为两块石头捆绑在一起，重量大了；一是它下落的

速度变慢,因为较轻的那块石头下落的速度慢,会阻碍较重的那块石头下落的速度。

其二,从假定被反驳的判断为真导出与该被反驳的判断自身具有矛盾关系或反对关系的判断。其思维形式可概括为:

如果 p,那么 m,如果 m,那么 n,如果 n,……那么非 p。

⑦ 古希腊学者克拉底鲁宣称:"我们对任何事物所作的肯定或否定都是假的。"亚里士多德对此论题作了反驳,指出:"克拉底鲁的话等于说'一切判断都是假的',而如果一切判断都是假的,那么,这个'一切判断都是假的'的判断也是假的。"

另外,还有一种归谬,叫"仿照归谬"或"形式归谬"。其特点是,"以其人之道,还治其人之身",构造一个与敌论证的论证方式(推理结构)相仿的论证,来确定敌论题的虚假性。其思维模式为:

被反驳的判断:p;敌论证的推理结构:A。

反驳:

① 设推理结构 A 是形式有效的。

② 证明推理结构 A 不是形式有效的;质疑被反驳的判断 p:

第一,如果 A 是形式有效的,那么如果 q′,那么 p′(因为如果 q′,那么 p′的推理结构也是 A,并且 q′真);显然非 p′,所以并非如果 q′,那么 p′;所以,A 不是形式有效的①。

第二,因为"如果 q,那么 p"(即敌论证)的推理结构是 A,并且 A 不是形式有效的;所以 q 真,p 未必真。

这里,q 表示"共认为真"的敌论据,q′表示用作推论的共认为真的论据,p′表示显然为假的推断。在具体反驳过程中,上述模式的环节不必全部表达出来。

⑧ 一位美国参议员对贝尔克里说:"所有的共产党人都攻击我,你攻击我(q);所以你是共产党人(p)。"贝尔克里说:"照你这么说,下面的推论也是正确的:所有的鹅都吃白菜,你吃白菜(q′);所以你是鹅(p′)。"

在这里,贝尔克里先假定"所有的共产党人都攻击我,你攻击我;所以你是共产党人"这一论证的推理结构(A)是正确的;然后仿此结构构建了"所有的鹅都吃白菜,你吃白菜;所以你是鹅"之论证,其结论是"你是鹅"。而此结论显然是荒唐的,从而推出该参议员论证的推理结构(A)是错误的,推出敌论题"你是共产党人"不能成立。

归谬反驳与反证法论证既有相同的一面,又有相异的一面。其相同之处:二者都

---

① 这里的逻辑根据是:一个演绎推理,如果其前提真而结论假,那么其推理形式无效。

要进行归谬推演,在推理形式上,一般都要运用充分条件假言推理的否定后件式。其相异之处:第一,反证法论证是一种论证,其目的是确定某一判断为真;归谬反驳是一种反驳,其目的是确定某一判断为假。第二,二者的逻辑依据不同,反证法论证的逻辑依据是排中律;而归谬反驳的逻辑依据是矛盾律。

以上,从不同的视角讨论了反驳论题、反驳论据和反驳论证方式,必然反驳和或然反驳,直接反驳和间接反驳。其实,在论辩实践中,这些方法(或种类)常常是被综合运用的。

顺便指出:反驳是一种特殊的论证,前述的论证规则同样适用于反驳。

第四节 论辩的原则与规则

遵守论辩的原则和规则,是确保论辩得以顺利进行和论辩目标得以实现的必要条件。

一、论辩的原则

论辩的原则主要有:平等原则、道德原则、求实原则等。

(一)平等原则

平等原则就是论辩主体在整个论辩过程中彼此平等的原则。它主要包括论辩地位的平等、论辩权利的平等和论辩机会的平等三个方面。论辩地位的平等是指:每一个论辩参与者,不论其目前的实际社会地位怎样,也不论其主张是否错误,他们在论辩中的地位必须是平等的。只有坚持论辩地位的平等,才能使论辩双方(或各方)毫无顾忌,畅所欲言,使论辩得以顺利进行;才能使真理得到探讨和维护,使谬误得到有效质疑和批驳。论辩权利的平等是指:每一个论辩参与者都有权为自己的主张进行论证和辩护,有权质疑和反驳对立方的主张。论辩参与者如果失去二者中的任一个,都会导致论辩的变味或中断,甚至会导致谬误流传和真理的被强奸。论辩机会的平等是指:每一个论辩参与者之于立论、驳论的机会,之于辩护、辩驳的机会是平等的;参与论辩的任何一方都不得阻止对方(或第三方)提出主张,或者阻止对方(或第三方)对己方的主张提出质疑。论辩机会的平等与论辩权利的平等、论辩地位的平等是相通的,辩护、辩驳机会的被剥夺,实际上也就是辩护、辩驳权利的被剥夺,也就是论辩地位的不平等。

(二)道德原则

道德原则就是论辩的"职业道德"。道德原则包括两条:(1)"摆事实,讲道理"的原则;(2)"唯真理是从"的原则。无论是立论还是驳论,是辩护还是辩驳都应该坚持

"摆事实,讲道理"的原则,否则就不能保证论辩的顺利进行。论辩过程中违反此原则的表现主要有:歪曲事实(引用中的断章取义也属于对事实的歪曲);故意曲解对方的原意;故意偷换论题;胡搅蛮缠,强词夺理;游离话题,揭人之短;诉诸人身攻击;诉诸强权;诉诸威胁;等等。"唯真理是从"原则的内涵是:要坚持和强化已经论辩证明是正确的主张,修正或放弃已被证明是自己错了的主张。正方虽然辩护成功了,但如果在辩护过程中受到了反方的某些启发,从而感到自己的主张有错,那么就应该勇敢认错,主动修正或放弃那个主张;如果辩护失败,就得主动收回原有主张。反方虽然反驳成功,但如果在反驳过程中受到了正方的某些启发,从而感到自己的质疑或否定性主张有错,那么就应该主动放弃质疑或放弃那个否定性主张;如果反驳失败,就得主动收回质疑。论辩过程中违反此原则的主要因素,有不纯的动机(如为了个人或小集团的物质或精神利益等)、虚荣心等。动机不纯者、虚荣心强者会"求胜不求真",他们不愿意轻易放弃或收回自己的主张,即使自觉有错,也会千方百计不择手段地利用各种诡辩术去文过饰非,弄虚作假,去胡搅蛮缠,强词夺理。论辩不能坚持"唯真理是从",就会失去其原有的意义。

(三) 求实原则

求实原则就是论辩从事实出发的原则。它要求无论是确定论题(或辩题)、论证论题(或辩题)、为论题(或辩题)辩护,还是质疑和反驳某观点,都要尊重事实,从事实出发。具体地说:(1)在确定论题时,要从事实出发,根据确知事实和现有科学理论去引发观点,不要凭主观想象,做毫无根据的断定。(2)在论辩过程中,不管是论证己方观点或为己方的观点辩护也好,也不管是质疑对方的观点或反驳对方的观点也好,都得尊重客观事实。陈述情况,要言之有据,一定要反映事物的本来面貌,既不能歪曲或抹杀事实,也不能夸大或缩小事实。对眼前的事实或对方陈述的事实,应予以承认;不要故意加以否定,或者闭目塞听地故意装聋作哑,视而不见,听而不闻。在引用对方的相关言论、第三方的(包括前贤、时贤)相关言论进行辩护或反驳时,必须确保其意思的完整和准确,不要故意变形、歪曲其原意,不要断章取义,攻其一点不及其余。

平等原则、道德原则和求实原则是相通的,它们彼此联系、密不可分。

二、论辩的规则

由于论辩规则与论辩原则是相通的,论辩规则是对论辩原则的细化和具体化,由于论辩规则与论证规则是不可分割的,二者具有彼此补充甚至彼此陈述的关系,因此,本节不拟就论辩规则作全方位的介绍,以尽量避免知识内容的重复。

(一) 对辩题的理解必须同一的规则

此规则的内涵是:在论辩活动中,双方参与者对辩题所涉及的有关概念、命题的理解必须同一。遵守此规则,是开展论辩活动和使论辩活动获得应有效果、应有价值的最起码的条件。纵观古往今来的论辩实践,违反此规则的论辩案例可谓汗牛充栋。譬如,孟子学派和荀子学派关于人性善恶的论辩就是其中一例。在该辩题中涉及的核心概念是"人性"。由于他们对这一概念内涵的理解差异甚大,故争论2000余年仍无结果。孟派所谓的"人性",是指"人之所以异于禽兽者"(《孟子·离娄下》),而荀派所谓的"人性",是指人"生之所以然者"(《荀子·正名》)。前者指的是人的社会属性,后者指的是人的自然属性。孟派从人的社会属性出发,认为"人性善",荀派从人的自然属性出发,认为"人性恶"。由于两派所持命题的论域各不相同,故他们所谓的"论战"实际上是一种无交锋之战。这种论战永远不会有胜负之分。

(二)有立论必有举证责任的规则

此规则的内涵是:立论的一方负有举证责任,当对方要求举证时,立论方(下称"正方")必须举证。违反此规则所犯的错误有两种:转移举证责任和逃避举证责任。

转移举证责任的情况有二:(1)在非对称性论辩中,正方不愿意为他的立论作辩护,而是强迫反方论证正方的立论是错误的("诉诸无知的谬误"属此,举例见本章第五节);(2)在对称性论辩中,甲方不愿意为自己的立论作辩护,而是强迫乙方为乙方的立论作辩护;或者乙方不愿意为自己的立论作辩护,而是强迫甲方为甲方的立论作辩护。

① 甲:"外星人是有的。"乙:"外星人不存在。"甲对乙:"请你说说外星人不存在的理由!"乙对甲:"请你说说外星人存在的证据!"

上例中,甲、乙都在转移举证责任。

逃避举证责任的情况也有二:(1)正方提出了"不证自明的立论";(2)正方用人格担保立论的正确性。

② 小王对小李说:"很显然,美国人并不想攻打伊朗。"

③ D国的某观察家对M国的记者说:"我能保证伊朗没有研制核武器的计划和行动。"

例②中,小王使用了"很显然"一词来提出"美国人并不想攻打伊朗"之立论,旨在表明该立论是无需举证的。在论辩实践中,为表达"不证自明的立论"而选用的语词还有"毋庸置疑""毫无疑问""众所周知""谁都知道""无法否认"等。例③中,该观察家使用了"我能保证"之语词,旨在表明其立论"伊朗没有研制核武器的计划和行动"的正确性是可以用其人格做担保的,是不必予以证明的。用来表达"用人格担保立论"的语词还有"我以我的人格担保""我发誓""我坚信""我绝对相信""反正我相信""我敢保证"

"我的记忆可以作证"等。

转移举证责任、逃避举证责任是一种不良的辩风,它不利于论辩的深入进行,不利于探求真理和消除意见分歧。

(三) 一方所抨击的命题必须与对方的实际立论相一致的规则

此规则的内涵是:一方所抨击的命题与对方的实际立论必须具有同义关系或被蕴涵关系。违反此规则所犯的逻辑错误,叫"稻草人谬误"。它有两种情况:(1)直接或间接地给对方强加一个观点(然后抨击之);(2)歪曲对方的观点(然后抨击之)。通常情况下,被强加的观点、歪曲过的观点,或是显然错误的,或是与主流价值观相矛盾的,或是有损于众人利益的。

1. 直接或间接地给对方强加一个观点(然后抨击之)

其伎俩主要有三种:

第一,强加一个与对方的实际立论完全不同的命题给对方(然后抨击之)。例如,"张三:'共产党人也讲个人利益。'李四:'你这话就不对了。全心全意为人民服务是共产党人的根本宗旨,如果共产党人只该为个人谋利,那么就违背了这一宗旨。'"在这里,李四抨击的是"共产党人只该为个人谋利",它既不与张三的立论"共产党人也讲个人利益"同义,也不是该立论的逻辑后承。

第二,通过强调某个观点(p),暗示读者(听众):对方曾有一个与该观点具有矛盾关系或反对关系的观点(非 p)。例如,某公司的总经理与党委书记有矛盾是众所周知的。在一次以发年终奖为议题的中层干部会议上,总经理半天不讲话。党委书记要求他谈谈个人的意见,他站起来说:"在公司党政联席会议上,我是坚决主张发年终奖要对中层干部给予关照的。好了,我要说的就这么一句。"尽管事实上他在公司党政联席会议上只是这个主张的附议者,但在这里被强调地提出来,其用心是暗示在场的所有中层干部:党委书记有一个"发年终奖不要对中层干部给予关照"的主张。在论辩中,如果甲方强调某种观点,就会马上给人以一种"乙方是反对这一观点的"印象。此时,如果乙方不够警觉,那么就会被强加一个对自己不利的观点;如果乙方比较警觉,且确实不赞成那个甲方强加给自己的观点,就必须马上声明自己也是赞同甲方观点的,这样可以挫败甲方的阴谋。

第三,通过把所要强加的观点(或思想倾向)跟对方所属的群体相联系的方式,来实现强加观点的目的。由于某个群体的思想已被当做既成事实,而个人的思想又被设定与所在群体一致,因而当把某个论点同对方所属的群体相联系时,就很容易达到把该论点强加给对方的目的。例如,张某虐待妻子,妻讼于官,要求离婚。法庭传知情人——曾离过婚的村妇女主任李某出庭作证。在一审庭上,李某如实反映了张某虐待妻子的情况。于是,张妻得到众旁听者的同情和理解,而张某则十分难堪。这时,张某开始为自己解围:"请你们不要全信李某的证词,因为,作为女人,她肯定会站在女人一边;作为妇女干部,她肯定为她的工作对象讲话;作为与丈夫离过婚的人,她肯定会同情步其后尘的人。"在这里,张某正是通过把不公正的思想倾向(即"站在女人一边""为她的工作对象讲话""同情步其后尘的人")同证人李某所属的群体相联系的方式,来达到把这一思想倾向强加给李某之目的的。

2. 歪曲对方的观点(然后抨击之)。其伎俩主要有扩张、夸大、简化、缩小、断章取义等。例如,"学生:'老师,去年下半年我参加过党校学习,这批发展我有希望吗?'老师:'你上学期的学习成绩在15名以内的话,应该没问题。'结果,该学生在那个批次的党员发展中名落孙山,于是找到了老师,质问道:'你不是说我没问题吗?为什么不发展我?'"这里,学生把老师的原观点"你上学期的学习成绩在15名以内的话,应该没问题",简化为"(发展)你没问题",严重地歪曲了老师的意思。

(四) 不得改变或否定含蓄论据的规则

"含蓄论据",是指在论证过程中被省略的论据。此规则的内涵是:在反驳对方的含蓄论据时,不能随意改变之;在为自己的论证进行辩护时,不能否定原论证中的含蓄论据。违反此规则所犯的错误有两种:反方改变正方的含蓄论据(然后攻击之)和正方否定自己原论证中的含蓄论据。

④ 甲:"张三很可能不喜欢孩子,因为他是一个单身汉。"乙:"按照你的说法,你认为所有的单身汉都是不喜欢孩子的啦?"

⑤ 丈夫:"我一不赌,二不嫖;因此,我没有对不起你的地方。"妻子:"照你这么说,丈夫对不起妻子的地方只限于赌和嫖了?"丈夫:"不!我并没有这么说。"

例④中,乙企图通过质疑甲论证时的含蓄论据来推倒甲的论证,但他却随意改变了那个含蓄论据。甲论证时的含蓄论据是"一个人,如果是单身汉,那么他很可能不喜欢孩子"。而乙把该论据改为"所有的单身汉都是不喜欢孩子的"。例⑤中,丈夫在为自己的论证进行辩护时否定了原论证中的含蓄论据,即"丈夫对不起妻子的地方只限于赌和嫖"。在论辩中,立论者不仅要对自己的论题负责,还要对自己的论据(包括含蓄论据)负责。

无论是反方改变正方的含蓄论据,还是正方否定自己的含蓄论据,都会阻碍论辩的顺利进行。

注意:本节所讨论的论辩规则,在内容上,与本章第二节的第三部分、第五节的第二部分是互补的,它并不具有完整性、系统性。

第五节 谬误

一、谬误概述

谬误研究历来是逻辑学研究的重要内容之一,其目的是为了帮助人们识别和避免谬误。只有充分认识到谬误的本质属性及其类型,弄清其产生根源,才能真正学会如何敏锐地识别他人的谬误和有效地提高自己对谬误的免疫力,防止自己出现谬误。本书对谬误的讨论,主要立足于谬误的分类及其本质属性的认识。

目前关于"谬误"的界定主要有三种:(1)是指不符合实际的认识;(2)是指违反逻辑规律、规则的言论;(3)是指违反逻辑规律、规则的论证(反驳是一种特殊的论证)。从外延上看,界定(1)的真包含界定(2)的;界定(2)的真包含界定(3)的。

本书对"谬误"的讨论取的是界定(3),这就意味着本书只讨论论证中的谬误。

二、谬误的类型

根据不同的标准可对谬误作出不同的分类。按是否依赖语言之标准,分为依赖语言的谬误和不依赖语言的谬误;按论证中推理类型的不同之标准,分为演绎谬误、归纳谬误和类比谬误;按符号关系的不同之标准,分为语形谬误、语义谬误和语用谬误;按是否有意违反逻辑规律、规则之标准,分为诡辩性谬误和非诡辩性谬误两种;等等。

本书拟采取目前最通行的分法,即按其成因是否在于逻辑形式之标准,把谬误分为形式谬误和非形式谬误。

"形式谬误"就是由于违反推理规则(推理形式结构的规律)而形成的谬误。例如:"患肺炎会使你发烧,所以,你如果发烧,那就一定得了肺炎。"这个推理的形式为$(p \to q) \vdash (q \to p)$,但它显然是无效的。本书各章所列举的种种违反推理规则的例子,它们都属于形式谬误,在此不再一一罗列。

"非形式谬误"是指不属于形式谬误的谬误,它涉及语义、语用因素。本书只对论证中的非形式谬误作一些简要的阐述。由于论证由论题、论据和论证方式构成,因而我们首先可以把谬误一分为三,即关于论题的谬误、关于论据的谬误和关于论证方式的谬误,然后再加以细分。"关于论题的谬误"包括论题含混谬误、偷换论题(或转移论题)的谬误、证明过多的谬误、证明过少的谬误和稻草人谬误等;"关于论据的谬误"包括虚假理由谬误、预期理由谬误、循环论证谬误等;"关于论证方式的谬误"包括演绎不当谬误、归纳不当谬误、类比不当谬误、不相干谬误等。这三大类谬误在前面的第二、三、四节中均已论及。这里再做些拾漏补遗工作。

(一)关于论据的谬误——虚假理由的谬误

许多"推不出"的谬误,追根寻源,实际上属于虚假理由的谬误。

1. "胡搅蛮缠"的谬误

① 一个小青年在文化宫广场上玩,随手扔出一只破塑料袋。环卫工人走过来:"这是你扔的吗?""是你扔的",该青年说,"因为是你首先发现了它"。

胡搅蛮缠,就是任意纠缠、无理夺理而辩。"无理夺理"的实质是虚假理由。例①中,该青年的论题是"它是你扔的",其论证中省略了一个论据,即"谁首先发现它,它就是谁扔的"。显然,此论据纯属胡扯。

2. "非黑即白"的谬误

② 甲对乙说:"显然,你反对我的意见,因为你不支持我的意见。"

例②中,甲的论证所省略的论据是"要么支持我的意见,要么反对我的意见,二者只能取其一"。这个论据是假的,因为还存在既不支持也不反对的情况。这类谬误的逻辑根源在于:混淆了彼此具有全异关系的两个概念之间的两种不同的关系,即把反对关系视为矛盾关系(如"支持"与"反对"的关系本是反对关系,而甲认定为矛盾关系)。因此,称这类谬误为"非黑即白"(如同说"颜色不是白的,就是黑的"一样)。类似的,还有一种叫做"虚假二难"的谬误。

(二)关于论证方式的谬误

1. 归纳不当的谬误

除了第二节所举的"以偏概全"外,"样本偏颇"也属于归纳不当的谬误。"样本偏颇",是指论证中的样本不具有典型性,不能代表总体。例如,某些专业性较强的杂志常常喜欢搞一些面向各色人等的测验,测验表也常常是随杂志的某一期发到被测验者的手里,即该杂志的订阅者成为测验的一个样本。但是,这样的样本一般不具有典型性,不能代表总体,因为杂志的专业特点是与订阅者的职业、爱好、价值观等密切相关的,这些订阅者是一个特殊的人群。测验活动的主办者,如果由这个人群对某一问题的态度推及总体的人们的态度,那么他(们)的这个"推及"很可能是一个样本偏颇谬误。

2. 类比不当谬误

人类的思维难免陷入"以偏概全",同样也难免陷入"类比不当"。类比不当一般表现为"机械类比",即相似属性与类推属性之间缺乏内在联系的类比。

③ 甲对乙:你看,A汽车与B汽车的颜色、外形、大小都相同,既然A汽车每小时能行驶200公里,那么B汽车也能每小时行驶200公里。

在这里,甲的论证陷入了"机械类比"的谬误,其论据中提供的相似属性("颜色、外形、大小都相同")与类推属性("每小时能行驶200公里")没有内在联系。

另外,"以相对为绝对"的谬误,也可以视为一种特殊的类比不当。它是指在论证时把那种在相对条件下为真的命题,看成是无条件的、绝对真实的命题,并以此为论据去确定论题的真实性。例如,在十月革命前,列宁根据当时的形势,确定了"由城市暴动引向农村暴动"的战略。这战略的正确性为后来十月革命的胜利所证实。在我国土地革命战争时期,党内"左倾"机会主义者提出"要坚持搞中心城市武装暴动"。其论证是:十月革命运用"由城市暴动引向农村暴动"之战略是成功的,如果我国土地革命也实施此战略,那么也能取得胜利。论证者把在异国的过去条件下是正确的战略,当做在任何条件下都正确的战略,这就陷入了"以相对为绝对"的思维谬误。从推理形式上看,这种谬误本质上属于"类比不当"——俄国十月革命和中国土地革命这两个类比对象之间的相同属性太少,而相异属性却很多。

3. 不相干谬误

不相干谬误,有典型不相干谬误和非典型不相干谬误之分。

(1) 典型不相干谬误。

论证(含反驳,下同)是一种理性思维形式,对一个命题的论证应该诉诸事实和真理,诉诸理性,而不应诉诸情感、情绪、态度、信念,诉诸非理性。典型不相干谬误的基本特点是论证诉诸情感、情绪、态度、信念,诉诸非理性。它主要有以下几种。

① 以人为据。它是指论辩中的这样一种现象:论证一个判断,不是依据那些针对性强的内容上相干的论据,而是依据他人或自己的人格、身价。简言之,"以人为据",即"因人立言,因人废言"。它主要包括以人格为据、以身价为据等。

以人格为据,又有两种情况:一种是以他人或自己人格高尚为由,来论证己方论题的真实性。如张三是打过他父亲的,这可以用我的人格作担保;李四品行端正,忠厚,因而他的话肯定是真的;等等。另一种是以对方的人格低下为由,来否定其断定。如张三的话是不可信的,因为他是一个见风使舵的小人等。其实,当事人人格的高尚与否与他的断定并不相干。

"身价",特指人的出身、经历、职业、地位、处境等因素。以身价为据包括两种:一种是以自己或他人的身价为由,来论证己方论题的真实性。如张三是专攻逻辑学的,所以他的文章必然是合乎逻辑的;此排油烟机应这样安装,听我的准没错,因为我是专门搞装潢的;等等。另一种是以对方或第三方的身价为由,来否定其观点。如说:你没有去过美国,所以,你说"美国人崇拜金钱"是不可信的。

诉诸对立,也可视为一种特殊的以人为据。"诉诸对立",是指以论辩双方的共同敌人的主张为据,来论证某一论题。其思维模式为:p是假的,因为p是共同敌人的主张；p是真的，因为p是共同敌人所反对的。

② 诉诸怜悯。就是以那些与论题无关但又值得人们同情的事实为由，来论证其论题的真实性。其特点是："以情服人"。如，某被告犯了抢劫罪，其辩护律师对法官说："被告目前家境十分糟糕，上有70多岁的老母，下有三个未成年的孩子，再说妻子又下岗了，为此请给予从轻量刑。"这位律师的论题"应给予（被告）从轻量刑"与理由"其家境糟糕"并无逻辑联系。

③ 诉诸众人。就是以众人的意见、观点、信念或常识为由，来论证其论题的真实性。其思维模式是，"此论题是众人之见，所以是正确的"。例如："甲：'明年是寡妇年，青年人不宜在明年结婚。'乙：'明年寡妇年？你怎么知道的？'甲：'街上人都在这样说。'"其中，甲的论证陷入"诉诸众人"的谬误。在生活中，真理常常掌握在少数人手里，而众人的看法却往往是错误的。

④ 诉诸无知。就是以某论题直到目前尚未获得证实（或证伪）为理由，来确定该论题的虚假性（或真实性）。其思维模式有二：第一，因为论题p尚未获得证实，所以p是假的。如说："因为到目前为止还没有人能证明'外星人是不存在的'，所以，'外星人是不存在的'是假的。"第二，因为论题p尚未获得证伪，所以p是真的。如说："因为到目前为止还没有人能证明'外星人是存在的'是假的，所以，'外星人是存在的'是真的。"按逻辑法则，逻辑推论只有一个方向，即：已知→未知。而诉诸无知则把未知作为知的理由，它是违反逻辑法则的。

另外，"诉诸权威""你也一样"等，也属于"典型不相干谬误"。

（2）非典型不相干谬误。

非典型不相干谬误的基本特点是：在论证中，论据与论题之间在理性上有某些关联，但这些关联不是本质的。它主要有以下几种。

① 部分与整体互推的谬误。包括两种：第一，"合成谬误"，即由部分具有某属性来推断整体也具有该属性的谬误。例如："这台空调机的质量是上乘的，因为它的各个部件都是进口的上乘原件。"第二，"分解谬误"，即由整体具有某属性来推断部分也具有该属性的谬误。例如："这台计算机的每一个部件都很值钱，因为这台计算机是我出了高价买来的。"

② 个体与集合体互推的谬误。包括两种：第一，"个体推断集合体的谬误"，就是由个体具有某属性来推断其所在的集合体也具有该属性。例如："天鹅消耗的食物比麻雀多，因为，一只天鹅消耗的食物比一只麻雀多。"第二，"集合体推断个体的谬误"，就是由集合体具有某属性来推出其构成个体也具有该属性。例如："本学期的逻辑考试，甲班学委的考分一定比乙班学委的考分高得多，因为，本学期甲班的逻辑课总成绩要比乙班的高得多。"

③ 不适当的平均数谬误。如果在一系列数据中只有少数几个数据是特大的(或特小的),那么它们的平均数就是不适当的平均数。"不适当的平均数谬误",是指在论辩中以这种不适当的平均数为理由,来论证论题的真实性。例如,20世纪90年代初,某校长当着几位教师的面对前来检查工作的领导说:"我校教师住房条件是不错的,教师家庭人均住房面积在 $15m^2$ 以上。"等该领导走后,有一位虽已结婚但仍无住房的教师问校长:"这个住房平均数从何而来?"校长从抽屉里拿出一张教师住房面积的清单。上面记载的是:3名校领导(虽然其中有两个从未教过书,但均被算作教师)家的人均住房面积为 $45.2m^2$;15名老教师家的人均住房面积为 $20.8m^2$;38名中、青年教师家的人均住房面积为 $10.8m^2$。还有13名新教师,住集体宿舍,其住房情况不在统计范围内。"$15m^2$ 以上"这个平均数作为"我校教师住房条件是不错的"这一论题的论据,显然是失当的。

④ 不当的数据比较谬误。就是以缺乏可比性的两个数据的比较为据来论证论题的真实性。例如,以前美国海军军部曾认为"海军战时的死亡率比纽约市民的死亡率还低",理由是:纽约市民的死亡率是16‰,而美国与西班牙作战期间,海军的死亡率是9‰。其实16‰与9‰这两个数据是缺乏可比性的。因为,海军士兵是经过严格体检挑出来的强壮青年人,而纽约市民中则有老弱病残、婴幼儿,并非都是强壮青年人。因此,美国海军军部的论证是没有说服力的。

⑤ 诉诸传统的谬误。就是以传统为据来论证论题的真实性。例如:"国家征收个人所得税是不对的,因为我国历朝历代都没有征收个人所得税的传统。"传统有精华与糟粕之分,精华要肯定之,糟粕要否定之。诉诸传统的谬误与诉诸权威的谬误有一定的联系,传统在人们的心目中有某种征服人的力量。

另外,错认因果谬误、诉诸起源谬误、赌徒谬误、语源谬误、附加谬误、相似谬误等,也可归入非典型不相干谬误。

产生谬误的原因是多方面的,主要包括:(1)知识储备不足;(2)认识水平不高,思维能力不强;(3)逻辑素养不够,思维方法、方式不当;(4)人性的弱点——固执己见、好胜、爱虚荣等(它们存在于人的潜意识);(5)参与论辩的动机不正、不纯,强烈的功利目的或情感因素的干扰;(6)自然语言的模糊性、歧义性因素的影响;(7)论证者的理解和运用语言的能力不够;等等。逻辑学侧重于从违反逻辑规律、规则的角度来分析谬误的本质和成因。

迄今为止,任何一个逻辑学家都拿不出一份包罗万象的谬误模式清单和一个绝对不违反划分规则的谬误分类表,这是由谬误本身的复杂多样性及其子类成员在边界上的模糊性决定的。谬误始终与人类相伴随,任何人都难免在思维和表达中出现谬误,任何逻辑学家都不可能找到一个包治一切谬误的灵丹妙药。学会识别和尽量避免出现谬误,是学习逻辑的目的之一。

三、破斥诡辩

"诡"有"欺诈""怪异""虚假""违反"等义,"辩"即"论辩"。在逻辑学中,"诡辩"通常是指以是为非或以非为是的故意违反逻辑规律、规则的貌似有理的论证。在日常生活中,人们往往也把胡搅蛮缠、强词夺理的议论或论证,叫"诡辩"。其特征是:(1)它旨在攻击真理或为谬误判断作辩护;(2)它自觉地、故意地违反思维的逻辑规律、规则[①];(3)它似是而非,貌似有理、正确,实则无理、荒谬,具有一定的欺骗性。其中的第(2)点是区别于一般性谬误的根本所在。诡辩与谬误的关系在外延上是真包含于关系,即所有的诡辩都是谬误,但有的谬误不是诡辩。

诡辩不等于巧辩。巧辩与诡辩的分野在"善""美"方面,不在"真"方面。从逻辑和理性方面,人们无从把二者区分开来。巧辩是巧妙地辩,在外延上它与诡辩是交叉关系,即有的巧辩是诡辩,有的巧辩不是诡辩,有的诡辩不是巧辩。

诡辩貌似正确,因而往往可以迷惑和欺骗一部分人。然而,正如鲁迅所说的,"捣鬼有术,也有效,然而有限。"(《捣鬼心传》)只要善于运用唯物辩证法和逻辑科学之武器,任何诡辩都会被我们所识别、所破斥。逻辑学和论辩学也正是在与诡辩的斗争中发展起来的。

破斥诡辩的具体方法,详见"反驳"一节关于"反驳的方法和种类"的介绍。破斥时,必须遵循前述"论证的规则""论辩的原则和规则"。

思考与练习

一、思考题

1. 论辩的特点有哪些?它是怎样分类的?
2. 什么是论证?基本论据与非基本论据的区别在哪里?哪些命题适宜充当基本论据?简述论题与论据的关系。
3. 必然论证包括哪些子类?或然论证包括哪些子类?举例说明什么是反证法论证、选言证法论证。
4. 论证的规则有哪些?简述违反这些规则所犯的逻辑错误。
5. 什么是反驳?它与论证具有怎样的关系?

---

① 在论辩实践中,对逻辑规律、规则的违反是否自觉和是否故意,有时难以区分,它不是逻辑学所能解决的问题。

6. 什么是反驳论题、反驳论据、反驳论证方式？试分别举例说明之。

7. 必然反驳包括哪些子类？或然反驳包括哪些子类？

8. 直接反驳与间接反驳的区别在哪里？举例说明什么是独立证明间接反驳；举例说明归谬反驳的几种基本类型。

9. 论辩原则有哪些？论辩的规则有哪些？举例说明违反各种论辩规则所犯的逻辑错误。

10. 什么是谬误？它是怎样分类的？产生谬误的原因主要有哪些？以本书的阐述为据，试画出谬误分类树形图。

11. 什么是非形式谬误？试从论题、论据和论证方式三个方面举例说说几种常见的非形式谬误。

12. 什么是诡辩？它有哪些特征？它与谬误具有怎样的关系？

二、练习题

（一）分析下面三个论证的逻辑结构，指出其论题、论据、论证方式和种类。

1. 我们一定要坚持实行集体领导。只有实行集体领导，才可能集中群众的意志、智慧和经验，使领导不犯或少犯错误。

2. 一个民族谋求文化的发展，必须具有坚定的民族自信心。如果一个民族丧失了自信心，全盘否定自己的文化传统，只知匍匐于外国文化的影响下，甘心接受人家的"同化"，这势必丧失民族文化的独立性；而丧失了民族文化的独立性，也将丧失民族的独立性，哪一个真正的中国人愿意丧失掉自己民族的独立性呢？

3. 向外国学习什么？是像有的国家那样把计算机和脱衣舞一起学进来，还是脱衣舞进来了，计算机却没掌握？还是引进了计算机，抵制了脱衣舞？我们反对前两种做法。我们既要学习资本主义国家的先进科学技术，同时又要抵制他们的一切腐朽的东西。

（二）分析下面两个反驳的逻辑结构，指出其被反驳的判断（有反论题的，还要指出反论题）、反驳的论据、反驳的方法和种类。

1. 古希腊的普罗泰戈拉曾说过："一切判断都是真的"。这种说法是不成立的。因为，如果"一切判断都是真的"成立的话，那么"有些判断不是真的"这一判断也是真的。但"一切判断都是真的"和"有些判断不是真的"是矛盾。也就是说，普罗泰戈拉论点自身中就包含着矛盾。

2. 有人慨叹曰：中国人失掉自信力了。……我们有并未失掉自信力的中国人在。我们从古以来，就有埋头苦干的人，有拼命硬干的人，有为民请命的人，有舍身求法的人……虽是等于为帝王将相作家谱的所谓"正史"，也往往掩不住他们的光耀，这就是中国的脊梁。……说中国人失掉了自信力,用以指部分人则可,倘若加于全体,那简直是诬蔑。

(三)下列论证均违反论证规则,请分析之。

1. 你的看法是错误的,我不赞成你的看法,所以我的看法是正确的;既然我的看法是正确的,那么你的看法一定是错误的。

2. 2009年北京房价一定会涨。因为,我国主办的2008年奥运会的主要场地在北京,90%以上的外国运动员(他们很有钱)很可能在我国购置房产。

3. 雷锋同志勤俭节约的精神是十分感人的,这方面的例子很多,别的不说,就拿他那次看病回来路过一个建筑工地来说吧,他主动帮助工人运砖头,累得满头大汗还不肯歇一会儿。

4. 优秀的文艺作品都有着积极的社会意义。这一点,从大量优秀的小说中可以看到。要是不信,请翻一下文学史,就可以很具体地认识到,一切真正称得上优秀的小说都是通过所塑造的艺术形象,帮助人们正确认识社会,给人们以积极的思想教育与健康的艺术享受。由此看来,优秀的小说都具有积极的社会意义。

(四)下列论辩都存在某一方违反论辩原则或规则的情况,请分析之。

1. 某教师:"这次硕导评审为什么刷掉我?"分管副校长:"这是学校学术委员会的决定。关于为什么,我无可奉告。"

2. 甲:"历史剧作为文艺作品,应该有艺术虚构。"乙:"我不同意你的观点,我们怎能像你那样把历史剧说成是虚构?历史剧作为文艺作品当然允许虚构,但不能说历史剧是虚构。"

3. 甲:"这个男人一定很坏,因为他有钱。"乙:"照你这么说,所有有钱的男人都是坏人啦?"乙:"我可没有这么说。"

4. 甲:"我所说的是真的,因为是我说的。"乙:"我没有说的不是真的,因为我没有说。"

5. 甲:"你打破了班上的窗玻璃,得赔偿!"乙:"为什么要我赔?"甲:"损坏了人民的财产难道不应该赔吗?"乙:"我也是人民的一员,这财产我也有一份,我这份我不要了,我不赔了。"

6. 某醉汉正朝着某家院门呕吐。主人训斥他。醉汉:"谁叫你家的大门朝着我的嘴巴的?"主人:"好个无赖,我家的大门造了多少年了。难道是今天才对着你的嘴巴造的么?"醉汉(指着自己的嘴巴):"告诉你,老子这张嘴巴也很有一些年头了。"

7. 一个药剂师走进书店从书架上拿下一本书,问书店老板:"这本书有趣吗?"老板说:"不知道,没读过。"药剂师说:"你怎么卖你没有读过的书?"老板反问:"难道你能把你药房里的药,也都尝一遍吗?"

(五)阅读下列各段文字,指出其中包含的非形式谬误的类型,并分析其产生的根源。

1. 飞机耗油量大于轿车,因为一架飞机耗油量大于一辆轿车。

2. 2036年地球将毁灭,因为大家都这么说。

3. 甲:"听说这条河昨夜淹死了一个小伙子。"乙:"不可能,这条河很浅,它平均水深还不到80公分。"

4. 某职业技术学院的一个学生经常通宵达旦上网。其父赶到学校严厉地批评了他,叫他不要这样。他毫无悔改之意,理直气壮地说:"不要说我了,你上初中时不也是这样的吗?你还跟我妈彻夜不归跳舞呢。"

5. 甲:"父亲一定比儿子聪明,因为写出《红楼梦》的是曹雪芹,而不是他的儿子。"乙:"儿子一定比父亲聪明,因为写出《红楼梦》的是曹雪芹,而不是他的父亲。"

6. "9.11"事件后,Y国没有跟美国人站在一起反恐。于是,美国宣布Y国是它的敌人。其附加理由是:与我们站在一起反恐的是我们的朋友,不与我们站在一起反恐的是我们的敌人。

7. 一个违反了劳动纪律的女工对领导说:"谁不知道诬陷我的李某是一个泼妇,她在上小学时就打过她的妈妈,上中学时谩骂过她的老师。她说我昨天上班时打毛线,你能相信吗?"

(六)选择题(在每小题的四个或五个备选答案中,选出一个正确答案)

1. 认为大学的附属医院比社区医院或私立医院要好,这是一种误解。事实上,大学的附属医院抢救病人的成功率比其他医院要小。这说明大学的附属医院的医疗护理水平比其他医院要低。

以下哪项,如果为真,最能驳斥上述论证?(D)

A. 很多医生既在大学工作又在私立医院工作。

B. 大学,特别是医科大学的附属医院拥有其他医院所缺少的精密设备。

C. 大学附属医院的主要任务是科学研究,而不是治疗和护理病人。

D. 去大学附属医院就诊的病人的病情,通常比去私立医院或社区医院的病人的病情重。

E. 抢救病人的成功率只是评价医院的标准之一,而不是唯一的标准。

2. 法庭正在对一名犯罪嫌疑人张某进行审讯,其辩护律师说:"张某大学毕业,有较高的文化层次,并且有一位美丽的妻子和一个可爱的女儿,他怎么可能铤而走险去抢劫银行呢!"

以下哪项中的议论手法与该辩护律师的手法相似?(D)

A. "小王在这个问题上的错误认识,与他不注重世界观的改造有一定的联系。"

B. "今年庄稼收成不好,固然有自然灾害方面的原因,难道我们主观上就没有责任吗?"

C. "李某只承认有挪用公款的行为,而拒不承认贪污行为,这是一种避重就轻的做法。"

D. "老李历史上犯过错误,受到组织上的处理,他不可能对本企业的发展提出合理化建议。"

E. "大风把广告牌吹倒了,造成了一定的损失,必须追究有关人员的责任。"

3. 舞蹈学院张教授批评本市芭蕾舞团最近的演出没有充分表现古典芭蕾舞的特色。他的同事林教授认为这一批评是个人偏见。作为芭蕾舞技巧专家,林教授考察过该芭蕾舞团的表演者,发现每一位表演者都拥有足够的技巧和才能来表现古典芭蕾的特色。

以下哪项最恰当地概括了林教授反驳中的漏洞?(C)

A. 他对张教授的评论风格进行攻击而不是对其观点加以反驳。

B. 他无视张教授的批评意见是与实际相符的。

C. 他有一个不当的假设,即如果一个团体的每个成员都具有表现古典芭蕾特色的技巧和才能,那么这个团体就总能表现这个特征。

D. 他依据一个特殊事例轻率概括出一个普遍结论。

E. 他仅从维护自己的权威地位的角度加以反驳。

4. 如今的音像市场上,正版的激光唱盘和影视盘销售不佳,而盗版的激光唱盘和影视盘却屡禁不绝,销售非常火爆。有位分析家认为,这主要是因为在价格上盗版盘更有优势,所以在市场上更有活力。

以下哪项是这位分析家在分析中隐含的假定?(B)

A. 正版的激光唱盘和影视盘往往内容呆板,不适应市场的需要。

B. 与价格的差别相比,正版盗版质量差别不大。

C. 盗版的激光唱盘和影视盘不如正版的盘进货渠道畅通。

D. 正版的激光唱盘和影视盘不如盗版的盘销售网络完善。

E. 知识产权保护对盗版盘的打击使得盗版盘的价格上涨。

附　录

Ⅰ　图形推理常识

"图形推理"就是按照一定规律对图形进行排列、拆解、组合或辨误的推理，它是公务员录用考试重要内容之一。下面拟就公务员录用考试的图形推理问题作简要阐述。

一、图形推理的基本题型

(一) 多个图分类

它是这样一种题型：题干给出一些图形(一般为 6 个或 6 组)，要求按图形特征或规律分为数量均等的两类。分类结果有两种情形：(1) 一类具有 A 属性，另一类具有 B 属性；(2) 一类具有 A 属性，另一类不具有 A 属性。例如：

(1) 把下面的 6 个图形分为两类，使每一类图形都有各自的共同特征或规律。分类正确的一项是(　　)。

① ② ③ ④ ⑤ ⑥

A. ①③④,②⑤⑥　　　　　B. ①③⑥,②④⑤

C. ①④⑥,②③⑤　　　　　D. ①③⑤,②④⑥

(国考 2012.87)

解析：①④⑥均为纵轴对称图形，②③⑤均为中心对称图形。答案为 C。

(2) 把下面的 6 组图形分为两类，使每一类图形都有各自的共同特征或规律。分类正确的一项是(　　)。

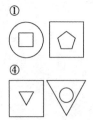

A. ①④⑥,②③⑤   B. ①③⑥,②④⑤
C. ①③④,②⑤⑥   D. ①②④,③⑤⑥

(国考 2012.90)

解析：①④⑥中第一个图形的内图均为第二个图形的外图，②③⑤中第一个图形的外图均为第二个图形的内图。答案为 A。

(二) 一组图顺推

它是这样一种题型：题干给出若干图形，内含一定的规律，要求把空缺的某图（通常是最后一个）补出来。例如：

(3) 从所给的四个选项中，选择最合适的一个填入问号处，使之呈现一定的规律性。应选的一项是（　　）。

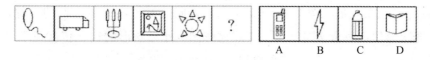

(国考 2011.82)

解析：题干中的每个图形都含有相同的小图形，并且个数依次是 1、2、3、4、5，呈现递增规律。其后的图形，应该含有 6 个相同的小图形。答案为 A。

(4) 从所给的四个选项中，选择最合适的一个填入问号处，使之呈现一定的规律性。应选的一项是（　　）。

(国考 2012.84)

解析：题干中的每个图形都含有封闭区域，并且个数依次是 2、3、4、5，呈现递增规律。其后的图形，应该含有 6 个封闭区域。答案为 B。

(三) 两组图类推

它是这样一种题型：题干给出两组图，两组图内含的规律相同。其中，第一组图是完全的（一般为三个），第二组图有一个空缺（通常是最后一个）。要求把空缺图补出来。例如：

(5) 从所给的四个选项中，选择最合适的一个填入问号处，使之呈现一定的规律性。应选的一项是（　　）。

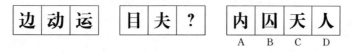

(2011.85)

解析：第一组图形中，第三个图形是由第一个和第二个图形中不相同的部分组成的，第二组图形也有类似的规律。去同存异，应该是"囚"。答案为 B。

（6）从所给的四个选项中，选择最合适的一个填入问号处，使之呈现一定的规律性。应选的一项是（　　）。

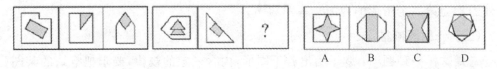

(2011.84)

解析：题干中的两组图形，内部图形与外部图形相接的边数有着相同的规律，第一组图形相接的边数依次是 0、1、2，第二组图形相接的边数依次是 0、1，其后的图形相接的边数应该是 2。图 B、图 C 均符合要求。为此还要考察其他方面的规律。第一组图形，外部图形的边数依次是 6、4、5，第二组图形，外部图形的边数依次是 5、3，其后的图形外部边数应该是 4。图 C 符合规律，排除图 B。答案为 C。

（四）九宫格推理

它是这样一种题型：题干图呈横三纵三方式排列，内含一定规律。要求把空缺的某图（通常是最后一图）补出来。推理方式可能是顺推，也可能是类推。若是顺推，可能是三行或三列原形连接起来顺推，也可能是三行或三列蛇形连接起来顺推，还可能是中心图之外的图形环形连接起来顺推。若是类推，可能是行与行类推，也可能是列与列类推，比较特别的情况是：有的类推，需要考虑每行或每列的整体图形数量或种类。例如：

（7）从所给的四个选项中，选择最合适的一个填入问号处，使之呈现一定的规律性。应选的一项是（　　）。

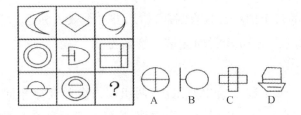

（国考 2012.83）

解析：第一行三个图形均能一笔画出，第二行三个图形均能两笔画出，第三行图形均能三笔画出。答案为 D。

（8）从所给的四个选项中，选择最合适的一个填入问号处，使之呈现一定的规律性。应选的一项是（　　）。

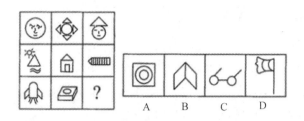

(国考 2010.62)

解析:每行图形都有相同的图形元素,第一行都有"○",第二行都有"△",第三行都有"□"。答案为 B。

(五) 单个图对应

它是这样一种题型:题干给出一个较为复杂的平面图或立体图,要求找出一个与之对应的图。选项可能是重组图,可能是折叠图,可能是展开图,可能是三视图,可能是剖视图,可能是截面图。例如:

(9) 左边给定的是纸盒的外表面,下面哪一些能由它折叠而成?( )

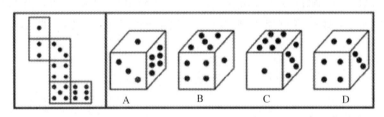

(国考 2012.85)

解析:检查 A 项,"1 点""3 点""6 点"呈逆时针方向相邻,符合题图情况,所见各面的几点连线对应方位也符合题图情况。检查 B 项,错误,因为"1 点""4 点"应该相对,不该相邻。检查 C 项,错误,因为"1 点""5 点""6 点"应该呈顺时针方向相邻,不该呈逆时针方向相邻。检查 D 项,错误,"2 点""3 点""4 点"虽然呈顺时针方向相邻,但"2 点""4 点"的公共边应与"2 点"连线垂直,而不是平行。答案为 A。

(10) 一个立方体如图所示从中挖掉一个圆锥体,然后从任意面剖开,下面哪一项不可能是该立方体的截面?( )

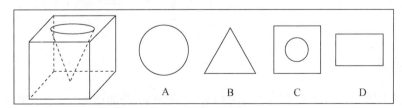

(国考 2013.79)

解析:如果将该立方体的某角、中部(横向)、某棱剖开,将会分别得到 B、C、D 项。

无论从哪剖开,都不会得到 A 项。答案为 A。

(六) 三角阵求顶

它是这样一种题型:题图若干(一般为 10 个),排成三角阵,下一层相邻两图按某种规律得出上一层对应图,最顶端图空缺,要求补出来。例如:

(11) 以下选项中,符合所给图形的变化规律的是(　　)。

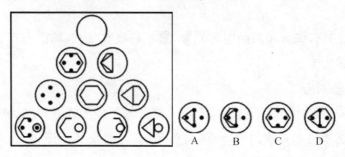

(上海 2008.66)

解析:从最底层开始,每相邻两个图形叠加之后内部图形去同存异得到上一层对应的图形。因此,未知图形可由其下面一层的两个图形叠加得到,D 项符合要求。答案为 D。

(12) 左图中塔尖所缺的是(　　)图形。

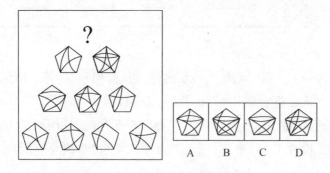

(上海 2012B.37)

解析:从最底层开始,每相邻两个图形叠加之后内部线条去同存异得到上一层对应的图形。因此,未知图形可由其下面一层的两个图形叠加得到,D 项符合要求。答案为 D。

二、图形规律

图形规律体现在若干图形之间,可以作为图形推理的依据。图形规律主要有五种:数量规律、特征规律、位置规律、组合规律、转化规律。从简洁计,下文例析一律省略原题的文字部分。

（一）数量规律

数量规律是指图形的构成元素在数量方面形成的规律。图形的构成元素有点、线、角、面、小图、部分等。

1. 点

端点和交点，以交点为主。交点包括十字交点、T字交点、折点、切点、接触点。例图：

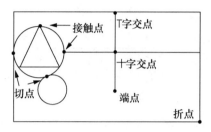

1个端点，13个交点

2. 线

直线、曲线、笔画（笔画可以看做一种特殊的线，针对汉字及字母而言）。例图：

3条直线　　　4条曲线　　　5个笔画

3. 角

直角、锐角、钝角等。例图：

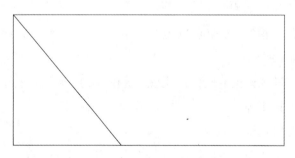

4个直角 3个锐解 1个钝角

4. 面

封闭区域、阴影区域、重叠区域。例图：

5个封闭区域　　　　3个阴影区域　　　　1个重叠区域

5. 小图

圆形、矩形、三角形等。例图：

大图之内有三种小图：1个圆形、4个矩形、3个三角形

6. 部分

图形中不与其他元素相接的元素或元素组合。例图：

共4个部分

数量规律主要有以下几种：

（1）某种元素数量相等（如交点数量相等、直线数量相等、封闭区域数量相等、小图数量相等、局部数量相等）。

（2）某种元素数量规则变化（元素同上。变化方式：递增、递减等）。

（3）小图的种类数相等。

（4）小图的种类数规则变化。

（5）不同小图等量代换（如1个A小图相当于两个B小图）。

数量规律主要体现在多个图分类、一组图顺推、两组图类推、九宫格推理题型中。图形之间差异大时，可以考虑数量规律。例如：

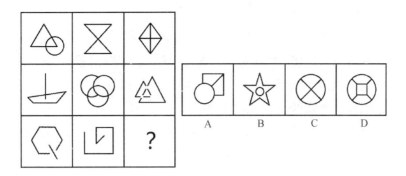

解析：图形之间差异较大，重点考虑数量规律。每个图形的交点数都是5。答案为C。又如：

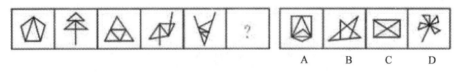

(国考2010.56)

解析：三角形的数量递增变化（计算图的数量时，允许套叠）。答案为C。

(二) 特征规律

特征规律是指图形在特征方面形成的规律。

1. 特征内容

图形中的特征主要从以下几个方面考察。

(1) 对称性：轴对称、中心对称。例图：

纵轴对称　　横轴对称　　斜轴对称　　多轴对称　　中心对称　　轴对称及中心对称

(2) 直曲性：直线图形、曲线图形、直曲混合图形。例图：

直线图形　　曲线图形　　直曲混合图形

(3) 封闭与开放。例图：

一组封闭图形　　一组开放图形

(4) 一笔画与多笔画。

在不重复路线的情况下,有的图形可以一笔画出,有的图形需要多笔画出。这与点的性质有关。图形中的点所连接的线条数量若为奇数,则称为奇点;若为偶数,则称为偶点。

第一,凡是全由偶点组成的连通图,一定可以一笔画成。画时可以把任一偶点为起点,最后一定能以这个点为终点画完此图。

第二,凡是只有两个奇点的连通图(其余均为偶点),一定可以一笔画成。画时必须以一个奇点为起点,另一个奇点则是终点。

第三,多于两个奇点的图(无论是不是连通图)都不能一笔画出。奇点都是成对出现的。奇点数除以2便可计算出某图需要几笔画成。

例图:

　　一笔画　　　一笔画　　　两笔画

(5) 结构方式:左右结构、上下结构、内外结构等。例图:

　　左右结构　　上下结构　　内外结构

(6) 小面与大面形似。例图:

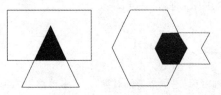

某小面与某大面形状

2. 特征规律

特征规律主要体现于多个图分类、一组图顺推、两组图类推、九宫格推理题型中。特征规律主要有几下几种:

(1) 若干图形具有相同的特征。例如:

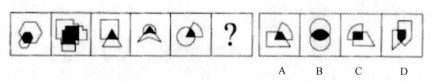

　　　　　　　　　　　　　　　　　A　B　C　D

(国考 2010.58)

解析：题干图形都由两个小图重叠而成，重叠区域的形状都与其中某个小图形状相同。答案为 D。

(2) 某种特征规则变化。例如：

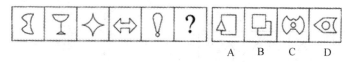

（国考 2010.57）

解析：关于对称图形的对称变化：第三、四图均为中心对称，第二、五图均为纵轴对称，第一图为横轴对称，第六图也应为横轴对称。答案为 D。

(三) 位置规律

位置规律主要有以下几种。

1. 图形位置相对稳定

相同小图始终相邻或相对，某个小图位置始终固定或始终在特定的区域中。例图：

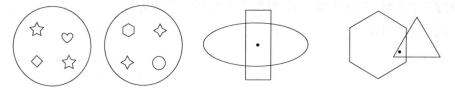

相同小图始终相对　　　　　　　黑点终在重叠区域中

2. 图形位置有规则变化

小图移动(移动方向、移动距离)、小图或整图旋转(旋转方向、旋转角度)、整图翻转(上下翻转、左右翻转)、某类小图在大图内位移等。例图：

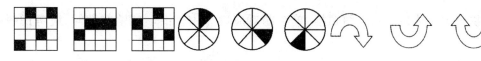

四个黑方纵向规则移动　　　阴影依次顺时针旋转 90°　　　图形依次上下翻转、左右翻转

位置规律主要体现于多个图分类、一组图顺推、两组图类推、九宫格推理题型。"图形位置有规则变化"的试题相对较多。例如：

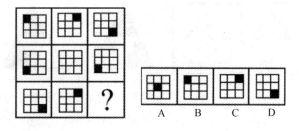

（国考 2007.61）

解析：此题比较特殊。只有中间图形没有黑色方块，有黑色方块的外围图形环形连接起来，按顺时针方向观察，以任一图形为起点，黑色方块依次顺时针移动两格。答案为B。

又如：

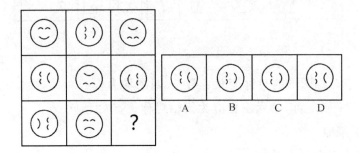

(国考 2011.81)

解析：每行的一组图从左到右整体图依次逆时针旋转90度。此外，左起1至2图，眼睛上下翻转；左起2至3图，嘴巴上下翻转。答案为C。

(四) 组合规律

组合规律主要有以下几种。

1. 拼合规律

拼合规律，即小图拼合成大图。它包括两种：平面拼合、立体拼合。例如：

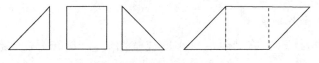

三个小图拼合成一个大图

拼合主要体现于一组图顺推、单个图对应题型中。图形有整有散时，应考虑拼合规律。

2. 叠加规律

叠加规律，即两图重叠在一起形成一个新图。它主要有存同存异、去同存异、去异存同、覆盖局部、"化学变化"等种类。例如：

前两个图形去同存异得到三个图形　　前两个图形化学变化得到第三个图形：黑＋黑＝黑，白＋白＝黑，黑＋白＝白，白＋黑＝白

叠加主要体现于两组图类推、九宫格推理、三角阵求顶题型中。图形相似时，考虑

叠加规律。例如：

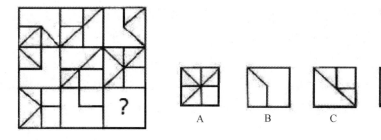

（国考 2008.62）

解析：每行的前两个图形叠加去同存异得到第 3 个图形。答案为 D。

3. 重组规律

重组规律，即某图拆解后，其构成元素重新组成一个图形。例如：

前图拆分后重组为后图

重组主要体现于单个图对应题型中。构成元素完全相同且图案无规则变化时，应考虑重组规律。例如：

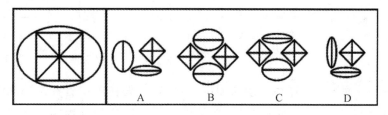

（国考 2006.56）

解析：根据原图中大正方形之外的四个封闭区域的形状（两个大的和两个小的），可以直接排除 B 项和 D 项。原图中内含"米"字的大正方形可重组得到两个均具有两条对角线的正方形，排除 A 项。答案为 C。

（五）转化规律

转化，指立体图与平面图之间的转化。

1. 立体图形（主要是立方体、四棱台）的折叠和展开

以立方体为例。立方体有上下底面、左右侧面、前后侧面为三组相对面。其他两两之间为相邻面。立方体有四种类型的展开方式：141 型、231 型、222 型、33 型。其中 22 相遇、33 相遇、23 相遇一定呈现"⌐"或"⌐"形状。展开后形成的平面图可以再折叠

成立体图。

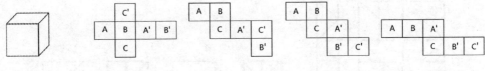

立方体　　　141型展开方式　　231型展开方式　　222型展开方式　　33型展开方式

规律：平面相邻（有公共边或交点），立体必相邻；共线平面相隔一位，立体必相对。

2. 立体图形的三视图、剖视图及截面图

三视图：对于一个立体图，我们用三个互相垂直的平面作为投影面，其中正对着我们的叫做正面，正面下方的叫做水平面，正面左边和右边的叫侧面。一个物体在三个投影面内同时进行正投影，在正面内得到的由前向后的观察物体的视图，叫做主视图；在水平面得到的由上向下观察物体的视图，叫做俯视图；在侧面内得到的由左向右或由右向左观察物体的视图，叫做侧视图（以左视图为常见）。主视图、俯视图、侧视图统称为三视图。三视图用于表示物体的形状和大小，在画三视图时既要表示出物体的外部轮廓，又要表示出物体的细节特征。

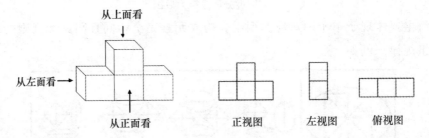

剖视图及截面图：假想用一剖切面剖开物体，将处在观察者和剖切面之间的部分移去，而将其余部分向投影面上投射，这样得到的图形称为剖视图。剖视图主要用来表示一个物体内部的结构形状，它包括剖切面剖到的部分，也包括未被剖到的可见轮廓或结构。截面图是指剖视图中剖切面剖到的部分，不包含未被剖到的部分。

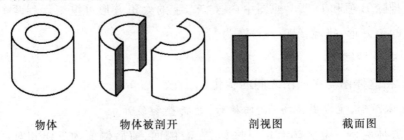

物体　　　物体被剖开　　　剖视图　　　截面图

转化规律主要体现于单个图对应题型中。例如：

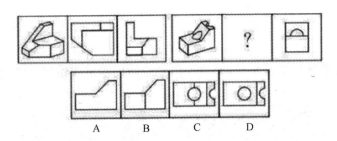

解析：第一组图形第一个图形是立体图形，第二个图形是其俯视图，第三个图形是其左视图。第二组也应如此。答案为C。

又如：

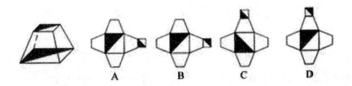

(国考 2009.70)

解析：此题即可看做是题干给定的立体图能展开为哪个平面图，也可看做是哪个平面图能折叠成题干给定的立体图。观察可知，题干图的上面与下面的两个阴影三角形方向一致，展开后，若底面不动，则顶面将翻转，结果是：两个阴影三角形的分布应该大体对称(不考虑面积大小因素)，只有B符合要求。也可逆向思维，看看哪个选项图能折叠成题干图，逐一考察，发现只有B可以折叠成题干图，即含有小阴影的图形翻转后与含有大阴影的图形方向一致。答案为B。

三、解题技法

解题技法主要有求同法、求变法、类比法、对照法、想象法等。

(一) 求同法

有些图形推理题，题干所给的图形都是形状各异的，此时可以通过寻找这组图形之间的相同点，来确定图形推理规律。这种方法称为求同法。

1. 元素相同

如都有某种线、某种角、某种面、某种小图或某些元素。

2. 数量相同

如等量的某种线(有时限于大图内)，等量的某种角、某种面，等量的某种小图(多数情况是单图与单图比较，有时是组图与组图比较)，等量的交点或部分。

3. 特征相同

如都有开放性、封闭性、一笔画特征、某种对称性、某种结构方式或小面与大面形似特征等。

4. 位置相同

如相同小图始终相邻或相对,某个小图位置始终固定或始终在特定的区域中。

例如:

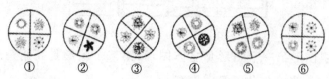

A. ①③⑤,②④⑥ B. ①④⑥,②③⑤
C. ①③④,②⑤⑥ D. ①②⑤,③④⑥

(国考 2013.82)

解析:此为分类题。每个图形中都有 4 个小图,其中有两个小图相同,①③④ 中相同的两个小图相对,②⑤⑥ 中相同的两个小图相邻。答案为 C。

(二) 求变法

有些图形推理题,题干所给的图形在构成上有很多相似点或形式上表现一致,但是通过求同法不能解决问题,就需要通过寻找图形间的细微变化来解决问题,这种方法称为求变法。

1. 元素变化

如去同、去异、覆盖局部、化学变化等。

2. 数量变化

如相同或相似元素在数量上连续变化、隔位变化、周期变化、对称变化、乱序变化、算术变化;相同特征在数量上连续变化;等等。

3. 特征变化

如有无变化、对称变化等。

4. 位置变化

如移动、旋转、翻转等。

例如:

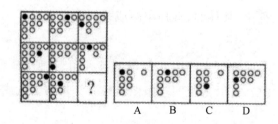

(国考 2010.61)

解析:白圈数量变化。第一行的3个图,每个图有4列,其中白圈数量的变化规律是:各图第1列从左到右依次减少一个白圈;第二行的3个图,每个图有4列,其中白圈数量的变化规律是:各图第2列从左到右依次减少一个白圈;第三行的3个图,每个图有4列,其中白圈数量的变化规律是:各图第3列从左到右依次减少一个白圈。答案为C。

(三) 类比法

用于两组图类推、九宫格推理题型。一组或两组图形,或者具有某方面特征或者按某种规律变化(如按某种方式叠加、按某种方式变位等),另一组图形同样如此。例如:

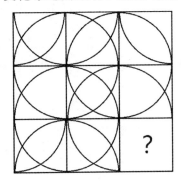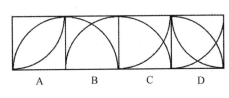

解析:每一行图形都是前两个图形叠加成第三个图形,方式是去同存异。答案为B。

又如:

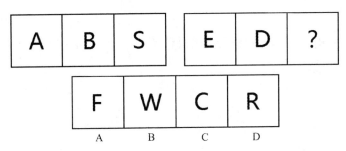

解析:第一组图形的构成元素分别是:直线、直线曲线混合、曲线。第二组图形也如此。答案为C。

(四) 对照法

比照题干图与选项图是否具有等量的元素或相同的特征(此法适用于平面图拼合或重组及部分面体转化题型)。

例如:

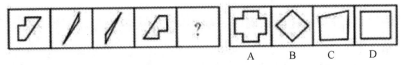

解析:此为拼合题。题干中第一个图的左上角与第四个图的右下角具有明显的特征,选项中A与其特征符合。答案为A。

Ⅱ 针对词语关系的类比推理常识

针对词语关系的类比推理也是公务员录用考试的一项重要内容,下面简要介绍这种类比推理的基本知识。

一、题型

(一) 一组完整词语[①]

它是这样一种题型:题干先给出一组完整的词语,要求在备选的四个答案中找出一组与之在整体关系上最为相似的词语。

1. 两个词语——X:Y

例如:

认真:一丝不苟

A. 清楚:一清二楚 　　B. 正确:分毫不差

C. 温暖:风和日丽 　　D. 干净:一尘不染

(国考 2013.96)

解析:答案为 D。"一丝不苟"形容很认真,"一尘不染"形容很干净;二者都是"一……不……"格式。

2. 三个词语——X:Y:Z

例如:

出征:击鼓:士气

A. 比赛:呐喊:信心 　　B. 生产:监督:效率

C. 喝酒:谈判:气氛 　　D. 宣传:登报:名气

(国考 2013.101)

解析:答案为 A。题干与 A 项的三项关系都是"事项:行为:(心理方面)的效率"关系。

3. 题干为一组符号

例如,请从四个选项中选出正确的一项,其特征或规律与题干给出的一串符号的特征或规律最为相似。

[①] 这里的"词语",包括词和短语。下同。

hh8jj7t

A. ss2vv3A　　　　B. dd9qq5r　　　　C. 77x66nm　　　　D. frb22de

答案：B。

这类题要求题干的每个符号的性质与选项中对应位置上的每个符号的性质必须完全一样。选项 A 中的"3A"的"A"与选项 B 中的"5r"的"r"有大写与小写的差异，故不能选 A 项。

(二) 两组缺省词语

它是这样一种题型：题干先给出两组缺省的词语，要求在四个被选项中找出一项，这个项中的两个词语与题干给出的两个词语最为匹配，即：使两组词语在整体关系上最为相似。它又可分为同位缺省和异位缺省两种。

1. 同位缺省

同位缺省的形式是："m 对于(X)相当于 n 对于(Y)"或者"(X)对于 m 相当于(Y)对于 n"。其中的 m、n 是题干给出的具体词语；括号中的 X、Y 是缺省的词语，需要从选项选择的词语。例如：

(1) 分析　之于　(　)　相当于　解答　之于　(　)

A. 思想——现象　　　　　　B. 问题——疑难

C. 剖析——理解　　　　　　D. 逻辑——思考

正确答案是 B。

(2) (　)　对于　行动　相当于　(　)　对于　航行

A. 目标　灯塔　　　　　　　B. 信心　风帆

C. 激情　桅杆　　　　　　　D. 毅力　水手

(国考 2009.82)

解析：答案为 A。

2. 异位缺省

异位缺省的形式是："m 对于(X)相当于(Y)对于 n"或者"(X)对于 m 相当于 n 对于(Y)"。其中的 m、n 是题干给出的具体词语；括号中的 X、Y 是缺省的词语，需要从选项选择的词语。这种题型解起来相对难些。例如：

(1) (　)　对于　邮费　相当于　纬度　对于　(　)

A. 邮局　国家　　　　　　　B. 重量　气候

C. 邮票　经度　　　　　　　D. 距离　时区

(国考 2013.104)

解析：答案为 B。

无论是同位缺省题还是异位缺省题,都可以采取"尝试填空法"解之。先尝试填空,然后再加以比较,择优选之。

还有一种题型,其形式是"m 对于 n 相当于(X)对于(Y)"。这实际上属于"一组完整词语"题型。例如:

(2) 电子政务　对于　纸张　相当于　(　　)　对于　(　　)

A. 电子邮件　信封　　　　　B. 网络歌手　歌迷
C. 网上购物　现金　　　　　D. 电脑游戏　软件

(国考 2008.85)

解析:答案为 C。

二、词语与词语之间的关系

词语甲与词语乙之间的关系,如果离开语境,有时是很难说得清的。比如曹操与曹丕的关系,我们可以说是父子关系,也可以说是男人与男人的关系,也可以说是上级与下级的关系。实际上,我们在讨论题干中的两个词语的关系时,往往是在考察了 4 个选项后(了解了上下文语境后)才确认的。下面,我们基于对以往试题的分析,分别从逻辑学的知识系统、语言学的知识系统以及其他常识系统三大维度,对题干中的词语与词语的关系作出如下概括。

(一) 从逻辑学的知识系统进行考察

1. 词语所表达的概念外延间的关系

词语所表达的概念外延间的关系,包括全同关系、真包含关系、真包含于关系、交叉关系、全异关系五种。其中,全异关系又分为同论域的全异关系和不同论域的全异关系;前者还分为矛盾关系和反对关系。

(1) 全同关系。

例如:等边三角形:等角三角形

A. 爸爸:父亲　　　　　B. 匆促:仓促
C. 红色:紫色　　　　　D. 《西游记》作者:吴承恩

解析:答案为 D。"等边三角形"和"等角三角形"内涵不同,但外延完全相同;"《西游记》作者"和"吴承恩"也是内涵不同,外延完全相同。

(2) 真包含关系。

例如:法律　之于　民法　相当于　(　　)　之于　(　　)

A. 物理:公理　　　　　B. 定律:方法
C. 实数:自然数　　　　D. 华东:江苏

(江苏省考 2012.C 类 41)

解析：答案为 C。"法律"真包含"民法"，"实数"真包含"自然数"。

(3) 真包含于关系。

例如：会阅读：技能

A. 会种瓜：技巧　　　　　　B. 会焊接：技术

C. 会浏览：才华　　　　　　D. 会做饭：天赋

解析：答案为 B。"会阅读"真包含于"技能"，"会焊接"真包含"技术"。

(4) 交叉关系。

例如：共产党员：模范

A. 矛盾：统一　　　　　　　B. 文凭：智商

C. 企业家：硕士毕业生　　　D. 新陈代谢：生命

(河北省考 2012.71)

解析：答案为 C。"共产党员"与"模范"具有交叉关系；"企业家"与"硕士毕业生"也具有交叉关系。

(5) 全异关系。

例如：生：死

A. 导体：导引　　　　　　　B. 金属：非金属

C. 好：坏　　　　　　　　　D. 高：低

解析：答案为 B。"生"与"死"具有矛盾关系；"金属"与"非金属"也具有矛盾关系。

例如：比喻：拟人

A. 报纸：课本　　　　　　　B. 冰箱：洗衣机

C. 金丝猴：香蕉　　　　　　D. 月球：月亮

(国考 2006.76)

解析：答案为 B。"比喻"与"拟人"具有反对关系；"冰箱"与"洗衣机"也具有反对关系。

例如：实数：木耳

A. 长江：河流　　　　　　　B. 硕士：法官

C. 黄山：牛顿　　　　　　　D. 燕雀：鸿鹄

(江苏省考 2010.A 类 50)

解析：答案为 C。"实数"与"木耳"具有不同论域的全异关系；"黄山"与"牛顿"也具有此种关系。

2. 词语所表达的条件、因果关系

(1) 条件关系。

条件关系,有充分条件关系、必要条件关系、充要条件关系三种,后者一般不在测试中出现。

充分条件关系,例如:电灯亮:有电

A. 年满18周岁:有选举权　　　B. 多施肥:丰收

C. Y=X-1;X>Y　　　D. 气温计上的水银柱下降:气温下降

解析:答案为C。"电灯亮"与"有电"的关系是充分条件关系;"Y=X-1"与"X>Y"也具有充分条件关系。A项中的"年满18周岁"与"有选举权"的关系、B项中的"多施肥"与"丰收"的关系,都是必要条件关系;D项中的"气温计上的水银柱下降"与"气温下降"的关系是充分必要条件关系。

必要条件关系,例如:认识落后:改变落后

A. 有索取:有付出　　　B. 骄傲自满:受到损害

C. 犯法:受到法律制裁　　　D. 计划生育:提高生活质量

解析:答案为D。"认识落后"与"改变落后"具有必要条件关系;"计划生育"与"提高生活质量"也具有必要条件关系。A项中的"有索取"与"有付出"、B项中的"骄傲自满"与"受到损害",都具有充分条件关系;C项中的"犯法"与"受到法律制裁"则具有充分必要条件关系。

(2) 因果关系。

例如:恐慌、地震

A. 税收:差距　　　B. 落后:封闭

C. 天灾:人祸　　　D. 自卑:歧视

(河北省考2012.70)

解析:答案为B。因为地震,所以恐慌;因为封闭,所以落后。二者均为因果关系,只不过出现的顺序是果在前,因在后而已。

又如:

萎靡不振　对于　(　　)　相当于　(　　)　对于　食物

A. 活力:丰衣足食　　　B. 精力:饥寒交迫

C. 毅力:饥不择食　　　D. 动力:饥肠辘辘

(国考2012.105)

解析:答案为D。动力与萎靡不振有着因果联系;食物与饥肠辘辘有着因果联系。

(二) 从语言学的知识系统进行考察

这包括语义关系和句法关系两个维度。

1. **语义关系**

语义关系主要包括"同义关系""近义关系""反义关系""目的关系""顺承关系"等。

(1) 同义关系,例如:

麦克风:话筒

A. 巧克力:糖果　　　　　B. 炒鱿鱼:解雇

C. 引擎:发动机　　　　　D. 买单:结账

(国考 2006.75)

解析:答案为 C。"麦克风"与"话筒"具有同义关系,"引擎"与和"发动机"也具有同义关系;而且两组词的第一个词都是音译词。

(2) 近义关系,例如:

巡查:巡视:巡逻

A. 人生:人际:人员　　　B. 目标:目的:目前

C. 数学:数控:数量　　　D. 考试:考察:考核

(江苏省考 2012.C 类 39)

解析:答案为 D。"巡查""巡视""巡逻"彼此意义相近;"考试""考察""考核"彼此意义也相近。

(3) 反义关系,例如:

寡　对于　(　　)　相当于　利　对于　(　　)

A. 孤　弊　　　　　　　B. 众　钝

C. 多　益　　　　　　　D. 少　害

(国考 2009.83)

解析:答案为 B。"寡"与"众"彼此具有反义关系;"利"与"钝"彼此也具有反义关系。

(4) 目的关系,例如:

打折:促销

A. 发奖:激励　　　　　B. 日食:天体

C. 娱乐:游戏　　　　　D. 京剧:美感

解析:答案为 A。打折的目的是为了促销;发奖的目的是为了激励。注意:C 项是干扰项,如果把其顺序倒过来,改为"游戏:娱乐",那么此题就有歧解了。

(4) 顺承关系,例如:

纠纷:诉讼:裁决

A. 损害:车祸:赔偿　　　B. 文学作品:作家:写作

C. 学习:借鉴:创新　　　D. 书籍:撰写:纸张

解析:答案为 C。纠纷、诉讼、裁决依次发生;学习、借鉴、创新也依次发生。二者均属于顺承关系。

2. 句法关系

体现在考题中的句法关系主要有主谓关系、动宾关系、偏正关系、联合关系几种。

(1) 主谓关系,例如:

(　　) 对于 爬行 相当于 青蛙 对于 (　　)

A. 缓慢:害虫　　　　　　B. 匍匐:蟾蜍

C. 运动:动物　　　　　　D. 螃蟹:跳跃

(山西省考 2010.70)

解析:答案为 D。"螃蟹"与"爬行"具有主谓关系,"青蛙"与"跳跃"也具有主谓关系。

(2) 动宾关系,例如:

(　　) 之于 民生 相当于 惩治 之于 (　　)

A. 民众　法律　　　　　　B. 诉求　治理

C. 关注　腐败　　　　　　D. 提高　环境

(江苏省考 2014.B 类 440)

解析:答案为 C。"关注"与"民生"具有动宾关系,"惩治"与"腐败"也具有动宾关系。

(3) 偏正关系,例如:

(　　) 对于 动物 相当于 (　　) 对于 星座

A. 理智:幸运　　　　　　B. 凶猛:星星

C. 可爱:神秘　　　　　　D. 珍稀:温馨

(多省联考 2012 上半年.83)

解析:答案为 C。"可爱"与"动物"可以构成偏正关系,"神秘"与"星座"也可以构成偏正关系。

(4) 联合关系,例如:

丰功:伟绩

A. 维和:行动　　　　　　B. 风餐:露宿

C. 文化:传播　　　　　　D. 生产:积累

解析:答案为 B。"丰功"与"伟绩"可以构成联合关系,而且语义相近;"风餐"与"露宿"也可以构成联合关系,语义也相近。

(三) 从常识系统进行考察

从常识对应关系进行解题,其难度较大。"常识"可谓五花八门,涉及天文、地理、历史、文学、生活经验等多个方面,完成这类题型需要渊博的知识。下面枚举几类常识题例。

1. 历史常识对应关系

破釜沉舟：项羽

　A. 乐不思蜀：刘备　　　　　　B. 精忠报国：岳飞

　C. 卧薪尝胆：勾践　　　　　　D. 纸上谈兵：赵奢

解析：答案为C。项羽与破釜沉舟故事相关，勾践与卧薪尝胆故事相关。B项是干扰项，如果选项中没有C项，也可选之。

2. 地理常识对应关系

宁波：浙江

　A. 柳州：广西　　　　　　　　B. 大连：辽宁

　C. 南昌：江西　　　　　　　　D. 韶山：湖南

解析：答案为B。宁波是浙江的港口城市，大连是辽宁的港口城市。

3. 文学常识对应关系

崔莺莺：西厢记

　A. 宋江：宋朝　　　　　　　　B. 曹雪芹：红楼梦

　C. 杜丽娘：牡丹亭　　　　　　D. 白骨精：西游记

解析：答案为C。崔莺莺是戏剧《西厢记》的主人公，杜丽娘是戏剧《牡丹亭》的主人公。

4. 科学常识对应关系

线条：几何：欧几里得

　A. 铅笔：美术：齐白石　　　　B. 天空：哲学：哲学家

　C. 结论：三段论：亚里士多德　D. 虚数：奇数：陈景润

（江苏省考 2011.B98）

解析：答案为C。欧几里得提出了几何学的理论，"线条"是几何学中的一个概念（术语）；亚里士多德提出了三段论的理论，"结论"是三段论中的一个概念（术语）。

5. 生活经验对应关系

(1) 社会角色及其主要工作，例如：

医生：看病

　A. 农民　卖菜　　　　　　　　B. 导游　观光

　C. 教师　教学　　　　　　　　D. 演员　客串

解析：答案为A。医生的主要工作是看病，教师的主要工作是教学。

(2) 社会角色及其服务对象，例如：

作家：读者

A. 售货员：顾客 B. 校长：教师
C. 官员：改革 D. 经理：营业员

解析：答案为 A。作家的服务对象是读者，售货员的服务对象是顾客。

(3) 社会角色及其工作场所，例如：

工人 之于（ ） 相当于 农民 之于（ ）

A. 建设：园圃 B. 工厂：农田
C. 砖瓦：昆虫 D. 工程师：教授

（江苏省考 2013.B 类 100）

解析：答案为 B。工厂是工人的工作场所，农田是农民的工作场所。

(4) 社会角色及其工具，例如：

裁缝：剪刀

A. 法官：法律 B. 游客：手杖
C. 汽车：轮胎 D. 屠夫：刀

解析：答案为 D。裁缝的主要工具是剪刀，屠夫的主要工具是刀。

(5) 社会角色及其工作成果，例如：

杂志 对于（ ） 相当于（ ） 对于 农民

A. 编辑：蔬菜 B. 书刊：农村
C. 传媒：农业 D. 报纸：果农

（国考 2009.81）

解析：答案为 A。杂志是编辑的工作成果，蔬菜是农民的工作成果。

(6) 社会角色及其标志，例如：

军装：士兵

A. 套装：女人 B. 服装：场合
C. 警服：警察 D. 制服：邮递员

（国考 2006.74）

解析：答案为 C。军装是士兵的特有标志，警服是警察的特有标志。

(7) 行为及其依据，例如：

航线：飞行

A. 土壤：种植 B. 煤炭：发电
C. 提纲：发言 D. 地基：建筑

（国考 2011.102）

解析：答案为 C。航线是飞行的依据，提纲是发言的依据。

(8) 行为及其方式,例如:

( ) 对于 表达 相当于 信件 对于 ( )

A. 比喻 沟通　　　　　　　B. 文字 载体

C. 感情 抒情　　　　　　　D. 交流 包裹

(国考 2011.109)

解析:答案为 A。以比喻的方式表达,以信件的方式沟通。

(9) 行为及其结果,例如:

( ) 对于 知识 相当于 分析 对于 ( )

A. 书本:理论　　　　　　　B. 学习:结论

C. 学问:研究　　　　　　　D. 学生:研究员

(国考 2008.84)

解析:答案为 B。通过学习获取知识,通过分析得出结论。

(10) 事物及其活动区域,例如:

轮船:海洋

A. 飞机:海洋　　　　　　　B. 海洋:鲸

C. 海鸥:天空　　　　　　　D. 河流:芦苇

解析:答案为 C。轮船在海洋中行驶,海鸥在天空中飞翔。B 项是干扰项,如果把其顺序倒过来,改为"鲸:海洋",那么此题就会发生歧解。

(11) 事物及其存在场所,例如:

电梯:大厦:城市

A. 肥皂:浴室:客厅　　　　B. 水草:小溪:山谷

C. 飞禽:走兽:森林　　　　D. 奶牛:牛奶:超市

(国考 2009.88)

解析:答案为 B。电梯存在于大厦中,大厦存在于城市中;水草存在于小溪中,小溪存在于山谷中。

(12) 事物及其发源地,例如:

豫剧:河南

A. 黄梅戏:安徽　　　　　　B. 昆曲:昆明

C. 评剧:北京　　　　　　　D. 越剧:江苏

解析:答案为 A。豫剧起源于河南,黄梅戏起源于安徽。

(13) 事物及其属性,例如:

盐:咸

A. 花:香　　　　　　　　　B. 丝:棉

C. 光：亮　　　　　　　D. 墨：臭

(国考2007.79)

解析：答案为C。盐一定有咸的属性，光一定有亮的属性。A、D两项都是干扰项。我们知道：不是所有的花都香，不是所有的墨都臭。即便所有的花都香，也应该选择C项，因为花是植物。

(14)事物及其文化意义，例如：

(　) 对于 吉祥 相当于 狼烟 对于 (　)

A. 和平　战争　　　　B. 麒麟　信号

C. 盛世　烽火　　　　D. 凤凰　入侵

(国考2011.110)

解析：答案为D。凤凰出现表示吉祥，狼烟出现表示入侵。

(15)事物及其功用，例如：

(　)对于 手机 相当于 交流 对于 (　)

A. 电视：文学　　　　B. 电脑：文化

C. 信号：文字　　　　D. 通信：语言

(国考2009.84)

解析：答案为D。手机有通信的功能，语言有交流的功能。

(16)事物及其发挥作用者，例如：

枪：子弹

A. 汽车：汽油　　　　B. 门：窗户

C. 桌子：椅子　　　　D. 表带：手表

(国考2007.85)

解析：答案为A。枪有子弹才可以发挥作用，汽车有汽油才可以发挥作用。

(17)产品及其原材料，例如：

(　) 之于 大米 相当于 (　) 之于 面粉

A. 米粉：小麦　　　　B. 农民：面点师

C. 稀饭：早点　　　　D. 稻谷：麦子

(江苏省考2012.B类100)

解析：答案为D。稻谷是大米的原材料，麦子是面粉的原材料。

(18)产品及其制作场所，例如：

窑：陶瓷

A. 学校：学生　　　　B. 烤箱：面包

C. 砖场：砖　　　　　D. 整数：自然数

(国考 2008.80)

解析:答案为 B。窑是陶瓷的烧制场所,烤箱是面包的烧制场所。

(19)事物及其组成部分,例如:

海:水

A. 写作:小说　　　　　　　B. 太阳:光
C. 画家:图画　　　　　　　D. 旋律:音符

(国考 2006.72)

解析:答案为 D。海主要是由水组成的,旋律主要是由音符组成的。

(20)事物及其作用对象,例如:

剪刀:布匹

A. 玻璃:门窗　　　　　　　B. 锯子:木头
C. 衣服:缝纫机　　　　　　D. 电池:电动车

解析:答案为 B。剪刀主要用来剪布匹,锯子主要用来锯木头。

(21)事物及其影响对象,例如:

灯光:黑暗

A. 财富:贫困　　　　　　　B. 墨镜:光明
C. 笤帚:卫生　　　　　　　D. 小草:绿化

(国考 2006.80)

解析:答案为 A。灯光可以消除黑暗,财富可以消除贫困。二者影响方式相同。

(22)事物及其某属性的关联者,例如:

正方形:边长

A. 矩形:对角线　　　　　　B. 菱形:高
C. 圆形:半径　　　　　　　D. 三角形:底边

(国考 2007.78)

解析:答案为 C。边长是影响正方形面积大小的唯一因素,半径是影响圆形面积大小的唯一因素。

(23)事物及其证明物,例如:

身份证:身份

A. 毕业证:学位　　　　　　B. 房产证:房屋
C. 结婚证:配偶　　　　　　D. 执业证:资格

(国考 2010.76)

解析:答案为 D。身份证是对身份的证明,执业证对是资格的证明。

(24)事物及其支撑物,例如:

骨骼 对于（ ） 相当于（ ） 对于 房屋

A. 人体 梁柱 B. 上肢 窗户
C. 关节 钢筋 D. 肌肉 电梯

(国考 2010.78)

解析：答案为 A。骨骼是人体的一部分，支撑着人体；梁柱是房屋的一部分，支撑着房屋。

(25)事物及其替代物，例如：

取款机：银行职员

A. 收音机 播音员 B. 售货机 营业员
C. 学习机 辅导员 D. 读卡机 售票员

(国考 2012.102)

解析：答案为 B。取款机能自动输出货币，代替了银行职员的工作；售货机能自动销售产品，代替了营业员的工作。

(26)事物及其存储物，例如：

通话记录：手机

A. 硬盘 计算机 B. 遥控器 电视机
C. 录音磁带 录音机 D. 语音文件 录音笔

(国考 2012.101)

解析：答案为 D。通话记录存储于手机，语音文件存储于录音笔。

(27)同一事物的两个不同发展阶段，例如：

蛹：蝶

A. 丑小鸭：白天鹅 B. 胚胎：婴儿
C. 种子：花朵 D. 蝌蚪：青蛙

(国考 2008.79)

解析：答案为 D。蛹变为蝶，蝌蚪变为青蛙；二者均为外形质变。

前文所述是词语之间的一些常见关系。解析词语关系时还要注意以下几个问题：

第一，如果出现多个词语，那么可能存在多种关系。例如：

木材：抽屉：收纳

A. 钢铁：剪刀：切割 B. 棉花：毛线：保暖
C. 城墙：石头：防御 D. 橡胶：气垫：缓冲

(国考 2014.101)

解析：答案为 D。木材是生产抽屉的原材料，抽屉具有收纳东西的功能；橡胶是生产气垫的原材料，气垫具有缓冲功能。此题涉及产品及其原材料、事物及其功用两种关系。

第二,两组词语之间的相同、相似关系,有时有主次之分;解题时除了要找出主要的相同、相似关系,往往还要找出次要的相同、相似关系。只有这样,才能排除干扰项。例如:

树根:根雕

A. 陶土:瓷器 B. 纸张:剪纸

C. 水泥:砚台 D. 竹子:竹排

(国考 2011.101)

解析:答案为 B。树根与根雕的关系有二:主要关系是原材料与产品的关系;次要关系是原材料与艺术品的关系,且艺术品的质地没有化学变化。纸张与剪纸的关系也有二:主要关系是原材料与产品的关系;次要关系是原材料与艺术品的关系,且艺术品的质地没有化学变化。就是说,题干中两词的关系与 B 项中两词的关系,不仅其主要关系相同,而且次要关系也相同。如果找不到其次要关系也相同,就不能排除 A、C 这两个干扰项。

注:附录一、附录二参考了江苏理工学院程树铭教授《论图形推理》《试论针对词语关系的类比推理》两文,两文发表于 2014 年 11 月在宿迁召开的江苏省逻辑学会的年会上。

Ⅲ 综合测试题

(GCT、MBA、MPA 等入学考试以及公务员录用考试中的逻辑试题的基本题型及其分析示例)

(一)演绎推理。在每道题中给出一段陈述,这段陈述的正确性在本测验中是不容置疑的。根据这段陈述选择一个备选答案。正确答案可以不用任何附加说明,直接从陈述中推出。

1. 鸿运集团生产的电动助力车都是价格昂贵的,所有价格昂贵的电动助力车都受到青年人的青睐,有些高质量的电动助力车是鸿运集团生产的。据此,我们可以断言:(B)

A. 有些受到青年人青睐的电动助力车不是鸿运集团生产的。

B. 有些受到青年人青睐的电动助力车是鸿运集团生产的。

C. 鸿运集团生产的电动助力车有些不是高质量的。

D. 有些受到青年人青睐的电动助力车不是高质量的。

知识点:这是一道综合题,涉及三段论推理和直言命题的变形推理知识。第一步,由题干中的"鸿运集团生产的电动助力车都是价格昂贵的,所有价格昂贵的电动助力车都受到青年人的青睐"进行三段论推理,推出"鸿运集团生产的电动助力车都是受到青年人青睐的"之结论。第二步,由"鸿运集团生产的电动助力车都是受到青年人青睐的"进行直言命题的换位推理,推出"有些受到青年人青睐的电动助力车是鸿运集团生产的"(即 B 项)之结论。显然,题干中的"有些高质量的电动助力车是鸿运集团生产的"推不出 C 项。A 项、D 项也都不能由题干推出。

2. 政治家中有的是对市场经济研究造诣很深的人,因为有些水利工程师是政治家。以下哪个选项能保证上述推理成立?(C)

A. 凡对市场经济研究造诣很深的人都是水利工程师。

B. 对市场经济研究造诣很深的水利工程师有的不是政治家。

C. 凡水利工程师都是对市场经济研究造诣很深的人。

D. 有些水利工程师不是对市场经济研究造诣很深的人。

知识点:这道题涉及省略三段论知识。题干是一个省略三段论,省略的是大前提(小前提是"有些水利工程师是政治家",结论是"政治家中有的是对市场经济研究造诣很深的人")。显然,只有"凡水利工程师都是对市场经济研究造诣很深的人"(即 C 项)做大前提,才能保证题干的推理成立。如果用 A 项做大前提,则犯"中项不周延"的错误;如果用 D 项做大前提,那么结论应该是否定的,再说还犯了"双特前提"的错误。B

项无法做大前提。

3. 赌徒不是明智的人,因为明智的人都是唯物主义者,而唯物主义者都不是宗教徒。要保证上述推理成立,以下哪个选项必须被假设成立?(B)

A. 赌徒是唯物主义者。

B. 赌徒是宗教徒。

C. 唯物主义者都是明智的人。

D. 非宗教徒都不是唯物主义者。

知识点:这是一道综合题,涉及复合三段论知识和省略三段论知识。题干是一个复合三段论省略式,要确保其结论为真,必须假定 B 项为真。其推论过程为:(1)唯物主义者都不是宗教徒(即题干给出的命题),明智的人都是唯物主义者(即题干给出的命题),所以,明智的人都不是宗教徒。(2)明智的人都不是宗教徒,赌徒是宗教徒(B项),所以赌徒不是明智的人。

4. 甲:"这次校运会要么赵文得冠军,要么钱勇得冠军,不可能二人都得冠军,也不可能二人都不得冠军。"乙:"我不同意你的观点。"

以下选项都是乙的意思,除了(B)。

A. 或者赵文和钱勇都得冠军,或者赵文和钱勇都不得冠军。

B. 并不是或者赵文和钱勇都得冠军或者赵文和钱勇都不得冠军。

C. 赵文得冠军,当且仅当钱勇得冠军。

D. 如果赵文得冠军,那么钱勇也会得冠军,并且只有赵文得冠军,钱勇才会得冠军。

知识点:这道题涉及不相容选言命题的负命题的等值知识。甲作出的是一个不相容选言命题,乙对这个不相容选言命题加以否定,即作出了一个不相容选言命题的负命题。A 项、C 项、D 项都是甲的负命题的等值命题。而 B 项则是一个与甲命题相等值的命题,即重复了甲的意思。因此,答案是 B。

5. 不必然所有经济杠杆的使用都导致社会风险,但不可能有不影响经济杠杆使用的社会风险。据此,我们可以推断:(B)

A. 所有经济杠杆的使用都必然不导致社会风险,但所有社会风险都必然影响经济杠杆的使用。

B. 有的经济杠杆的使用可能不导致社会风险,但所有社会风险都必然影响经济杠杆的使用。

C. 有的经济杠杆的使用可能不导致社会风险,但必然有的社会风险不影响经济杠杆的使用。

D. 有的经济杠杆的使用可能导致社会风险,所有社会风险都可能影响经济杠杆的使用。

知识点：这道题涉及模态命题的负命题的等值推理知识。题干中的"不必然所有经济杠杆的使用都导致社会风险"，其意思与"有的经济杠杆的使用可能不导致社会风险"相等；"不可能有不影响经济杠杆使用的社会风险"，其意思与"所有社会风险都必然影响经济杠杆的使用"。因此，题干的意思与B项的意思完全一样。题干推不出A项的前一分句，推不出C项的后一分句（C项的后一分句与题干的后一分句相矛盾），也推不出D项的前一分句。

6. 甲、乙、丙、丁四人进行乒乓球循环赛（每个人分别与其他人各赛一次，比赛没有平局），赛后统计的输赢情况是：甲赢一场，丙比甲多输一场，甲比丁多输一场。据此，我们可以推出乙的名次为：（ A ）

A. 第一名　　B. 第二名　　C. 第三名　　D. 第四名

知识点：这是一道综合题，涉及联言推理、选言推理和排序等知识。由"每个人分别与其他人各赛一次，比赛没有平局"，推知每人赛3场。由"甲赢1场"，推知甲输2场；由"丙比甲多输一场"，推知丙输3场，赢0场；由"甲比丁多输一场"，推知丁输1场，赢2场。有人赢1场，必然有人输1场，因而可推知乙输0场，赢3场。因此，乙得第一名。

7. 耀华跨国公司共有68个子公司。就这些子公司是否推行周末考核制问题，总公司人事部的甲、乙、丙三人分别作出如下判断：

甲：子公司中有的没有推行周末考核制。

乙：子公司中有推行周末考核制的。

丙：所有子公司都没有推行周末考核制。

事后证实，甲、乙、丙的三个判断只有一个是真的。据此，我们可以推定（ C ）。

A. 68个子公司中有一部分推行了周末考核制。

B. 68个子公司中有一个推行了周末考核制。

C. 68个子公司都推行了周末考核制。

D. 68个子公司都没有推行周末考核制。

知识点：这是一道综合题，涉及排中律知识、直言命题的对当关系知识。推理过程是：(1)乙言与丙言彼此矛盾，根据排中律，推知其中必有一真，所以甲言为假（因为"甲、乙、丙的三个命题只有一个是真的"），即"子公司中有的没有推行周末考核制"为假。(2)由"子公司中有的没有推行周末考核制"之假，根据直言命题的对当关系知识，推知"所有子公司都推行了周末考核制"为真。因此，选择C项。

8. 田文生病，只能在医院会客。只有田文亲自引见，李娜才能与王华见面；只有张莹伴随，李娜才去田文所在的医院。据此，我们可以推断（ B ）。

A. 如果田文亲自引见,那么李娜与王华就能见面。

B. 如果张莹不去田文所在的医院,那么李娜与王华就不能见面。

C. 如果张莹去了田文所在的医院,那么李娜与王华就能见面。

D. 李娜与王华没能见面的唯一原因是田文没有亲自引见。

知识点:这道题也带有综合性,主要涉及假言命题知识、假言连锁推理等知识。推理过程为:(1)由"只有张莹伴随,李娜才去田文所在的医院",推知:如果张莹不去田文所在的医院,那么李娜就不会去田文所在的医院。(2)由"田文生病,只能在医院会客",推知:如果李娜不去田文所在的医院,那么田文就没有做跟李娜相关的引见之事。(3)由"只有田文亲自引见,李娜才能与王华见面",推知:如果田文没有做跟李娜相关的引见之事,那么李娜就不能与王华见面。因此,可以推断出选项B(即"如果张莹不去田文所在的医院,那么李娜与王华就不能见面")。不能选择A项,因为"田文亲自引见"只是"李娜与王华见面"的必要条件,而非充分条件。不能选择C项,因为"张莹去田文所在的医院"也只是"李娜与王华见面"的必要条件。不能选择D项,因为"田文亲自引见"只是"李娜与王华见面"的必要条件,而非充分必要条件——李娜能实现与王华的见面,可能还存在其他必要条件。

9. 赵、钱、孙、李、周都是某孤儿院的孩子,他们来自两个部落——熊部落和孔雀部落。他们中,每一个人都知道别人的身世,唯独不知道自己的身世。出身于熊部落的都说真话,出身于孔雀部落的都说假话。一天,一位客人来到孤儿院,想打听这5个人的身世。

赵说:"他们4个中有3人是熊部落的,有1人是孔雀部落的"。

钱说:"他们4个人都是孔雀部落的"。

孙说:"他们4人中有1人是熊部落的,有3人是孔雀部落的。"

周说:"他们4人都是熊部落的。"

李没有说话。后来,客人打听到:赵、钱、孙、周的四句话中,只有一句是真的。据此,我们可以帮助该客人推断(C)。

A. 赵和孙出身于熊部落。

B. 钱和孙出身于孔雀部落。

C. 孙和李出身于熊部落。

D. 赵、李和周出身于孔雀部落。

知识点:这道题主要涉及归谬推理知识。推理过程为:(1)假设赵的话为真,则赵出身于熊部落,加起来共有4人出身于熊部落的,1人出身于孔雀部落的,从而知道钱、孙的话为假,并推知钱、孙都出身于孔雀部落,这显然与设"赵的话为真"的推导结果(共有4人出身于熊部落的,1人出身于孔雀部落的)相矛盾,因此推得赵的话不可能为真,必然为假,推得赵必然出身于孔雀部落。(2)假设钱的话为真,则钱出身于熊部落,加起来共有1人出身于熊部落的,4人出身于孔雀部落的;这样,由于孙并不知道自己的出身,当他说"他们4人中有1人是熊部落的,有3人是孔雀部落的"时,他所说的就是真话,从而得知孙出身于熊部落,这样,孙与钱都出身于熊部落,即有2人出身于熊部落,这与钱原来的话相矛盾。因此,钱所言必然为假,钱必然出身于孔雀部落。(3)现在已经确定赵、钱出身于孔雀部落,可见周所说的"他们4人都是熊部落的"为假,可见周必然出身于孔雀部落。(4)由题干"赵、钱、孙、周的四句话中,只有一句是真的",推知孙的话("他们4人中有1人是熊部落的,有3人是孔雀部落的")为真,从而推知:孙、李出身于熊部落,赵、钱、周出身于孔雀部落。所以,选择C项。显然,题干推不出A、B、D三项。

10. 某特务连要派精干队员深入敌后侦察,其最佳人选有4个,即:青海西海人、云南文山人、贵州遵义人、四川绵阳人。现需将此4人分为甲、乙两个小组。按惯例,前两个人不能分在同一个小组,另外连长不主张把文山人与遵义人分在同一个小组。据此,我们可以推知以下各项方案中连长不主张的一项是(　C　)。

　　A. 甲组中有云南人,乙组中有遵义人。

　　B. 甲组中有绵阳人,乙组中有西海人。

　　C. 甲组中有青海人,乙组中有遵义人。

　　D. 甲组由青海人和贵州人组成。

　　知识点:这道题主要涉及选言推理知识。A、B、D三种方案,都可以有既不违反题干要求,又不违反连长意志的组合。譬如:按A项方案,其组合有:甲组为云南文山人和四川绵阳人;乙组为贵州遵义人和青海西海人。按B项方案,其组合有:甲组为四川绵阳人和云南文山人;乙组为青海西海人和贵州遵义人。按D项方案,其组合有:甲组为青海西海人和贵州遵义人;乙组为四川绵阳人和云南文山人。按C项方案,其组合有两种可能:(1)甲组为青海西海人和四川绵阳人;乙组为贵州遵义人和云南文山人。(2)甲组为青海西海人和云南文山人;乙组为贵州遵义人和四川绵阳人。其第一种组合正是连长不主张的而第二种组合又是违反题干要求的。所以,选择C项。

　　(二)类比推理。类推两个对象的共同属性。题干先给你有某种概念关系(因果、象征、特性、描述、属种等关系)的两个词或词组,要求从四个选项中选出一个,力求使被选项的两个词或词组之间的概念关系与题干给出的最为相似。

　　1. 笔:笔尖(　A　)

　　A. 电脑:键盘　　B. 山腰:山峰　　C. 桥:桥墩　　D. 电动车:电

　　知识点:题干中"笔"与"笔尖"的关系是整体与部分的关系,部分属于整体的输出构件。显然,"电脑"与"键盘"的关系与题干给出的最为相似。C项中的"桥"与"桥墩"

的关系虽然也是整体与部分的关系,但其部分不属于整体的输出构件。

2. 牛:动物(C)

A. 苦丁茶:茶　　B. 英国:西欧　　C. 文字:符号　　D. 树:森林

知识点:题干中"牛"与"动物"的关系是种属关系。显然,只有 C 项中的"文字"与"符号"的关系属于种属关系。"苦丁茶"不是茶,故 A 项不能选。

3. 木:木桥(B)

A. 水:冰　　B. 面粉:面包　　C. 脚:脚掌　　D. 爱情:婚姻

知识点:题干中"木"与"木桥"的关系是材料与物品的关系,后者以前者为原料经人力加工而成。显然,"面粉"与"面包"的关系与题干给出的最为相似。虽然冰源于水犹桥源于木,但后者系人力所为,而前者非人力所为,故不能选 A 项。

4. 白色:纯洁(C)

A. 蜜蜂:勤劳　　B. 狗:忠诚　　C. 鸽子:和平　　D. 江山:国家

知识点:题干中"白色"与"纯洁"的关系是象征关系。显然,只有"鸽子"与"和平"的关系是象征关系。A 项中的"蜜蜂"与"勤劳"的关系、B 项中的"狗"与"忠诚"的关系,都是对象与属性的关系。D 项中的"江山"与"国家"的关系是比喻(转喻)关系。

5. 旱田作物:高产作物(B)

A. 汽车:火车　　B. 教师:画家　　C. 女人:母亲　　D. 牛:牛头

知识点:题干中"旱田作物"与"高产作物"的外延关系是交叉关系。显然,只有"教师"与"画家"的关系是交叉关系。

6. 类人猿:人(B)

A. 源:流　　B. 原始社会:奴隶社会

C. 面粉:面条　　D. 《庄子》:《庄子注疏》

知识点:人脱胎于类人猿,二者具有发展与被发展的关系;奴隶社会脱胎于原始社会,二者也具有发展与被发展的关系。因此,选择 B 项。其他选项中的两个词或词组所表达的概念之间的关系,都不是这种关系。

7. 红花:白花(A)

A. 安全需要:社交需要　　B. 鲤鱼:甲鱼

C. 合法:非法　　D. 关系网:因特网

知识点:题干中"红花"与"白花"的关系属于同一论域中的反对关系;"安全需要"与"社交需要"之间也具有这种关系。"合法"与"非法"虽然属于同一论域,但彼此之间的关系是矛盾关系,故不能选择 C 项。B 项、D 项中的两个词或词组所表达的概念之间的关系,都迥异于题干所给出的关系。

8. 风车：风（ D ）

A. 电动机：电   B. 手电筒：电池

C. 医院：医生   D. 太阳能热水器：太阳

知识点：风为风车提供自然能源，太阳为太阳能热水器提供自然能源，故选 D 项。虽然，电为电动机提供能源，但电动机中所用的电是人工制成的，不是天然的，故不能够选择 A 项。同理，B 项也不能够选择。

(三)定义判断。每道题先给出一个概念的定义，然后分别列出四种情况，要求你严格依据定义，从中选出一个最符合或最不符合该定义的答案。注意：假设这个定义是正确的，不容置疑的。

1. 教唆犯：是指教唆他人犯罪的人。即自己并不亲自参加某种犯罪，而是故意以自己的言行去引起他人产生犯罪意图、决定实施犯罪的犯罪分子。

根据以上定义，下列言及教唆犯的一项是（ B ）。

A. 黑老大张某，横行乡里，经常带领一帮歹徒聚众斗殴，劫路越货。上周，他又让黑老二金某带几个恶少拦路抢劫。

B. 黄某身体残疾，无以为生，因而经常让还在读小学的儿子到商场去偷窃。每次行窃失败，他就骂儿子"无能"。

C. 夏某与黄某是政敌，总想找个机会狠狠的整治一下黄。一次，黄出差，夏跟司机姜某说："到了目的地后，你找个人把姓黄的好好修理一下，我会好好提拔你的。"但姜某害怕出事没有按夏的要求去做。

D. 李某和王某是"拜把子兄弟"。一次，李某在与人口角时被人捅伤。第二天，他把此事告诉了王某。王某立马找到捅人者，并把对方砍成重伤。

知识点：本题属于基于"内涵"进行的定义判断。"教唆犯"的主要内涵有：(1) 自己不亲自参加这类犯罪；(2) 故意以自己的言行去引起他人产生犯罪意图；(3) 故意以自己的言行去引起他人决定实施犯罪。判断某(些)人是不是教唆犯，这三个方面特征缺一不可。A 项中的张某虽然没有参加上周的拦路抢劫，但他经常亲自参加这类犯罪，所以他不属于教唆犯；C 项中的夏某虽然具备了上述教唆犯的(1)(2)两个特征，但不具备第(3)个特征，即他的言语没能引起他人(姜某)决定实施犯罪，故他不属于教唆犯。D 项中的李某显然不具备上述教唆犯的(1)(2)(3)三个特征。只有 B 项中的黄某完全具备上述教唆犯的(1)(2)(3)三个特征。

2. 2006 年 5 月，城北大学招聘辅导员，其条件有：(1) 年龄不得超过 30 岁；(2) 硕士及以上学历；(3) 有两年及以上相关工作经验（即大学或中学的班主任或辅导员工作经验）。

根据以上条件，下列中，其有关人员符合上述招聘条件的一项是（ B ）。

A. 小张大学毕业后一直在一所重点中学任教,曾经当过3年班主任,28岁那年考取了某大学的学制为三年的研究生,这次他带着研究生毕业证来城北大学应聘。

B. 刘杰22岁大学毕业,随即在一所大学做了两年辅导员,后主动辞职,于当年考上另外一所大学的研究生,这次他以应届毕业生的身份来城北大学应聘。

C. 小周刚满29岁,博士毕业。他当过一年半中学教师(兼做班主任),当过两年出版社编辑,其博士论文题为《论大学辅导员的工作艺术》。为深化此课题的研究,他决定来城北大学应聘。

D. 王某刚满29岁,城北大学本科毕业,后留校做过两年半辅导员,现为后勤总公司副经理(副处级)。听说学校现在可以聘处级辅导员了,他也来报了名。

知识点:本题属于基于"内涵"进行的定义判断题。被录用的辅导员必须具备题干所述的三个特征(即"辅导员"的内涵)。小张满足条件(2)(3),但不满足条件(1),因为,28岁那年才考取学制为三年的研究生,所以A项不能选。小周满足条件(1)(2),但不满足条件(3),所以C项不能选。王某满足条件(1)(3),但不满足条件(2),所以D项不能选。刘杰不仅满足条件(2)(3),也满足条件(1)——他实际只有27岁。

(四)图形推理

1.(九宫格型)请从所给的四个选择项中,选择最适合的一个填在问号处,使之呈现一定的规律性。

(1)

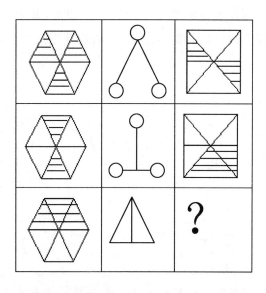

知识点：考查被测试者从组合中、整体中寻求规律的能力。题干的左边两列,每列的最下面的一个图都是上面两个图去同存异的产物。根据此规律,只有选择C。答案：C。

(2)

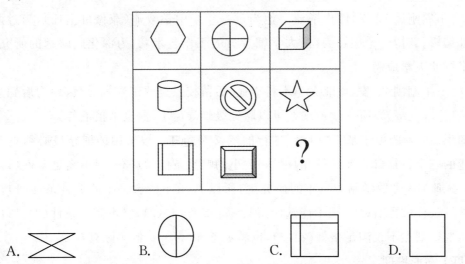

知识点：考查被测试者从组合中、整体中寻求规律的能力。题干的上边两行,每行的(左起)第一个、第三个图形内部区域数的和等于第二个图形的内部区域数。根据此规律,只有选择A。答案：A。

2.(五加一型)每道题在上边的题干中给出一套图形,其中包括五幅图,这五幅图呈现一定的规律性。在下边给出四幅备选图形,请从其中选出一幅作为保持这种规律性的第六幅图。

(1)

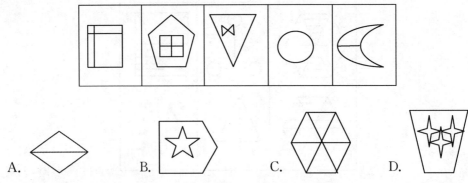

知识点：考查被测试者的归纳推理能力。上边题干的五幅图呈现的规律是：每幅图外框的边数与内部区域数相等。根据此规律,只有C符合。D中的三个星形相交,将内部分成六个区域,显然不能选D。答案：C。

(2)

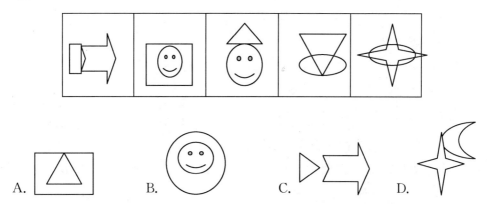

知识点：考察被测试者的归纳推理能力。上边题干中的五幅图呈现的规律是：彼此相邻的图形有大致相同的构图组分。根据此规律，只有 D 符合。答案：D。

3.（切块拼图形）下边的四个图形中，只有一个是由上边的四个图形拼合而成的，请选出正确的答案。

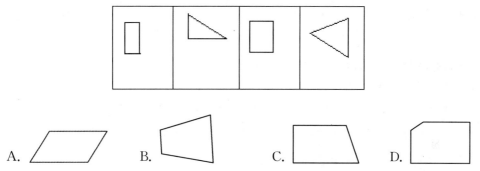

知识点：考查被测试者的空间想象能力。左起，上面第二幅图与第四幅图组合后正好与 C 图右部一致，第一幅与第三幅正好可拼出 C 图左部，如下图。因此，选 C 项。答案：C。

4.（平面组合型）上边的图形由若干个元素组成。下边的备选图形中只有一个是由组成上边图形的元素组成，请选出一个正确的答案。注意，组成新的图形时，只能在同一平面上，方向、位置可能出现变化。

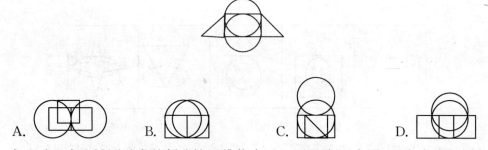

知识点：考查被测试者的创造性思维能力。上图是由两个圆、两个大小相同的三角形与一个长方形组成。据此，只有 C 符合。而 A 显然为圆形、长方形与正方形组成；B、D 也不可选。答案：C。

5. （折叠型）左边给定的是纸盒外表面的展开图，右边哪一项能由它折叠而成？

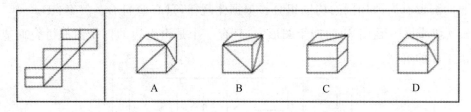

正确答案是 B。[知识点讲析见附录（一）]

主要参考文献

[1] 金岳霖.形式逻辑[M].北京：人民出版社,1980.

[2] 华东师大政教系逻辑学教研室.形式逻辑(修订本)[M].上海：华东师范大学出版社,1983.

[3] 吴家国.普通逻辑原理[M].北京：高等教育出版社,1989.

[4] 普通逻辑编写组.普通逻辑(增订本)[M].上海：上海人民出版社,1993.

[5] 中山大学逻辑教研室.逻辑导论[M].广州：中山大学出版社,1996.

[6] 郁慕镛,俞瑾.形式逻辑纲要[M].南京：江苏科技出版社,1997.

[7] 王跃平,朱作俊.形式逻辑[M].徐州：中国矿业大学出版社,2000.

[8] 陈波.逻辑学导论[M].北京：中国人民大学出版社,2003.

[9] 中国人民大学哲学院逻辑学教研室.逻辑学(2版)[M].北京：中国人民大学出版社,2008.

[10] 何向东,刘邦凡.新逻辑学概论[M].北京：人民出版社,2009.

[11] 陈伍友.行政职业能力测验[M].北京：团结出版社,2012.

[12] 李永新.行测速解技巧集萃[M].北京：人民日报出版社,2013.

北京大学出版社
教育出版中心 精品图书

21世纪特殊教育创新教材·理论与基础系列

特殊教育的哲学基础	方俊明 主编	29元
特殊教育的医学基础	张婷 主编	32元
融合教育导论	雷江华 主编	28元
特殊教育学	雷江华 方俊明 主编	33元
特殊儿童心理学	方俊明 雷江华 主编	31元
特殊教育史	朱宗顺 主编	36元
特殊教育研究方法（第二版）	杜晓新 宋永宁 等主编	39元
特殊教育发展模式	任颂羔 主编	33元
特殊儿童心理与教育	张巧明 杨广学 主编	36元

21世纪特殊教育创新教材·发展与教育系列

书名	作者	价格
视觉障碍儿童的发展与教育	邓猛 编著	33元
听觉障碍儿童的发展与教育	贺荟中 编著	29元
智力障碍儿童的发展与教育	刘春玲 马红英 编著	32元
学习困难儿童的发展与教育	赵微 编著	32元
自闭症谱系障碍儿童的发展与教育	周念丽 编著	32元
情绪与行为障碍儿童的发展与教育	李闻戈 编著	32元
超常儿童的发展与教育	苏雪云 张旭 编著	31元

21世纪特殊教育创新教材·康复与训练系列

特殊儿童应用行为分析	李芳 李丹 编著	29元
特殊儿童的游戏治疗	周念丽 编著	30元
特殊儿童的美术治疗	孙霞 编著	38元
特殊儿童的音乐治疗	胡世红 编著	32元
特殊儿童的心理治疗	杨广学 编著	32元
特殊教育的辅具与康复	蒋建荣 编著	29元
特殊儿童的感觉统合训练	王和平 编著	45元
孤独症儿童课程与教学设计	王梅 著	37元

自闭谱系障碍儿童早期干预丛书

书名	作者	价格
如何发展自闭谱系障碍儿童的沟通能力	朱晓晨 苏雪云	29.00元
如何理解自闭谱系障碍和早期干预	苏雪云	32.00元
如何发展自闭谱系障碍儿童的社会交往能力	吕梦 杨广学	33.00元
如何发展自闭谱系障碍儿童的自我照料能力	倪萍萍 周波	32.00元
如何在游戏中干预自闭谱系障碍儿童	朱瑞 周念丽	32.00元
如何发展自闭谱系障碍儿童的感知和运动能力	韩文娟 徐芳 王和平	32.00元
如何发展自闭谱系障碍儿童的认知能力	潘前前 杨福义	39.00元
自闭症谱系障碍儿童的发展与教育	周念丽	32.00元
如何通过音乐干预自闭谱系障碍儿童	张正琴	36.00元
如何通过画画干预自闭谱系障碍儿童	张正琴	36.00元
如何运用ACC促进自闭谱系障碍儿童的发展	苏雪云	36.00元
孤独症儿童的关键性技能训练法	李丹	45.00元
自闭症儿童家长辅导手册	雷江华	35.00元
孤独症儿童课程与教学设计	王梅	37.00元
融合教育理论反思与本土化探索	邓猛	58.00元
自闭症谱系障碍儿童家庭支持系统	孙玉梅	36.00元

特殊学样教育·康复·职业训练丛书（黄建行 雷江华 主编）

信息技术在特殊教育中的应用	55.00元
智障学生职业教育模式	36.00元
特殊教育学校学生康复与训练	59.00元
特殊教育学校校本课程开发	45.00元
特殊教育学校特奥运动项目建设	49.00元

21世纪学前教育规划教材

学前教育管理学	王雯	45元
幼儿园歌曲钢琴伴奏教程	果旭伟	39元
幼儿园舞蹈教学活动设计与指导	董丽	36元
实用乐理与视唱	代苗	35元
学前儿童美术教育	冯婉贞	45元
学前儿童科学教育	洪秀敏	36元
学前儿童游戏	范明丽	36元

学前教育研究方法	郑福明 39元	大学理念重审：与纽曼对话	
外国学前教育史	郭法奇 36元		[美]雅罗斯拉夫·帕利坎 著 35元
学前教育政策与法规	魏 真 36元	学术部落及其领地——知识探索与学科文化	
学前心理学	涂艳国、蔡 艳 36元		[英]托尼·比彻 保罗·特罗勒尔 著 33元
学前现代教育技术	吴忠良 36元	德国古典大学观及其对中国大学的影响	陈洪捷 著 22元
学前教育理论与实践教程	王 维 王维娅孙 岩 39.00元	大学校长遴选：理念与实务	黄俊杰 主编 28元
学前儿童数学教育	赵振国 39.00元	转变中的大学：传统、议题与前景	郭为藩 著 23元
		学术资本主义：政治、政策和创业型大学	

大学之道丛书

			[美]希拉·斯劳特 拉里·莱斯利 著 36元
哈佛：谁说了算	[美]理查德·布瑞德利 著 48元	什么是世界一流大学	丁学良 著 23元
麻省理工学院如何追求卓越	[美]查尔斯·维斯特 著 35元	21世纪的大学	[美]詹姆斯·杜德斯达 著 38元
大学与市场的悖论	[美]罗杰·盖格 著 48元	公司文化中的大学	[美]埃里克·古尔德 著 23元
现代大学及其图新	[美]谢尔顿·罗斯布莱特 著 60元	美国公立大学的未来	
美国文理学院的兴衰——凯尼恩学院纪实			[美]詹姆斯·杜德斯达 弗瑞斯·沃马克 著 30元
	[美]P.F.克鲁格 著 42元	高等教育公司：营利性大学的崛起	[美]理查德·鲁克 著 24元
教育的终结：大学何以放弃了对人生意义的追求		东西象牙塔	孔宪铎 著 32元
	[美]安东尼·T.克龙曼 著 35元		
大学的逻辑（第三版）	张维迎 著 38元	## 学术规范与研究方法系列	
我的科大十年（续集）	孔宪铎 著 35元	社会科学研究方法100问	[美]萨子金德 著 38元
高等教育理念	[英]罗纳德·巴尼特 著 45元	如何利用互联网做研究	[爱尔兰]杜恰泰 著 38元
美国现代大学的崛起	[美]劳伦斯·维赛 著 66元	如何为学术刊物撰稿：写作技能与规范（英文影印版）	
美国大学时代的学术自由	[美]沃特·梅兹格 著 39元		[英]罗薇娜·莫 编著 26元
美国高等教育通史	[美]亚瑟·科恩 著 59元	如何撰写和发表科技论文（英文影印版）	
美国高等教育史	[美]约翰·塞林 著 69元		[美]罗伯特·戴 等著 39元
哈佛通识教育红皮书	哈佛委员会撰 38元	如何撰写与发表社会科学论文：国际刊物指南	
高等教育何以为"高"——牛津导师制教学反思			蔡令忠 著 35元
	[英]大卫·帕尔菲曼 著 39元	如何查找文献	[英]萨莉拉·姆齐 著 35元
印度理工学院的精英们	[印度]桑迪潘·德布 著 39元	给研究生的学术建议	[英]戈登·鲁格 等著 26元
知识社会中的大学	[英]杰勒德·德兰迪 著 32元	科技论文写作快速入门	[瑞典]比约·古斯塔维 著 19元
高等教育的未来：浮言、现实与市场风险		社会科学研究的基本规则（第四版）	
	[美]弗兰克·纽曼 等 著 39元		[英]朱迪斯·贝尔 著 32元
后现代大学来临？	[英]安东尼·史密斯等 主编 32元	做好社会研究的10个关键	[英]马丁·丹斯考姆 著 20元
美国大学之魂	[美]乔治·M.马斯登 著 58元	如何写好科研项目申请书	

	[美]安德鲁·弗里德兰德 等著 28元	教育经济学	刘志民 著 39元
教育研究方法：实用指南	[美]乔伊斯·高尔 等著 98元	现代教学论基础	徐继存 赵昌木 主编 35元
高等教育研究：进展与方法	[英]马尔科姆·泰特 著 25元	现代教育评价教程	吴钢 著 32元
如何成为论文写作高手	华莱士 著 32元	心理与教育测量	顾海根 主编 28元
参加国际学术会议必须要做的那些事	华莱士 著 32元	高等教育的社会经济学	金子元久 著 32元
如何成为卓越的博士生	布卢姆 著 32元	信息技术在学科教学中的应用	陈勇 等编著 33元
		网络调查研究方法概论（第二版）	赵国栋 45元

21世纪高校职业发展读本

如何成为卓越的大学教师	肯·贝恩 著 32元	**教师资格认定及师范类毕业生上岗考试辅导教材**	
给大学新教员的建议	罗伯特·博伊斯 著 35元	教育学	余文森 王晞 主编 26元
如何提高学生学习质量	[英]迈克尔·普洛瑟 等著 35元	教育心理学概论	连榕 罗丽芳 主编 42元
学术界的生存智慧	[美]约翰·达利 等主编 35元		
给研究生导师的建议（第2版）		**21世纪教师教育系列教材·学科教学论系列**	
	[英]萨拉·德拉蒙特 等著 30元	新理念化学教学论（第二版）	王后雄 主编 45元
		新理念科学教学论（第二版）	崔鸿 张海珠 主编 36元

21世纪教师教育系列教材·物理教育系列

		新理念生物教学论	崔鸿 郑晓慧 主编 36元
中学物理微格教学教程（第二版）	张军朋 詹伟琴 王恬 编著 32元	新理念地理教学论（第二版）	李家清 主编 45元
中学物理科学探究学习评价与案例	张军朋 许桂清 编著 32元	新理念历史教学论（第二版）	杜芳 主编 33元
		新理念思想政治（品德）教学论（第二版）	
			胡田庚 主编 36元

21世纪教育科学系列教材·学科学习心理学系列

数学学习心理学	孔凡哲 曾峥 编著 29元	新理念信息技术教学论（第二版）	吴军其 主编 32元
语文学习心理学	李广 主编 29元	新理念数学教学论	冯虹 主编 36元
化学学习心理学	王后雄 主编 29元		
		21教师教育系列教材·学科教学技能训练系列	

21世纪教育科学系列教材

		新理念生物教学技能训练（第二版）	崔鸿 33元
现代教育技术——信息技术走进新课堂	冯玲玉 主编 39元	新理念思想政治（品德）教学技能训练（第二版）	
教育学学程——模块化理念的教师行动与体验	闫祯 主编 45元		胡田庚 赵海山 29元
教师教育技术——从理论到实践	王以宁 主编 36元	新理念地理教学技能训练	李家清 32元
教师教育概论	李进 主编 75元	新理念化学教学技能训练	王后雄 28元
基础教育哲学	陈建华 著 35元	新理念数学教学技能训练	王光明 36元
当代教育行政原理	龚怡祖 编著 37元	**王后雄教师教育系列教材**	
教育心理学	李晓东 主编 34元	教育考试的理论与方法	王后雄 主编 35元
教育计量学	岳昌君 著 26元	化学教育测量与评价	王后雄 主编 45元